Wolfgang Neuefeind

Der Behandlungsvertrag

Wolfgang Neuefeind

Der Behandlungsvertrag

Kommentierung der §§ 630a bis 630h BGB mit Vorbemerkungen zu begleitenden Rechtsthemen

Tectum Verlag

Wolfgang Neuefeind

Der Behandlungsvertrag. Kommentierung der §§ 630a bis 630h BGB mit Vorbemerkungen zu begleitenden Rechtsthemen

ISBN: 978-3-8288-4268-7

E-Book: 978-3-8288-7194-6

Druck und Bindung: Docupoint, Barleben
Printed in Germany

Besuchen Sie uns im Internet
www.tectum-verlag.de

Bibliografische Informationen der Deutschen Nationalbibliothek
Die Deutsche Nationalbibliothek verzeichnet diese Publikation in der Deutschen Nationalbibliografie; detaillierte bibliografische Angaben sind im Internet über http://dnb.d-nb.de abrufbar.

Genderklausel: Grammatisch ist das weibliche Genus durchgängig dem männlichen gleichgestellt – nur aus Vereinfachungsgründen wird die männliche Form gewählt, soweit im Einzelfall nicht anders formuliert ist.

Hervorhebungen: Sämtliche druckgraphischen Hervorhebungen hat der Verfasser gesetzt.

Vorwort

Das Vertragsrecht der medizinischen Behandlung stellt ein Teilgebiet der Gesamtmaterie „Medizinrecht“ dar.

Durch das Patientenrechtegesetz vom 20. Februar 2013 hat der Gesetzgeber diesen Bereich mit Wirkung zum 26. Februar 2013 als Untertitel „Behandlungsvertrag“ des Titels „Dienstvertrag und ähnliche Verträge“ im Bürgerlichen Gesetzbuch eigenständig kodifiziert; dabei sind inhaltlich iSe Kontinuums die wesentlichen Aussagen der bisherigen Rechtsprechung zugrunde gelegt worden.

Die vorliegende Publikation erläutert die Texte der BGB-Normen (je nach Absätzen und Sätzen) anhand der Gesetzesbegründung, der (noch) relevanten älteren und der neueren Rechtsprechung (häufig unter stichwortartiger Mitteilung der Fallcharakteristik) sowie mit Hilfe der einschlägigen Rechtsliteratur und fachbezogener Medienbeiträge.

Das Ziel der Darstellung ist es, dem Nutzer des Textes – als Jurist, als Arzt oder als Patient – einen verdichtet informativen und praktisch verwertbaren Zugriff auf die einzelnen Fragestellungen und Themen zu bieten.

Die Quellenangaben erfolgen teils als parenthetisches Zitieren/Referieren im Fließtext und teils als Anmerkungen/Fußnoten in einem anschließenden Block mit ihrerseits ausführlichen Informationsergänzungen.

Passau, im Herbst 2018

Der Verfasser

Inhaltsverzeichnis

DER KODIFIZIERTE BEHANDLUNGSVERTRAG[1]

Kommentierung[2]

Vorbem. §§ 630a ff BGB

- Als einer der möglichen Haftungsgründe für den ***behandelnden Arzt*** wird in einem Gutachten aus dem Jahre 1904 (Ernst Rabel, Die Haftpflicht des Arztes) neben den gesetzlichen Schuldverhältnissen aus GoA und Delikt der ***schuldrechtliche Vertrag*** herausgestellt (vgl. Prof. E. Deutsch in Rechtswissenschaft in Göttingen – Göttinger Juristen aus 250 Jahren, 1987, S. 293). Als Gegenstand privatrechtlicher Beziehungen zwischen Arzt und Patient ist ***„Der Arztvertrag"*** (soweit ersichtlich) erstmals in einer Tübinger Dissertation (von Reinhold Teufel) aus dem Jahre ***1919*** untersucht worden (BT-Drucks. 17/10488, S. 10; Köhler in Laufs-FS, S. 157, 169).
- Der Schuldvertrag zwischen dem Patienten/Kunden und dem Apotheker stellt ***kein*** Behandlungsverhältnis dar (BT-Drucks. 17/10488, S. 18): die ärztliche Behandlung und die Heilmittelversorgung des Patienten durch die Apotheke sind getrennt zu betrachten (Deutsch/Spickhoff, Rn. 2008) – für die letztere kommt das Kaufvertragsrecht (*§§ 433 ff, 651 BGB*) zur Anwendung (RGRK-BGB/Anders/Gehle, § 611 Rn. 121, 122).
- Die seit dem ***26. Februar 2013*** (BGBl. 2013 Teil I, S. 277) geltenden Vorschriften der ***§§ 630a ff BGB*** kodifizieren nunmehr (iSe BGB-Typenvertrages) die ***Vertragsbeziehungen*** zwischen ***Behandelnden*** (Ärzten sowie allen anderen approbierten[3] Heilberuflern, die humanmedizinische Primärbehandlungen[4] durchführen [RA J. Heynemann, BT-Ausschuss-Drucks. 17 [14] 0326 [30], S. 4; Reuter/Hahn VuR 2012, 247, 248) und ***Behandelten*** (Patienten/Klienten): dabei werden im Wesentlichen die in der ***bisherigen Rspr.*** entwickelten ***Grundsätze*** zur dienstvertraglichen Heilbehandlung mit-

samt den Pflichtenstellungen der Heilbehandler als ***nunmehr gesetzliche*** Rechtsquellen ***übernommen***. Nach Auffassung von Prof. Chr. Katzenmeier (mitgeteilt b. Berner in DÄBl. 2015, A-682) ist die Kodifizierung in erster Linie politisch motiviert; Prof. J. Taupitz (zit. nach der Mittlg. in DÄBl. 2016, A-372) hält die gesetzliche Fixierung für einen Ausdruck der besonderen Schutzbedürftigkeit der als unterlegen eingeschätzten Vertragspartei; Prof. A. Spickhoff hält (gemäß dem Tagungsbericht in den BRV-Nachrichten 1/2017, S. 18) die Pflicht des Arztes zur Auskunft über mögliche Behandlungsfehler (***§ 630c Abs. 2 S. 2 BGB***) für die einzige wirkliche Neuerung in der Kodifizierung. Jedenfalls werden bei der Auslegung der ***neuen Normen*** gewisse Spielräume eröffnet sein (Prof. K. O. Bergmann in VersR 2014, 795, 799), die es ermöglichen könnten, dass sich an der Rolle der ***Rspr.*** als dem entscheidenden ***Akteur*** im Arzthaftungsrecht nicht allzu viel ändern dürfte (Prof. D. Hart [zit. nach HessÄBl. 2013, S. 119]) – so *bspw.* im Bereich der Anforderungen an die ärztliche ***Aufklärung***, zumal zu diesem Thema der Gesetzestext in ***§ 630e BGB*** sehr allgemein formuliert ist (RA V. Burgert in JA 2016, 246, 252).

A.

Die ***§§ 630a ff BGB*** regeln ***nicht*** die ***Anspruchsgrundlagen*** einer ***Haftung*** für Behandlungs-, Informations- und Aufklärungsfehler (BT-Drucks. 17/10488, S. 10 f): insoweit gelten wegen ***aller Pflichtverletzungen*** des Behandlers vielmehr die ***allgemeinen Vorschriften*** der ***§§ 280 ff BGB*** (Palandt/Weidenkaff, § 630a Rn. 40; Jauernig/Mansel, Vor § 630a Rn. 8; § 630a Rn. 2, § 630 h Rn. 1 ff); nach einer fehlerhaften Behandlung braucht der ***Behandelte*** den Behandler ***nicht*** zur Nacherfüllung aufzufordern (vgl. *§ 281* BGB), sofern er einen „einfachen" (nicht an die Stelle der primär geschuldeten Leistung tretenden) ***Schadensersatz*** (*§§ 249 ff*) oder ein ***Schmerzensgeld*** (*§ 253 BGB*) verlangt (OLG Jena, Az. 4 U 549/11 vom 29. Mai 2012 [LS]; vgl. hierzu iura.uni-tuebingen.de/examinatorium [*§ 281 BGB* gilt nur für solche Schadensposten, die durch eine Nacherfüllung noch verhinderbar wären]): allgemein bedeutet jede ***Einbuße*** an den ***Lebensgütern*** einer Person einen natürlichen ***Schaden*** (Jauernig/Berger, Vor §§ 249–253

Rn. 4); die Schadenskategorie ***materieller Schaden*** bezeichnet die Wertdifferenz im Bestand der Vermögenspositionen, die infolge eines schadensstiftenden Ereignisses im Vergleich zu dem Zustand ohne dieses Ereignis entsteht (BGHZ 188, 78, 81 [sog. Differenzhypothese]) – der Vergleich zweier Vermögenslagen ist insoweit durch *§ 249 Abs. 1 BGB* vorgegeben (MünchKommBGB /Oetker, § 249 Rn. 19) – einen ersatzfähigen ***materiellen Schaden*** stellt daher auch die die Eltern treffende Unterhaltspflicht (*§§ 1601 ff BGB*) dar, die mit der Geburt eines nicht gewollten Kindes verbunden ist, sofern der Schutz vor dieser Belastung Gegenstand des Behandlungsvertrages (*bspw.* bei einer Beratung über die Sicherheit einer bestimmten Empfängnisverhütungs-Methode) gewesen ist (BVerfG NJW 1998, 519, 521 [nicht das Dasein des Kindes ist der Schaden]; BGH NJW 2000, 1782, 1783; OLG Koblenz VersR 2018, 436, 437). Bei der Verletzung bestimmter ***immaterieller Güter*** (Körper, Gesundheit u.a.) kann (zum Ausgleich für die erlittene Lebensbeeinträchtigung sowie als Genugtuung für das zugefügte Unrecht [Kötz /Wagner, Rn. 702 ff]) eine billige (im Rechtstreit nach freier richterlicher Überzeugung gemäß *§ 287 ZPO* als angemessen festzustellende [Rehborn, S. 181]) ***Entschädigung*** in ***Geld*** (*§ 253 Abs. 2 BGB* [Kapital/Rente/Mischform – als Kompensationsleistung]) begehrt werden, für die sich der (aus der Zeit lange vor dem Inkrafttreten des *BGB* stammende und aus dem lateinischen „pretium pro doloribus" übertragene [Teutsch-Lateinisches Wörter-Buch, 1741, S. 337]) Begriff des ***Schmerzensgeldes*** eingebürgert hat (Medicus/Lorenz I, Rn. 630); einen schmerzensgeldfähigen ***Schaden*** (im Rechtssinne) kann auch die aus einer Pflichtverletzung des behandelnden Arztes resultierende (mit schweren Leidenszuständen verbundene) Lebensverlängerung des (*z.B.* im Stadium der finalen Demenz befindlichen) Patienten darstellen (PM Nr. 91 des OLG München vom 21. Dezember 2017 zu Az. 1 U 454 /17 [Unterlassung der gebotenen Erörterung des weiteren ärztlichen Vorgehens mit dem Rechtsbetreuer, was in der Konsequenz dazu geführt hat, dass die angezeigte Beendigung der PEG-Sondenernährung sowie eine Abänderung des Behandlungszieles auf eine rein palliativmedizinische Versorgung unterblieben sind]).

B.

I.

Vertragliche Schuldverhältnisse erzeugen ***Leistungspflichten*** (*§ 241 Abs. 1 BGB*), die nach ***Haupt- und Nebenleistungspflichten*** unterschieden werden: erstere sind die vertragstypischen, letztere sind diejenigen Leistungspflichten, die nicht typusbestimmend sind (MünchKommBGB/Kramer, § 241 Rn. 16). Eine vertragliche ***Nebenleistungspflicht*** des behandelnden ***Arztes*** besteht *z.B.* darin, binnen angemessener Frist ein ***Attest***/eine ***Bescheinigung*** gegenüber einem Versicherer des Patienten auszustellen (die entsprechende Standespflicht in *§ 25 MBO-Ä* ist zugleich eine Rechtspflicht): mit der Erfüllung dieser Nebenleistungspflicht kann der Arzt in ***Verzug*** (in zu vertretende Leistungsverzögerung) geraten, so dass er sich nach Maßgabe der *§§ 280, 286 BGB* schadensersatzpflichtig machen kann (dazu BGH, Az. VI ZR 126/04 vom 22. November 2005 [Tz. 10]; OLG Saarbrücken, Az. 1 U 147/15 vom 27. Juli 2016 [Gründe Abschn. II. 1.]).

II.

Aus dem vertraglichen Schuldverhältnis folgen aber auch (als nicht leistungsbezogene ***Nebenpflichten*** bestehende) ***Schutz- und Verhaltenspflichten*** (*§ 241 Abs. 2 BGB*), die das Integritätsinteresse des Gläubigers (an der Unversehrtheit seiner Rechtspositionen) wahren sollen (Hk-BGB/Schulze, § 241 Rn. 4):

- Dazu gehört u.a. die (nach *§ 203 Abs. 1 Nr. 1, Abs. 4 StGB* strafbewehrte und gemäß *§ 9 MBO-Ä* zu den Standespflichten zählende) ärztliche ***Schweigepflicht*** (Deutsch/Spickhoff, Rn. 146, 934 ff; Weirich, S. 75), die sich nicht nur auf Diagnose und Therapie, sondern auch auf die Tatsache der Behandlung als solche sowie auf die Identität des Patienten und die Einzelheiten seiner behandlungsveranlasst in Erfahrung gebrachten Lebensumstände bezieht (OLG Karlsruhe, Az. 14 U 45/04 vom 11. August 2006; Funke, S. 51); zur Verschwiegenheit sind auch die ärztlichen Berufshelfer verpflichtet (*§ 203 Abs. 3 S. 2 StGB*) – bei einer vorsätzlichen Verletzung der entsprechenden arbeitsvertraglichen Pflicht kann eine Kündigung nach *§ 626 BGB* gerechtfertigt sein (LAG Stuttgart, Az. 12 Sa

22/16); mit Blick auf die mitunter problematische Erforschung des mutmaßlichen Willens des Verstorbenen bezüglich der ***postmortalen Verschwiegenheit*** (*§§ 203 Abs. 4 StGB, 9 Abs. 1 MBO-Ä*) kann es sich empfehlen, eine lebzeitige Erklärung des Patienten mit in die Krankenakte aufzunehmen (Prof. M. Parzeller et al. in DÄBl. 2016, A-1912, 1916).

- Die Pflicht des Arztes zur Verschwiegenheit ist aber ***keine absolute*** (Deutsch/Spickhoff, Rn. 940); es gibt eine Reihe von ***Ausnahmen***, die den Arzt zur Offenbarung eines Patientengeheimnisses ***berechtigen*** oder ***verpflichten***: nicht unbefugt ist eine Offenbarung, wenn und soweit sie von der (ausdrücklich oder konkludent erklärten) Einwilligung/Zustimmung des Betroffenen gedeckt ist (OLG Frankfurt, Az. 3 Ws 2003/04 vom 11. Januar 2005); gesetzliche Anzeige-/Melde- und Mitteilungspflichten (*bspw.* die Vorschriften der *§§ 294 ff SGB V*, der *§§ 6 ff IfSG* oder des *§ 7 TPG*) berechtigen und verpflichten den Arzt zur Geheimnisoffenbarung (Quaas/Zuck, § 12 Rn. 67) – eine patientenbezogene Auskunftsverpflichtung für den Krankenhausträger gegenüber der zuständigen Behörde begründet die Bestimmung des *§ 32 Abs. 2 BMG*, sofern es um Zwecke der Gefahrenabwehr, der Strafverfolgung oder der Aufklärung des Schicksals von Vermissten oder Unfallopfern geht (Kropp/Günther in DÄBl. vom 01. Dezember 2017, Ärztestellen, S. 2, 4).

C.

I.

Der ***ärztliche Heileingriff*** erfüllt den ***objektiven Deliktstatbestand*** einer ***Körperverletzung*** gemäß ***§ 823 Abs. 1 BGB*** (Rechtsprechungspraxis seit RGSt 25, 375, 378): er beeinträchtigt die Integrität/Unversehrtheit der körperlichen Befindlichkeit des Patienten (BGHZ 29, 46, 56 f; BGH, Az. VI ZR 95/13 vom 17. September 2013 [Tz. 12 – Definition der Körperverletzung]; Linoh medstra 2017, 217). Das ***Deliktsrecht*** steht (in ideal ***konkurrierender*** Anwendung [BT-Drucks. 17/10488, S. 17]) selbstständig ***neben*** dem ***Vertragsrecht*** (Jauernig/Mansel, § 241 Rn. 14 ff; J. Lüdde in RÜ Heft 5/2013, S. 299): das betrifft die Möglichkeiten der ***Haftung*** aus *§ 823 Abs. 1 BGB*, aus den *§§ 823 Abs. 2 BGB iVm 222, 223 StGB*, aus *§ 831 BGB* und gegebenenfalls auch gemäß *Art. 34 GG, § 839 BGB* (Rehborn GesR 2013, 257, 269); ***Schutzgesetze*** nach *§ 823 Abs. 2 BGB* sind auch das *MPG* und die *MPBetreibV* (Deutsch/Spickhoff, Rn. 2105): bei schuldhafter Fehlbedienung medizinischer Gerätschaften haftet der Anwender (Arzt, Krankenhausträger) dem geschädigten Patienten gegenüber (Deutsch/Spickhoff, Rn. 2107); der Krankenhausträger ist verkehrssicherungspflichtig – er hat für das einwandfreie Funktionieren der eingesetzten medizintechnischen Geräte einzustehen (Deutsch JZ 1978, 278), so dass er sich *z.B.* dahin entlasten muss, dass der defekte Zustand eines Narkosegerätes nicht von einem seiner Erfüllungsgehilfen verschuldet gewesen sei (OLG Hamm VersR 1980, 585). Da der Schutz der körperlichen/ gesundheitlichen Integrität des Patienten in erster Linie eine ***Deliktsmaterie*** darstellt, hat die deliktische Haftung neben der vertraglichen auch durch die Kodifizierung des Behandlungvertrages nichts von ihrer Bedeutung eingebüßt (Emmerich, § 9 Rn. 36; Katzenmeier NJW 2013, 817, 823). Im Übrigen sind die ***vertraglichen*** und die aus seiner Garantenstellung [5] folgenden ***deliktsrechtlichen Sorgfalts***- und ***Verhaltenspflichten*** des behandelnden Arztes (sowohl im Falle des Behandlungsfehlers wie auch in jenem des Aufklärungsmangels) nicht nur ***strukturgleich*** – sondern sogar ***identisch***: sie stimmen vollständig überein (BGH NJW 1987, 705, 706; OLG Saarbrücken, Az. 1 U 27/13 vom 04. Februar 2015; Gehrlein, Grundwissen, Abschn. B. Rn. 1, Abschn. C. Rn. 2).

II.

Nur ***ausnahmsweise fungiert*** der ***Arzt*** als Behandler in ***Ausübung*** eines ihm anvertrauten ***öffentlichen Amtes***: dann entsteht ein ***öffentlich-rechtliches Behandlungsverhältnis***, aufgrund dessen die Anstellungskörperschaft/die für den betreffenden Dienst verantwortliche Körperschaft nach den Grundsätzen der ***Amtshaftung*** (*§ 839 BGB, Art. 34 S. 1 GG*) für die Folgen einer Pflichtverletzung des ärztlichen Funktionswalters einstehen muss (Deutsch/Spickhoff, Rn. 164). Als (konkurrierende Ansprüche aus den *§§ 823 ff BGB* verdrängender [BGH, Az. GSZ 1/60]) ***Sondertatbestand*** regelt die Bestimmung des *§ 839 BGB* abschließend die Voraussetzungen der ***Haftung*** des zum Nachteil eines (durch die Amtspflicht geschützten) Geschädigten rechtswidrig und schuldhaft pflichtwidrig handelnden ***Amts-/Funktionswalters*** – hiernach entstandene Schadensersatzansprüche werden gemäß *Art. 34 S. 1* GG im Wege der gesetzlichen Schuldübernahme auf die jeweilige öffentlich-rechtliche ***Anstellungskörperschaft***/auf den ***Dienstherrn*** des Handelnden ***verlagert*** (BVerfG, Az. 2 BvF 1/81 vom 19. Oktober 1982 [LS]; BGHZ 108, 230, 232). ***Bspw.*** sind Behandlungsfehler des ***Notarztes im Rettungsdiensteinsatz*** nach Maßgabe der *§ 839 BGB, Art. 34 GG* zu beurteilen, ***sofern*** die Wahrnehmung der rettungsdienstlichen Aufgaben (nach der jeweiligen Landesgesetzgebung) sowohl im Ganzen wie auch im Einzelnen ***hoheitlicher Betätigung*** zuzurechnen ist (BGH MDR 2003, 509 [für Bayern]; BGH MDR 2017, 274 [für Thüringen]; OLG Dresden NJ 2017, 246 [für Sachsen]; Deutsch/Spickhoff, Rn. 164, 966); die Ausübung eines ***öffentlichen Amtes*** stellt auch die ärztliche Behandlung von ***Soldaten*** durch ***Truppenärzte*** im Rahmen der unentgeltlichen truppenärztlichen Versorgung (der sog. Heilfürsorge) dar – auch die im ***Auftrag*** der Bundeswehr und auf ***Weisung*** des Bundeswehrarztes erfolgende Behandlung eines ***Soldaten*** durch ***Zivilärzte*** ist Ausübung eines öffentlichen Amtes (BGH, Az. III ZR 238/94 vom 29. Februar 1996 [im Falle einer Fehlbehandlung können daher weder der behandelnde Arzt noch der Krankenhausträger unmittelbar auf Schadensersatz in Anspruch genommen werden]; BGH, Az. VI ZR 307 /09 vom 26. Oktober 2010 [Tz. 17]; Deutsch/Spickhoff, Rn. 164); in Ausübung eines ***öffentlichen Amtes*** handelt ferner der bei einem ***MDK*** angestellte ***Arzt***, der gegenüber einer Krankenkasse eine ***Stellungnahme*** nach *§ 275 SGB V* abgibt, und zwar unabhängig davon, ob sein AG öffentlich-rechtlich oder privatrechtlich organisiert ist (BGH MedR 2006, 652 [LS]); schließlich handelt auch der von der BG bestellte ***D-Arzt*** (*§§ 24 ff* des Vertrages Ärzte/Unfallversicherung gemäß *§ 34 Abs. 3 SGB* VII) bei der ärztlichen Erstversorgung, der Eingangsuntersuchung, der Befunderhebung, der Diagnosestellung, der Entscheidung über die Erforderlichkeit der allgemeinen oder einer besonderen Heilbehandlung sowie im Rahmen der Nachschau (der Überwachung des Heilerfolges) in Ausübung eines ***öffentlichen Amtes***, so dass für Fehler des D-Arztes auf diesen Feldern (nicht der Arzt persönlich, sondern) der Unfallversicherungsträger haftet (BGH, Az. VI ZR 208/15 vom 29. November 2016; OLG Schleswig NJW-RR 2008, 41 f); das Entsprechende gilt für den von der BG mit der Erstellung eines

Rentengutachtens beauftragten ***Arzt*** (OLG Koblenz MedR 2006, 481 f [die Untersuchung/Befundung des Versicherten ist hoheitliche Tätigkeit, so dass der Arzt persönlich weder deliktisch noch vertraglich haftet]).

D.

Haftungstatbestände sind entweder ***Behandlungsfehler*** (die unsachgemäße ärztliche Versorgung des Patienten)[6] oder ***Aufklärungsmängel*** (die mangels wirksamer Patienteneinwilligung rechtswidrige Behandlung):[7] Gegenstand des ***Anspruches*** ist der (nach Art und Umfang gemäß den Bestimmungen der *§§ 249, 253, 842 ff BGB* zu vollziehende) ***Ausgleich*** des durch die Behandlung verursachten ***Körper-/Gesundheitsschadens*** inklusive der adäquat (d.h. nicht zur Gänze atypisch) herbeigeführten ersatzfähigen ***Folgenachteile***[8] (Franzki, S. 1, 9, 18; Giesen, Rn. 45 ff, 185 ff).[9]

E.

Der Medizinbetrieb ist angesichts seiner weitgefächerten Spezialisierungen nach Zuständigkeit und Verantwortung ***arbeitsteilig*** angelegt (Deutsch/Spickhoff, Rn. 378; Rehborn, S. 164): ***horizontal*** heißt die Arbeitsteilung, wenn der Patient auf der Ebene der partnerschaftlichen Gleichordnung gleichzeitig durch Ärzte verschiedener Fachrichtungen oder aber von mehreren Ärzten derselben Fachrichtung behandelt wird, die über unterschiedliche Spezialkenntnisse verfügen (KG, Az. 20 U 111/02 vom 13. November 2003 [davon zu unterscheiden ist der Fall der zeitlich aufeinander folgenden Behandlung eines Patienten durch verschiedene Ärzte]; Lilie/Radke, S. 13); ***vertikal*** wird die arbeitsteilige Behandlung genannt, die durch fachliche Über- und Unterordnung und damit durch Weisungsgebundenheit der untergeordneten Akteure charakterisiert ist (Katzenmeier in Laufs/Katzenmeier/Lipp, X. Rn. 54; Giesen, Rn. 152 m. 453). Bei arbeitsteiligen Behandlungen gilt der (die Sorgfaltsverpflichtungen der Beteiligten begrenzende) ***Vertrauensgrundsatz***: jeder der an der Behandlung ***Beteiligten*** darf sich grundsätzlich darauf verlassen, dass der andere seine Aufgabe mit der erforderlichen Kompetenz und der gehörigen Sorgfalt erfülle;

allerdings kann dieses Vertrauen ***nur so lange*** in Anspruch genommen werden, als sich bezgl. des jeweils anderen Beteiligten nicht Zweifel an dessen Qualifikation oder an der Richtigkeit seines Handelns aufdrängen müssen (BGH NJW 1980, 649, 650; Fenger/Holznagel/Neuroth/Gesenhues, S. 64; Kleinfeld/Karmasin/Schlesiger in BÄBl. 2018, S. 38 f [zu einem Fall, in dem der operierende Neurochirurg verpflichtet gewesen wäre, vor dem Eingriff das Untersuchungsergebnis des Radiologen bezgl. der exakten Zuordnung der Höhenlokalisation des betroffenen Wirbelsäulensegmentes kritisch zu überprüfen]); außerdem entbindet der Vertrauensgrundsatz die Beteiligten nicht von der ***Pflicht***, zum Schutze des Patienten (vor evtl. Gefährdungen) beabsichtigte Maßnahmen zu ***koordinieren*** und sich zu diesem Zwecke untereinander ***abzustimmen*** (BGH, Az. VI ZR 376/97 vom 26. Januar 1999; Fenger/Holznagel/Neuroth/Gesenhues aaO).

F.

Kraft ausdrücklicher Gesetzesbestimmung (*§ 276 Abs. 3 BGB*) kann die Haftung des Schuldners für ein ***vorsätzliches*** Verschulden selbst durch ***Individualabrede nicht*** im Voraus abbedungen werden (Palandt/Grüneberg, § 276 Rn. 35). Eine ***individuell*** mit dem Behandelten vereinbarte (vollständige oder teilweise) ***Haftungsfreizeichnung*** des Behandelnden ***widerspricht*** im Übrigen der ***Grundidee*** der ***beruflichen Haftung***, die gerade der ***Kontrolle*** derjenigen Personen dienen soll, die der betreffenden Profession nachgehen (Gehrlein, Grundwissen, Abschn. A. Rn. 44, 45; Deutsch NJW 1983, 1351 f): die rechtliche ***Wirksamkeit*** einer Freistellungsabrede wird daher regelmäßig an den Prinzipien der ***§§ 138, 242 BGB scheitern*** (Gehrlein, Abschn. A. Rn. 38; Rieger, Rn. 790; Kirsch/Trilsch, S. 10).

I.

Bei medizinisch ***nicht indizierten*** Maßnahmen kann ***ausnahmsweise*** ein ***Haftungsausschluss individuell wirksam*** vereinbart sein: ***Voraussetzung*** hierfür ist, dass die ***Initiative*** zu der Abrede von dem ***Patienten*** ausgeht, dieser über medizinisches ***Expertenwissen*** verfügt und ausdrücklich auf der Durchführung des Eingriffes besteht, dessen ***Fol-***

gen er zudem ganz ***alleine*** tragen will (hierzu OLG Saarbrücken NJW 1999, 871, 873 [individueller Haftungsverzicht eines Veterinärmediziners, der aus subjektiver Angst davor, sich eine tödliche Gasbrandinfektion zugezogen zu haben, den Arzt dazu veranlasst, den schnitt-/stichverletzten Zeigefinger zu amputieren, obgleich der Mediziner keine Indikation für diesen Eingriff sieht]; Kirsch/Trilsch, S. 10). Auch bei ***rein kosmetischen*** Eingriffen mögen ***zulässige Modifizierungen*** der Haftung in Betracht kommen (Gehrlein Abschn. A. Rn. 38); ***zulässig*** erscheint es ferner, dass bei einer ***Gratisbehandlung*** von Verwandten, Kollegen oder mittellosen Patienten (*§ 12 Abs. 2 MBO-Ä*) der Haftungsumfang abredegemäß auf die ***Deckungssumme*** der Haftpflichtversicherung ***begrenzt*** werde (Rieger, Rn. 791).

II.

Einer wirksamen Freizeichnung durch ***AGB*** (in Gestalt von vorformulierten ***Freizeichnungsklauseln***) steht die Bestimmung des *§ 309 Nr. 7 lit.a BGB* ***entgegen***: bei der verschuldeten Verletzung der Rechtsgüter ***Gesundheit***, ***Körper*** und ***Leben*** ist eine Freizeichnung (selbst bei bloß einfacher Fahrlässigkeit) ***nicht*** möglich (Palandt/Grüneberg, § 309 Rn. 40; Hk-BGB/Schulte-Nölke, § 309 Rn. 24): erfasst werden vorvertragliche, vertragliche und deliktsrechtliche Ansprüche (Hk-BGB/Schulte-Nölke, aaO; Hennrichs in Dauner-Lieb/Heidel/Lepa/Ring, § 6 Rn. 37), so dass bei Gesundheits-/Körperschäden im Ergebnis ***jegliche*** klauselgestützte Enthaftungsmöglichkeit ***versagt*** ist (Kutlu, S. 175).

III.

Ohne Zweifel ***zulässig*** ist dagegen der ***nachträgliche Verzicht*** auf die Geltendmachung eines bereits entstandenen Schadensersatzanspruches (Kubella, S. 184).

G.

Auch im Arztrecht besteht grundsätzlich die privatautonome ***Vertragsabschlussfreiheit*** (Laufs, Rn. 102; Deutsch/Spickhoff, Rn. 125): der ***Patient*** hat das Recht auf eine ***freie Arztwahl*** (als Kassenpatient muss er jedoch die Beschränkungen nach *§ 76 Abse. 2* und *3 SGB V* beachten –

der Unfallversicherte hat bei einem Arbeitsunfall bezgl. des D-Arztes keine freie Arztwahl); der ***Arzt*** besitzt (Notfälle und den kassenärztlichen Bereitschaftsdienst ausgenommen) die ***Freiheit***, sich nur derjenigen Patienten anzunehmen, die er nach pflichtgemäßem Ermessen behandeln will (als Vertragsarzt gelten aber auch für ihn gesetzliche Bindungen, wie sich aus *§ 95 Abs. 3 S. 1 SGB V* ergibt). Der ***Krankenhausträger*** unterliegt aufgrund seiner Einbindung in das öffentlich-rechtliche Planungs- und Finanzierungssystem und weil er in diesem Rahmen lebensnotwendige, jedenfalls lebenswichtige Dienstleistungen erbringt, einer allgemeinen ***Aufnahme- und Behandlungspflicht***,[10] ***sofern*** bei dem betreffenden Patienten eine stationäre Behandlungsbedürftigkeit besteht (Laufs/Uhlenbruck/Genzel, § 84 Rn. 26; Deutsch/Spickhoff, Rn. 125): diese Pflicht besteht allerdings nur für ***allgemeine Krankenhausleistungen***, ***nicht*** auch für wahlärztliche Leistungsvereinbarungen (BGH, Az. IX ZR 269/87 vom 09. November 1989 [Tz. 11 ff]; Palandt/Ellenberger, Einf v § 145 Rn. 10); in einigen Bundesländern ist dieser ***Kontrahierungszwang*** in dem jeweiligen ***Krankenhausgesetz*** (etwa *§ 21 LKG/Berl*, *§ 28 LKHG/BW*, *§ 5 KHG/Hess*) ausdrücklich ***normiert*** (Deutsch/Spickhoff, aaO).

H.

Von Gesetzes wegen bedarf der ***Vertragsschluss*** über die medizinische Behandlung zu seiner Wirksamkeit grundsätzlich[11] ***nicht*** der Einhaltung einer bestimmten ***Form*** (Brox/Walker, § 22 Rn. 4).

I.

1.

Im ***ambulanten*** Bereich wird der ***Behandlungsvertrag*** regelmäßig (weder schriftlich noch explizit mündlich, sondern) in ***konkludenter*** Weise dadurch ***abgeschlossen***, dass der Patient sich in die Arztpraxis begibt und der ***Arzt*** aufgrund der Willensübereinstimmung beider Teile (*§§ 145 ff BGB*) mit der Behandlung beginnt (Lipp in Laufs/Katzenmeier/Lipp, III. Rn. 20; Franzki, Behandlungsvertrag, S. 50 [Vertragsschluss durch einverständliche Inanspruchnahme der ärztlichen Behandlung]; das.de>rechtsportal>behandlungsvertrag vom 11. Juli 2017). Nimmt der behandelnde Arzt zwecks Untersuchung von Blut- oder anderen Gewebeproben einen externen ***Laborarzt/Pathologen*** in Anspruch, so handelt er in aller Regel als (in schlüssiger Weise) innenbevollmächtigter (*§ 167 Abs. 1 erste Alt. BGB*) Stellvertreter (*§ 164 BGB*) des Patienten, so dass neben dem Behandlungsvertrag ein weiterer eigenständiger ***Arztvertrag*** des Patienten mit dem externen Mediziner (begrenzt auf die Erbringung der objektiv notwendigen Untersuchungsleistungen) begründet wird (BGHZ 142, 126, 130 ff; BGH NJW 2010,1200, 1203 f; Spickhoff JZ 2010, 466 ff).

2.

Betr. ***Kinder*** (*§ 104 Nr. 1 BGB*) und beschränkt geschäftsfähige ***Minderjährige*** (*§§ 106 ff BGB*) kommt der Behandlungsvertrag (mit begünstigender Drittwirkung [*§§ 328 ff BGB*]) zwischen dem Arzt und dem jeweiligen ***gesetzlichen Vertreter*** (*§§ 1626 ff, 1629 BGB*) zustande (Heberer, S. 126), soweit nicht der ***Minderjährige*** mit Zustimmung der gesetzlichen Vertreter (*§§ 107, 108, 182 ff BGB*) selber wirksam den Vertrag abschließt (Deutsch/Spickhoff, Rn. 126): die für minderjährige Kassenpatienten ab der Vollendung des 15. Lebensjahres gesetzlich statuierte (*§ 36 Abs. 1 SGB I*) ***sozialrechtliche Handlungsfähigkeit*** lässt sich zwar auf den Abschluss des Behandlungsvertrages ausdehnen, so dass der Arzt zunächst mit der Behandlung beginnen kann – mit Blick auf deren Einwilligungszuständigkeit muss der Arzt aber sogleich die Sorgeberechtigten von dem Behandlungsfall unterrichten (Lipp aaO, III. Rn. 19); bei einem nicht gesetzlich versicherten Minderjährigen hat sich der Arzt bereits vor Beginn der Behandlung über das vertragliche Einverständnis der Sorgerechtsinhaber zu vergewissern (Lipp, aaO).

II.

Der ***Krankenhausaufnahmevertrag*** wird (allerdings ohne dass hierfür ein gesetzlicher Zwang bestünde) in aller Regel ***schriftlich*** abgeschlossen (Münzel/Zeiler, S. 56): fast immer handelt es sich dabei (aus praktischen und auch aus Gründen der rechtlichen Standardisierung) um ***Formularverträge***, in denen der Krankenhausträger ***AVB*** verwendet, die als ***AGB*** der Wirksamkeitskontrolle der *§§ 305 ff BGB* unterliegen (Deutsch/Spickhoff, Rn. 121 ff; Kutlu, S. 1, 2); ***unwirksam*** sind v.a. solche Klauseln, die den Vertragspartner des Krankenhauses (nach dem gesetzlichen Leitbild des Vertrags oder wegen Ungleichgewichtes der beiderseitigen Vertragspflichten) unangemessen benachteiligen oder die nach ihrer Textur für den Normalpatienten intransparent und unverständlich erscheinen (vgl. LG Duisburg in NJW 1988, 1523 [verklausuliert unklare Regelung betr. ein Junktim zwischen der Belegung eines Ein/Zweibettzimmers und der Pflicht zur Privatbezahlung sämtlicher ärztlichen Leistungen]; Heberer, S. 132 [gewisse Regelungen über die Möglichkeit der rückwirkenden Erhöhung der Pflegesätze oder über die Haftungsfreistellung im Falle der Selbstentlassung des Patienten entgegen ärztlichem Rat]).

III.

Terminsabsprachen haben im Allgemeinen einen bloß zeitorganistorischen Inhalt: der ***Behandlungsvertrag*** wird ***erst*** im Rahmen der Terminswahrnehmung abgeschlossen (AG Calw, Az. 4 C 762/92 vom 16. November 1996; AG Bremen, Az. 9 C 566/11 vom 09. Februar 2012). ***Anders*** kann es sich bei einer Arztpraxis mit ***Vorbestellsystem*** verhalten: hier kann die Terminsvereinbarung (eine wirksame Vertretung des Arztes durch die agierende Mitarbeiterin vorausgesetzt) als eine kalendermäßige Bestimmung (*§ 296 BGB*) der ärztlichen Diensthandlung - und damit als ***bereits*** die Eingehung eines vertraglichen Schuldverhältnisses anzusehen sein (AG Bremen NJW-RR 1996, 818, 819; Schinnenburg MDR 2008, 837, 838 f [im Falle des patientenseitigen Annahme-/Gläubigerverzuges [[*§ 293 BGB*]] hat der Arzt einen Vergütungsanspruch nach Maßgabe des *§ 615 BGB*]). Ferner kann ***schon*** mit der ***Zusage eines Hausbesuches*** der Arztvertrag begründet werden, ***wenn*** nämlich damit die Behandlung versprochen bzw. übernommen wird (vgl. LdA/Kern, Kza 335 Rn. 10; Lipp in Laufs/Katzenmeier/Lipp, III. Rn. 20 [m. Fn. 90 dort]).

IV.

Während bei einer ***hausärztlichen Betreuung*** keine Dauerrechtsbeziehung zwischen dem Hausarzt und der zu betreuenden Familie entsteht, sondern mit ***jeder neuen*** Inanspruchnahme des Arztes ein ***neuer Behandlungsvertrag*** zustande kommt, kann sich der ***Vertrag*** zwischen dem Vertragsarzt und seinem Kassenpatient über die Behandlung ein- und derselben Krankheitsentität ***über mehrere Quartale*** (arg. *§ 87b SGB V* iVm den *Abrechnungsbestimmungen der KV*) hin erstrecken (vgl. Rehborn, S. 47; Fock, S. 258 f, 260).

I.

Der ***Krankenhausaufnahmevertrag*** ist typologisch ein ***Dienstvertrag mit Nebenleistungen***: nach dem Inhalt des Vertrages ***schuldet*** der Krankenhausträger dem Patienten einerseits die gebotenen ***ärztlichen und pflegerischen*** Leistungen und andererseits auch ***Unterkunft und Verpflegung*** (Rehborn, S. 275, 276; Großkopf/Klein, S. 133). Dienstvertraglich ***obliegt*** dem behandelnden Krankenhaus (insbesondere) auch die ***Pflege und Betreuung*** des Patienten, deren Umfang und Ausmaß sich nach dem jeweiligen Gesundheitszustand des Patienten richten (OLG Jena, Az. 4 U 488/11 vom 05. Juni 2012 [zur Wahrnehmung der vertraglichen Obhutsaufgabe durch Überwachung und Schutzvorkehrungen bezgl. eines sturzgefährdeten Patienten]): der Krankenhausträger muss ausreichend fachkundiges Pflegepersonal bereitstellen und die nach dem jeweiligen Gesundheitszustand des Patienten erforderlichen Pflege-/Betreuungs-/Schutzmaßnahmen treffen (Palandt/Weidenkaff, § 630a Rn. 36). Im ***Pflegebereich*** werden die ***Grundpflege*** (die Befriedigung der Grundbedürfnisse des Patienten wie Lagerung, Nahrungsaufnahme, Körperhygiene, Medikamentenverteilung, Verlaufsbeobachtung u.a.) und die ***Behandlungspflege*** (*§ 37 SGB V*) unterschieden, die krankheits- oder symptombedingt notwendig ist und/oder auf ärztliche Anweisung durchgeführt werden muss (OLG Frankfurt, Az. 8 U 129/04 vom 24. Mai 2005); hierzu zählen u.a. Injektionen, Verbands- und Katheterwechsel sowie Arzneimittel- und Blutdruckkontrolle (Thiemes Pflege, S. 29).

I.

Der ***Vertrag*** ist entweder ein ***totaler***, ein ***mit*** einem ***Arzt-Zusatzvertrag kombinierter*** oder ein ***gespaltener Arzt-Krankenhausvertrag*** (Quaas/Zuck, § 13 Rn. 10 ff; Lilie/Radke, S. 27, 96; Münzel/Zeiler, S. 55 f, 64):

- der ***totale*** Vertrag ist die Regelform der stationären Krankenhausbetreuung des GKV-Patienten – der ***Krankenhausträger*** erbringt als Vertragspartner des Patienten ***alle*** für die stationäre Behandlung erforderlichen Leistungen einschließlich der gesamten ärztlichen Versorgung;
- der ***kombinierte Vertrag*** bedeutet einen einheitlichen Krankenhausaufnahmevertrag – verbunden mit einer ***Arzt-Zusatzabrede*** (diese Abrede ist als solche ***nicht*** zu verwechseln mit der Wahlleistungsvereinbarung zwischen dem Klinikträger und dem Patienten):[12] der ***Arzt-Zusatzvertrag*** ist ein gesonderter ***Behandlungsvertrag***, den der Patient mit einem honorarberechtigten (eigenliquidationsberechtigten) Krankenhausarzt (das wird regelmäßig ein Wahlarzt sein) abschließt, um sich einen ***zusätzlichen Vertragsschuldner*** zu verschaffen (der Vergütungsanspruch fällt freilich nur einmal an) – mit der Konsequenz der ***gesamtschuldnerischen*** (*§§ 421, 426 BGB*) ***Haftung*** des ***Krankenhausträgers*** und des zusatzvertraglich gebundenen ***Arztes***, also grundsätzlich einer vollen Haftung auch des Klinikträgers für Fehler in dem Bereich der gesondert abgerechneten ärztlichen Leistungen (BGH, Az. III ZR 197/15 vom 14. Januar 2016 [Tz. 38]; Lipp in Laufs/Katzenmeier/Lipp, III. Rn. 10; Franzki, Behandlungsvertrag, S. 66);[13]
- ***gespalten*** (mit also ***getrennten*** Leistungs- und Haftungsbereichen [Gehrlein NJ 2016, 89, 90]) ist der Krankenhausaufnahmevertrag, wenn der ***Krankenhausträger*** für Unterkunft, Verpflegung, medizinische Versorgung (ausgenommen die Fachbehandlung) und Pflege (Grund-, Funktions- und Behandungspflege) des Patienten zuständig sein soll, während die Erbringung der fachärztlichen Behandlungsleistungen mit dem (nicht in der Klinik angestellten [*§§ 121 Abs. 2 SGB V, 18 KHEntgG, 38 ff BMV-Ä*], sondern) frei praktizierenden sog. ***Belegarzt*** (der mit dem Krankenhausträger durch einen ***Belegungsvertrag*** [Dauervertrag atypischen Inhaltes

mit Rahmencharakter [[BGH, Az. III ZR 212/70 und III ZR 67/86]]] verbunden ist) vereinbart wird (Katzenmeier in Laufs/Katzenmeier/Lipp, XI. Rn. 1; Frank/Schmid, S. 141); der ***Krankenhausträger darf*** (das ist eine ***Schutz-Nebenpflicht*** gemäß *§§ 241 Abs. 2, 611 BGB* gegenüber den Patienten) unter dem Aspekt der Organisations- und Überwachungsverantwortung ***keine*** belegärztliche Tätigkeit in seinem Hause ermöglichen/dulden, von der er aufgrund eigener Erkenntnisse annehmen muss, dass sie sich schädigend für die Behandelten auswirken könnte (LG Münster, Az. 111 O 24/14 vom 01. März 2018 [Tz. 72 ff – zu einem Fall, in dem der zufolge einer Alkoholabhängigkeit in seinen beruflichen Fertigkeiten beeinträchtigte neurochirurgische Belegarzt im Zuge einer ohnehin nicht indizierten Bandscheiben-OP das Rückenmark der Patientin verletzt hat]); die fehlende KV-Anerkennung als Belegarzt (*§ 40 BMV-Ä*) ist als solche im Verhältnis zu dem Patienten kein ärztlicher Haftungsgrund (OLG Karlsruhe b. Berner DÄBl. 2018, A-402).

II.

1.

Die ***Krankenhausbehandlung*** des ***gesetzlich versicherten Patienten*** umfasst auch das mit seinem informierten Einverständnis durchgeführte bedarfsgerechte ***Entlassungsmanagement*** (*§ 39 Abs. 1a SGB V*; [seit ***01. Oktober 2017*** geltender] *Rahmenvertrag Entlassungsmanagement* vom 17. Oktober 2016): es geht um den strukturierten Übergang zu der individuell indizierten Anschlussversorgung nach der stationären Behandlung (aok-verlag.info/de/news/172) – das bedeutet u.a. die Erstellung eines Arzt-/Entlassbriefes und eines Medikationsplanes, die Rezeptierung von Arzneimitteln sowie die Verordnung der häuslichen Krankenpflege durch den zuständigen Krankenhausarzt für die Zeitspanne von sieben Tagen und auch die Ausstellung der AU-Bescheinigung für die gleiche Dauer (DÄBl. 2017, A-1782; A-2381); das Entlassungsmanagement ist ***Bestandteil des Behandlungsvertrages*** zwischen Patient und Krankenhausträger und zählt zu den Hauptleistungspflichten des Krankenhauses (vgl. Prof. D. Hart in Laufs-FS, S. 877) –

ein GMK-Beschluss (TOP 4.1) vom 21. Juni 2018 fordert, dass jeder Patient (zum Zwecke seiner besseren Informiertheit) nach jeder stationären Behandlung einen in einfacher Sprache gehaltenen Patientenbrief erhalte, in dem alle wichtigen Untersuchungsbefunde und Behandlungsempfehlungen schriftlich mitgeteilt werden (aerztezeitung.de/gmk vom 22. Juni 2018).

2.

Die ***Krankenhausbehandlung*** der ***GKV-Versicherten*** (*§ 39 Abs. 1 SGB V*)[14] kann (nicht nur voll-/teil-/vor-/nachstationär [*§ 115 a SGB V*]), sondern auch ***ambulant*** (*§ 115 b SGB V*) erfolgen (BSG, Az. B 3 KR 11/04 R vom 17. März 2005 [Tz 14]). Die ***ambulante*** Behandlung im Krankenhaus (bei welcher der Patient also weder die Nacht vor noch diejenige nach der Maßnahme im Krankenhaus verbringt) existiert in ***drei Formen*** (Hedermann GesR 2014, 321, 323): die ambulante OP (bzw. der sonstige stationsersetzende ambulante Eingriff) auf Veranlassung des niedergelassenen Arztes (*§ 115 b SGB V* – iVm dem Maßnahmen-Katalog der *Anlage 1* zum *AOP-Vertrag*); die auf bestimmte (schwer therapierbare oder seltene) Erkrankungen bezogene ambulante spezialfachärztliche Versorgung (ASV)[15] durch den Krankenhausträger als Leistungserbringer (*§ 116 b SGB V* [„116 b-Ambulanzen"]); und die sonstige ambulante Behandlung im Krankenhaus als Teil der vertragsärztlichen Versorgung (*§ 116 SGB V*).

III.

Eine ***Institutsambulanz*** liegt vor, wenn der ***Krankenhausträger selbst*** die ambulante Leistung erbringt und der Behandlungsvertrag daher zwischen dem Patienten und dem Träger der Klinik zustande kommt (Deutsch/Spickhoff, Rn. 111; Münzel/Zeiler, S. 32). Von einer ***Ermächtigungsambuanz*** spricht man, wenn ***Krankenhausärzte*** (unter bestimmten Voraussetzungen) zur Teilnahme an der vertragsärztlichen Versorgung ***ermächtigt*** sind (*§ 116 SGB V*) – der Behandlungsvertrag wird (nur) zwischen dem ermächtigten Arzt und dem Patienten abgeschlossen (Quaas/Zuck, § 13 Rn. 14; Münzel/Zeiler, S. 33; DKG-Hinweise in „das Krankenhaus"-Heft 5/2013, S. 507, 511). Die ***Chefarztambulanz*** ist entweder ***Ermächtigungsambulanz*** (zur Behandlung von Kassenpatienten) oder ***Privatambulanz*** (soweit es um die Behandlung von Privatpatienten geht) – arztvertragliche Beziehungen des Patienten bestehen zu dem Chefarzt, der selber Leistungserbringer ist (Deutsch/Spickhoff, aaO; Münzel/Zeiler, S. 33).

IV.

Eine ***besondere Einrichtung*** der vertragsärztlichen Versorgung stellt die ***Praxisklinik*** *(§ 115 Abs. 2 S. 1 Nr. 1 SGB V)* dar: sie ist von dem (der öffentlichen Aufgabenerfüllung dienenden) ***Krankenhaus in öffentlich-rechtlicher Trägerschaft***,[16] von der ***Tagesklinik*** (als einer Einrichtung der ambulanten/teilstationären Patientenbetreuung durch niedergelassene Ärzte) sowie von der (gewerberechtlich gemäß *§ 30 Abs. 1 GewO* konzessionsbedürftigen, privatunternehmerisch betriebenen) ***Privatkrankenanstalt*** zu ***unterscheiden*** (blaek.de/pdf- Erläuterungen zum Vollzug der BO, Stand Februar 2004, S. 8); die ***Praxisklinik*** wird durch Aufnahme in den Krankenhausplan (*§ 108 SGB V*) oder durch Abschluss eines Versorgungsvertrages (*§ 109 SGB V*) zugelassen – in ihr werden gesetzlich versicherte Patienten durch freiberuflich tätige ***Vertragsärzte*** verschiedener Fachrichtungen sowohl ambulant wie auch stationär behandelt (Quaas/Zuck, § 23 Rn. 55; aerztekammer-bw.de/praxisklinik – Merkblatt mit Stand Dezember 2011, S. 2).

J.

Die wehselseitigen ***Vertragspflichten*** der Beteiligten ***erlöschen***, wenn das ***Behandlungsverhältnis beendet*** ist (OLG Oldenburg VersR 2008, 781, 782). Der Arztvertrag ***endet*** mit sofortiger Wirkung mit dem ***Tode*** einer der beiden Vertragsparteien (Laufs/Uhlenbruck/Uhlenbruck, § 46 Rn. 13; Weirich, S. 48). Er ***endet*** ferner (**unten *§ 630b BGB*** Rn. 5), wenn die vertraglich geschuldeten medizinischen Bemühungen ***abgeschlossen*** sind, weil der Behandlungszweck erreicht (*§§ 620 Abs. 2, **630b BGB***) oder der Patient austherapiert ist (Rehborn, S. 47). Als ***Dienstvertrag*** der höheren Art (wie er vor allem auf die vertraglichen

Tätigkeiten der sog. freien Berufe zutrifft [Schiemann JuS 1983, 649]) kann der Behandlungsvertrag weiters prinzipiell von jeder der ***beiden*** Seiten zu jedem Zeitpunkt (fristlos) ***gekündigt*** werden (*§§ 627*, ***630b BGB***) – und zwar ***ohne*** dass ein wichtiger Grund (*§§ 626*, ***630b BGB***) hierfür vorliegen müsste (KG, Az. 20 U 49/07 vom 04. Juni 2009; Poelzig VersR 2007, 1608, 1613): während die Kündigungsmöglichkeit für den Patienten unbeschränkt besteht, darf der Arzt bei Meidung einer möglichen Schadensersatzpflicht seine Dienstleistung nur dann aufkündigen, wenn sich der Patient die notwendige Behandlung ohne Schaden noch rechtzeitig anderweitig beschaffen kann (*§§ 627 Abs. 2 S. 1*, ***630b BGB***); kündigt der Arzt zur Unzeit (*bspw.* unmittelbar vor einem dringlich vorzunehmenden Eingriff oder wenn der Mediziner für die betreffende Behandlung eine Art „Monopolstellung" einnimmt [vgl. KG aaO]), so kann er sich schadensersatzpflichtig machen (*§§ 627 Abs. 2 S. 2*, ***630b BGB***); die Schadensersatzpflicht entfällt allerdings dann, wenn für die unzeitige Kündigung durch den Arzt ein wichtiger Grund (*§ 626 BGB*) vorgelegen hat, der für den Arzt eine Fortsetzung des Vertragsverhältnisses unzumutbar werden lässt (Lipp in Laufs/Katzenmeier/Lipp, III. Rn. 30, 31); die ***Kündigung*** (welche die Ausübung eines Gestaltungsrechtes durch die ausdrückliche/konkludente Abgabe einer entsprechenden Willenserklärung darstellt) wird mit dem Zugang (*§ 130 Abs. 1 BGB*) der Kündigungserklärung wirksam, so dass eine schlüssige Kündigung seitens des Patienten durch Behandlungsabbruch (M. Schwab JuS 2013, 256)[17] erst dann wirksam wird, wenn der Arzt unter Normalumständen von dem mangelnden Patientenwillen zur Behandlungsfortsetzung/von dem Beendigungswillen des Patienten Kenntnis nehmen kann (Laufs/Uhlenbruck/Uhlenbruck, § 46 Rn. 12). Schließlich kann der Behandlungsvertrag durch die Beteiligten auch einvernehmlich ***aufgehoben*** werden (*arg. § 311 Abs. 1 BGB*): eine derartige ***Aufhebung*** ist regelmäßig anzunehmen, wenn der (zunächst) behandelnde Arzt den Patienten (nicht etwa zwecks konsiliarischer[18] Inanspruchnahme, sondern) zur Weiterbehandlung an einen anderen Arzt überweist (*§ 24 BMV-Ä*) – oder wenn er ihn per Verordnung von Krankanhausbehandlung (*§ 26 BMV-Ä*) zur stationären Aufnahme einweist (Laufs/Uhlenbruck/Uhlenbruck, § 46 Rn. 14).

K.

I.

1.

- Im ***Arzthaftungsprozess*** (für den ab dem 01. Januar 2018 gemäß *§§ 72a S. 1 Nr. 3, 119a S. 1 Nr. 3 GVG* Spezialkammern/Spezialsenate bei den LGen/OLGen gebildet wurden [dazu P. Fölsch DRiZ 2017, 166 ff]) sind der ***Patient*** und sein Prozessbevollmächtigter ***nicht*** verpflichtet, sich zur ordnungsgemäßen Prozessführung medizinische Fachkenntnisse anzueignen: der Patient ist *z.B.* ***nicht*** etwa gehalten, mögliche Entstehungsursachen einer Infektion zu ermitteln und vorzutragen, damit er seiner ***Darlegungslast*** (*§ 138 Abs. 1 ZPO*) genüge (BGH, Az. VI ZR 49/15 vom 01. März 2016); die Darlegung des Klägers darf sich vielmehr auf ***solche Fakten*** beschränken, die aufgrund der eingetretenen nachteiligen Folgen für den Patienten die ***Vermutung*** eines fehlerhaften ärztlichen Vorgehens tragen (BGH MDR 2004, 1184 [nach operativer Versorgung in Fehlstellung verheilte Radiusfraktur]; Deutsch/Spickhoff, Rn. 748 [erforderlich, aber auch ausreichend ist ein Mindestmaß an nachvollziehbarem Vorbringen, das den Schluss auf fehlerhaftes Verhalten zulässt]). Es gilt die verfahrensrechtliche ***Regelannahme***, dass eine Partei sich solche im Rahmen der Beweisaufnahme (*z.B.* durch die Ausführungen eines Sachverständigen) zutage tretenden Umstände (auch ohne dahingehende explizite Erklärung konkludent) als Parteivortrag ***zu eigen*** mache, die ihre Rechtsposition zu stützen vermögen (BGH, Az. VI ZR 634/15 vom 16. August 2016 [Tz. 12]; Beck'sches Richterhandbuch/Schlund, B I Rn. 38). Die möglichen ***Klageangriffe*** des Patienten lassen sich (schlagwortartig) ***eingruppieren*** in: ***Aufklärungs-***, ***Behandlungsfehler-*** und ***Indikationsrügen*** (OLG Hamm, Az. 3 U 155/10 vom 30. März 2011; RA M. Teichner b. patientenanwalt-hamburg.de/beweis).
- Aus der prozessualen Erklärungspflicht der Parteien (*§ 138 Abs. 2 ZPO* [vgl. dazu Musielak/Stadler, § 138 Rn. 9 ff]) folgt, dass die ***Behandlungsseite*** ihr Wissen über die ***Behandlungsabläufe*** zur Verfügung stellen muss: sie ist daher gehalten, eine Befundsituation darzutun, aus welcher sich eine ***positive Indikation*** für den vorgenommenen Eingriff ableiten lässt (OLG Koblenz, Az. 5 U 881/16 in

VersR- Online vom 06. November 2017) – darzulegen, dass für den durchgeführten Eingriff ***keine Indikation*** bestanden habe, fällt hingegen dem ***Patienten*** zur Last (vgl. OLG München, Az. 1 U 1541/07 vom 17. Januar 2008 [Tz. 43]).

2.

Die den Bestand einer gerichtlichen Sachentscheidung als verbindlich schützende (materielle) ***Rechtskraft*** (*§ 322 Abs. 1 ZPO*) bewirkt, dass eine erneute Klage unzulässig ist, deren Streitgegenstand mit demjenigen des bereits entschiedenen Rechtsstreits identisch ist (BGHZ 157, 47, 50; Jauernig/Hess, § 37 Rn. 6). ***Streitgegenstand*** ist die Rechtsfolgenbehauptung der Klagepartei, die durch den Klageantrag und durch den diesem zugrundeliegenden Lebenssachverhalt bestimmt wird (BGH, Az. XI ZR 66 /08 vom 13. Januar 2009 [Tz. 17]; Zöller/Vollkommer, Einleitung Rn. 60). Im Arzthaftungsprozess wird das ***gesamte*** von dem Kläger in Bezug genommene (zeitlich-räumlich zusammenhängende) ***Behandlungsgeschehen*** (mit allen diesem möglicherweise anhaftenden Fehlern) als streitgegenständlich angenommen (OLG Saarbrücken MDR 2000, 1317, 1319; LG Wiesbaden, Az. 1 O 10/14 vom 09. September 2014 [verschiedene Arztfehler im Rahmen derselben zusammenhängenden Heilbehandlung sind keine verschiedenen Streitgegenstände]; Rehborn MDR 2000, 1319, 1321 [die zusammenhängende Behandlung ist als ein Kontinuum zu betrachten]). – Aus dem folgenden ***LS*** der Entscheidung des BGH, Az. VI ZR 228/05 (vom 05. Dezember 2006) ***könnte*** abzuleiten sein (vgl. OLG Nürnberg, Az. 5 U 458/16 vom 20. April 2017 [zwei selbstständige Streitgegenstände]; Nußstein in VersR 2016, 1291, 1293), dass die Verletzung der Pflicht aus ***§ 630a Abs. 2 BGB*** (den Patienten nach dem fachlichen ***Standard*** zu behandeln) iSd Streitgegenstandes einen ***anderen*** Lebenssachverhalt kennzeichne ***als*** die Verletzung der Behandlerpflicht aus ***§ 630e BGB*** (den Patienten zur Ermöglichung seiner Selbstbestimmung ***aufzuklären***): *„Ist die auf Behandlungs- und auf Aufklärungsfehler gestützte Klage unter beiden Gesichtspunkten abgewiesen worden, so muss die Berufungsbegründung (§ 520 ZPO) erkennen lassen, ob das Urteil hinsichtlich beider Fehler angegriffen wird"*. ***Indessen*** sollte, weil die wirksame

Einwilligung zur Zeit des Eingriffes vorgelegen haben muss, die Behauptung einer Aufklärungspflichtverletzung regelmäßig ***nicht*** als Unterbreitung eines ***weiteren*** Streitgegenstandes angesehen werden, ***sofern nicht*** im Einzelfalle zwischen der Aufklärung und der Behandlungsdurchführung eine zeitlich signifikante Zäsur gelegen hatte (Deutsch/Spickhoff, Rn. 747; Spickhoff NJW 2008, 1636, 1641).

3.

Zur ***Vorbereitung*** eines Arzthaftungsprozesses kann der Patient unter den Voraussetzungen des *§ 485 Abs. 2 ZPO* bei dem (künftigen) Prozessgericht (*§ 486 Abs. 2 ZPO*) beantragen, dass im Rahmen eines ***selbstständigen Beweisverfahrens*** die Erholung eines schriftlichen Sachverständigengutachtens zur Feststellung eines behaupteten ***Behandlungsfehlers*** angeordnet werde (BGH NJW 2003, 1741, 1742; OLG Düsseldorf, Az. 1 W 71/09 vom 11. Januar 2010). Das betreffende Gutachten darf in einem nachfolgenden Rechtsstreit jedoch ***nicht*** als Urkundenbeweis (*§ 416 ZPO*) verwertet werden, soweit auf diesem Wege die unmittelbare Beweiserhebung durch die Anhörung eines Sachverständigen (*§§ 402 ff ZPO*) ersetzt werden soll (BGH NJW 2008, 523, 524; Thomas/Putzo/Reichold, § 592 Rn. 7). ***Nach*** Beendigung des außerhalb eines anhängigen Rechtsstreites durchgeführten Beweisverfahrens kann das Gericht auf Antrag dem Antragsteller aufgeben, binnen bestimmter Frist die Hauptsacheklage zu erheben (*§ 494a Abs. 1 ZPO*) – kommt der Antragsteller dem nicht nach, so sind ihm (gemäß *§ 494a Abs. 2 ZPO*) auf Antrag die im Beweisverfahren erwachsenen Kosten des Antraggegners aufzuerlegen (Jauernig/Hess, § 51 Rn. 28).

II.

Bezgl. des ***Krankenhausaufnahmevertrages*** besteht für alle vertraglichen Ansprüche/Pflichten (Vergütungsansprüche des Krankenhausträgers eingeschlossen) ein einheitlicher ***Leistungs-/Erfüllungsort*** (*§ 269 Abs. 1 BGB, § 29 Abs. 1 ZPO*) am ***Ort*** der Klinik (BGH, Az. III ZR 114/11 vom 08. Dezember 2011; OLG Celle, Az. 1 U 74/06 vom 27. November 2006); das Entsprechende gilt beim ambulant-ärztlichen ***Behandlungsvertrag*** für den ***Ort*** der Praxis (Thomas/Putzo/Hüßtege, § 29 Rn. 6; Musielak/Heinrich, § 29 Rn. 21).

III.

Für den ***Behandlungsvertrag*** mit ***Auslandsbezug*** (Palandt/Thorn, [IPR] Rom I 4 Rn. 8, 9; Gehrlein, Grundwissen, Abschn. A. Rn. 58) bestimmen die ***Normen des IPR***, welche der tangierten Rechtsordnungen anzuwenden ist (*Art. 3 EGBGB*): als ***vertragliche Schuldbeziehung*** ist das Behandlungsverhältnis dem internationalen vertraglichen Schuldrecht unterworfen, so dass sich (mangels einer parteiautonomen Rechtswahl [*Art. 3 Rom I-VO*]) der Behandlungsvertrag nach dem ***Recht des Niederlassungs-/ Standortes*** (*Art. 19 Rom I-VO*) der Behandlungsseite (*Art. 3 Nr. 1lit. b EGBGB, 4 Abs. 1 lit. b Rom I- VO*) beurteilt – unter ***Niederlassung*** wird die ***örtliche*** Einrichtung von Praxisräumen zur ambulanten Ausübung ärztlicher Berufstätigkeit verstanden (Quaas/Zuck, § 14 Rn. 1) – das die stationäre Behandlung durchführende Krankenhaus hat einen ***Betriebsstandort*** (Hüttl b. Heberer, S. 299).

L.

I.

Mit dem Ziele der ***außergerichtlichen*** Erledigung einer Arzthaftungsfrage kann die Durchführung des (dafür vorgesehenen und statutarisch geregelten) ***Verfahrens*** bei der ***Gutachterkommission/Gutachterstelle/Schlichtungsstelle*** der zuständigen ***LÄK beantragt*** werden (antragsberechtigt sind der Patient, der in Anspruch genommene Arzt oder Krankenhausträger sowie der jeweilige Haftpflichtversicherer): die Beteiligung an dem Verfahren ist freiwillig – das kostenfreie Verfahren (nur die Eigenkosten der Vertretung durch einen RA trägt der Vertretene selbst) ist ein schriftliches – das mit neutralen/unabhängigen FÄen und Volljuristen besetzte Gremium (das kein Schiedsgericht iSd *§§ 1029 ZPO* ist) beurteilt den Sachverhalt auf der Basis der ärztlichen Unterlagen und unter Beachtung der Regeln der Beweislast – das Verfahren ***endet*** mit einem (ein evtl. späteres Streitgericht nicht bindenden) Votum zur Frage des Behandlungsfehlers oder mit einer gutachtlichen Äußerung zu einem etwaigen Anspruch auf Schadensersatz dem Grunde nach (s. zum Ganzen Deutsch/Spickhoff, Rn. 840 ff; Frank/Schmid, 200 f; Karmasin BÄBl. 2006, 412 f) – das Gutachten kann in einem späteren Gerichtsverfahren zwar im Wege des Urkundenbeweises (*§ 416 ZPO*) gewürdigt, der Gutachter aber nach *§§ 48 Nr. 8, 406 Abs. 1 ZPO* wegen Befangenheit abgelehnt werden (BGH b. Berner in DÄBl. 2017, A-1066); die Gutachter- und Schlichtungsstellen fungieren als branchenübliche ***Gütestellen*** iSd *§ 15a Abs. 3 S. 2 EGZPO*, so dass mit ihrer Anrufung der Anwendungsbereich des *§ 204 Abs. 1 Nr. 4 BGB* eröffnet ist: ***Verjährungshemmung*** (mit der in *§ 209 BGB* angeordneten Wirkung) tritt ein, die damit beginnt, dass die Gütestelle die Bekanntgabe des Güteantrags an den Antragsgegner veranlasst/verfügt – das Ende der Hemmung bestimmt sich nach *§ 204 Abs. 2 S. 1 BGB* (vgl. BGH, Az. VI ZR 239/15 vom 17. Januar 2017; J. Riedel VersR 2017, 620 f); nachdem die ***Zahl*** der pro Jahr bei den zuständigen LÄK-Stellen eingehenden Patientenanträge zwischen 1976 und 2001 kontinuierlich angestiegen war, stagniert sie seither (mit jährlich bei etwa 12.000) weitgehend auf gleichem Niveau (RAin B. Berner in DÄBl. 2011, A-1460; Prof. H. Prütting in DRiZ 2018, S. 64).

II.

Der Lauf der ***Verjährung*** wird auch dadurch ***gehemmt***, dass zwischen dem Gläubiger und dem Schuldner ***Verhandlungen*** schweben, die den Anspruch oder anspruchsbegründende Umstände zum Gegenstand haben (*§ 203 S. 1 BGB*): darunter versteht man jeden Meinungsaustausch über das Bestehen/Nichtbestehen eines angemeldeten Anspruches, sofern nicht sofort und eindeutig jegliche Leistung abgelehnt wird (Hk-BGB/Dörner, § 203 Rn. 2). Für den ***Beginn*** der Hemmung ist auf die erste Handlung des Schuldners abzustellen, mit welcher dieser sich auf Verhandlungen einlässt; die Hemmung ***endet*** durch die klare Verweigerung einer Fortsetzung der Verhandlungen durch eine der Parteien (OLG Brandenburg, Az. 4 U 58/06 vom 22. November 2006 [Abschn. II. 5. b]; Palandt/Ellenberger, § 203 Rn. 2, 4; vgl. auch Fn. 9 (3) (b)); zur Beendigung der Hemmung reicht es aus, wenn der Geschädigte die Verhandlungen dadurch „einschlafen" lässt, dass er den Zeitpunkt versäumt, zu welchem zwecks Fortsetzung der Verhandlungen eine Antwort auf die letzte Anfrage der Gegenseite spätestens zu erwarten gewesen wäre (BGH NJW 2009, 1806, 1807). Nach *§ 115 Abs. 2 S. 3 VVG* ist weiters der Verjährungsablauf bis zum Eingang einer textförmigen Entscheidung ***gehemmt***, wenn der Geschädigte seinen Anspruch unmittelbar bei dem ***Haftpflichtversicherer*** angemeldet hat; eine mündliche Ablehnung reicht selbst dann nicht, wenn sie von dem Geschädigten schriftlich bestätigt wird (Römer/Langheid, § 115 Rn. 25).

III.

Schließlich ***hemmt*** nach *§ 205 BGB* auch der (ein Leistungsverweigerungsrecht des Schuldners begründende) rechtsgeschäftlich vereinbarte zeitweilige Ausschluss der Klagbarkeit einer fälligen Forderung ("pactum de non petendo") deren Verjährung (BGH, Az. IX ZR 134/99 vom 06. Juli 2000 [verjährungshemmendes Stillhalteabkommen]; Hk-BGB/Schulze, § 271 Rn. 5). Die trotz eines gültig bestehenden Stillhalteabkommens gleichwohl erhobene Zivilklage ist als (derzeit) unzulässig abzuweisen (MünchKommBGB/Krüger, § 271 Rn. 18 [m. Bezug auf BGH, Az. IVa ZR 180/88]).

****

§ 630a BGB (Vertragstypische Pflichten beim Behandlungsvertrag)

1 ***Normiert*** sind die typischen ***Pflichten*** bei dem ***Vertrag*** über eine ***medizinische Behandlung***:[19] darunter sind grundsätzlich ***alle Maßnahmen*** zu verstehen, die zur Feststellung sowie zur Heilung/Besserung/Linderung einer Erkrankung/gesundheitlichen Störung ergriffen werden – incl. ärztlich verordneter Hilfs- bzw. Heilmittel, wie gewisse Sachgegenstände (*z.B.* Körperersatzstücke oder Hör-/Sehhilfen) bzw. Dienstleistungen (*z.B.* Krankengymnastik oder Ergotherapie) bezeichnet werden (Rieger, Rn. 802, 829, 869; Quaas/Zuck, § 67 Rn. 2 ff, § 72 Rn. 1; Roche-Lexikon, S. 198). Die Regelung umfasst sowohl die ***Behandlung*** von ***privat versicherten*** („Selbstzahlern") wie auch diejenige von ***gesetzlich versicherten*** („Kassenpatienten") ***Patienten*** (Thesenpapier zur „18. Münsterischen Sozialrechtstagung" vom 30. November 2012; J. Lüdde in RÜ Heft 5/2013, S. 295; Franzki, Behandlungsvertrag, S. 51 f), wobei der Behandlungsvertrag mit den Letzteren weitestgehend zu den inhaltlichen Konditionen (insbesondere) des *SGB V* (*§§ 27 ff*) abgeschlossen wird (vgl. Rehborn MDR 2013, 497).[20]

2 Selbst wenn bedacht wird, dass das Rechtsverhältnis des Vertragsarztes zu seinem ***Kassenpatienten*** öffentlich-rechtlich über dessen GKV-Versicherer vermittelt werde,[21] so ist doch aus der ***Verweisungsnorm*** des *§ 76 Abs. 4 SGB V* (Behandlung der GKV-Versicherten nach der Sorgfalt des bürgerlichen Vertragsrechts) zu folgern, dass die Rechtsbeziehung „Vertragsarzt/Kassenpatient" dem ***bürgerlichen Vertragsrecht*** zugehörig sein solle (Bley/Kreikebohm/Marschner, Rn. 680; Jörg, Rn. 21; Franzki, Behandlungsvertrag, S. 50): auch zwischen dem gesetzlich versicherten Patienten und dem Vertragsarzt besteht also eine ***zivilvertragliche Bindung*** (BGHZ 76, 259, 261; BGHZ 100, 363, 367; Rehborn GesR 2013, 257 f [und im Übrigen können *AGB*, wie sie vielfach von den Krankenhausträgern verwendet werden, wirksam ohnehin nur in ein ***Vertragsverhältnis*** einbezogen werden]).

Abs. 1

Die Vorschrift beschreibt die Pflichten der ***Vertragsteile***: ***diese*** sind als ***Behandelnder*** (das Rechtssubjekt, das die medizinische Behandlung [ungeachtet derjenigen Person, die sie faktisch leistet] zusagt) und als ***Patient*** (der Vertragspartner, dem die Behandlung versprochen wird/der sie erhalten soll) legaldefiniert (Palandt/Weidenkaff, § 630 a Rn. 2). Der Trägerverein einer Bereitschaftsdienstpraxis e.V. oder die von der KV gegründete Betreibergesellschaft der Bereitschaftspraxis sind nicht die vertraglichen Behandlungspartner der Patienten: sie sind lediglich für die Organisation des Betriebes und die Dienstbesetzung der Praxis zuständig: die vertragliche Behandlungsbeziehung besteht mit dem jeweils diensthabenden Vertragsarzt (vgl. *§ 75 Abs. 1b S. 1 SGB V, §§ 1, 6 BDO-KVB* [vertragsärztliche Versorgung zu den sprechstundenfreien Zeiten – „Ärztlicher Bereitschaftsdienst"/„Bereitschaftspraxen"]) – zur medizinischen Versorgung der Bevölkerung außerhalb der Ordinationszeiten (durch den organisierten kassenärztlichen Bereitschaftsdienst) und in Notfällen (durch den Rettungsdienst und die Notärzte) s. den Beitrag von Scherer et al. in DÄBl. vom 29. September 2017, Medizin S. 645. 3

- Im Falle der ärztlichen ***Einzelpraxis*** incl. Filiale (*§ 17 MBO*) ist deren ***Inhaber*** Vertragspartner des Patienten; der ärztliche ***Vertreter*** des praxisabwesenden Inhabers (dessen Tätigkeit bei organisatorischer Freiheit als eine selbständige bewertet wird [Info-Kasten DÄBl. 2018, A-723]) ist ***dessen*** (persönlich nur deliktisch haftbarer) Erfüllungs- bzw. Verrichtungsgehilfe iSd *§§ 278* bzw. *831 BGB* (BGH NJW 2000, 2737, 2741; Lipp in Laufs/Katzenmeier/Lipp, III. Rn. 3). 4
- Bei einer ***Gemeinschaftspraxis*** (*§ 18 MBO, §§ 705 ff BGB* [rechts- und parteifähige ***Außen-GbR*** als selbstständige Trägerin von Rechten/Pflichten – die auch durch eine faktische Invollzugsetzung entstehen kann [[OLG Naumburg, Az. 1 U 67/11]]]) kommt die ***Vertragsbeziehung*** zwischen dem ***Patienten*** und der ***Gesellschaft*** zustande (Lipp in Laufs/Katzenmeier/Lipp, III. Rn. 4 [die ***Haftung*** beurteilt sich nach den *§§ 128 ff HGB anal.* bzw. *§ 31 BGB anal.*]) – zu den nötigen ***Regelungen*** im ***Gesellschaftsvertrag*** s. Prof. B. Hal-

be in DÄBl. 2017, A-1941 und in DÄBl. 2018, A-722 (Risiken der bloßen Scheinselbständigkeit bestehen besonders im Bereich der "Juniorpartnerschaft" und der "Nullbeteiligunggesellschaft"); zu den ***Vorgaben des Vertragsarztrechtes*** (Tätigkeit beruflich und persönlich selbstständig „in freier Praxis" [*§ 32 Abs. 1 S. 1 Ärzte-ZV*]) vgl. die Entscheidung BSGE 106, 222 ff (Gemeinschaftspraxis nur pro forma, wenn einer der Ärzte nicht am wirtschaftlichen Risiko und am Wert der Praxis beteiligt, sondern in Wahrheit lediglich als Angestellter des anderen/der "Gesellschaft" tätig ist) – und ferner den Info-Kasten in DÄBl. 2017, A-2115.

- Im Falle der ***Praxisgemeinschaft*** (*§ 18 MBO, §§ 705 ff BGB* [allein auf das ***Innenverhältnis*** bezogene GbR]) hat ***jeder*** der beteiligten ***Ärzte*** seine ***eigenen*** Patienten, weil sich die Gemeinschaft auf die gemeinsame Nutzung der Praxisräume/der Geräte und der Dienste des Personals beschränkt (Quaas/Zuck, § 14 Rn. 4 ff, 14 ff; PWW/Schneider, § 630a Rn. 5; Prof. B. Halbe DÄBl. 2017, A-1889 [***keine Gemeinschaftshaftung*** in Bezug auf Behandlungsverträge]).
- ***Gemeinschaftlich*** als rechtsfähige Personengesellschaft kann der Arztberuf auch in Gestalt einer (durch niedergeschriebenen Partnerschaftsvertrag errichteten und in das Partnerschaftsregister eingetragenen) ***Partnerschaftsgesellschaft*** (*§ 1 Abs. 1 PartGG*) mit der Möglichkeit der Konzentration der Haftung (*§ 8 Abs. 1 PartGG*) auf den Handelnden (*§ 8 Abs. 2 PartGG*) – oder (seit dem 19. Juli 2013) auch explizit als ***PartGmbB*** (*§ 8 Abs. 4 PartG* iVm den Haftpflichtversicherungsvorgaben des jeweiligen *Landes-Heilberufe-Kammergesetzes*) ausgeübt werden (vgl. hierzu näher RA B. Debong in ArztRecht 2013, 229 ff; BLÄK-Justitiar H. Schiller in BÄBl. 2015, 506 ff; Prof. Cl. Höpfner JZ 2017, 19 ff [Berufshaftpflichtversicherung als Instrument des Gläubigerschutzes]).

5 Als ***Behandelnde*** können nicht nur die ***Ärzte***, sondern darüber hinaus auch (teilweise nur im Delegationsverfahren tätige) ***approbierte*** Angehörige anderer ***Gesundheitsberufe*** (wie *z.B.* Heilpraktiker[22], Psychologische Psychotherapeuten[23], Logopäden[24], Hebammen/Entbindungspfleger[25], Physiotherapeuten, Masseure und medizinische Bademeister[26]) ***fungieren*** (Deutsch/Spickhoff, Rn. 139; Brox/Walker, § 22 Rn. 1 [Hauptanwendungsbereich des Behandlungsvertrages ist freilich

der ***Arztvertrag*** [[dazu Fn, 1]]]; Schneider JuS 2013, 104, 105; Olzen/Kaya JURA 2013, 661).

Der ***Behandelnde*** als Vertragspartner und der die Behandlung tatsächlich ***Durchführende*** können ***personenverschieden*** sein (Olzen/Kaya JURA 2013, 661): 6

- In diesem Fall erbringt der ***behandlungsseitige Vertragspartner*** die geschuldete Behandlungsleistung durch seine ***Erfüllungsgehilfen*** (*§ 278 BGB*); ***typischerweise*** ist dies bei dem Behandlungsvertrag ***mit*** einem ***Krankenhausträger*** (die behandelnden Krankenhausärzte sind idR angestellte Mediziner [LSG Stuttgart, Az. L 5 R 3755/11 vom 17. April 2013]) oder ***mit*** einer ***MVZ-Trägergesellschaft*** der Fall (vgl. Schiemann JuS 1983, 649, 652):[27]
- zum ***Krankenhausvertrag*** und seinen drei ***Typen*** (totaler Krankenhausaufnahmevertrag, totaler Krankenhausvertrag mit Arztzusatzvertrag und gespaltener Arzt-Krankenhaus-Vertrag) s. **oben** die Vorbem. unter Abschn. ***J.***;
- bei der ***Behandlung*** durch ein ***MVZ*** (das keine Arztpraxis darstellt, sondern ein Konstrukt sui generis ist [BLÄK-Justitiar H. Schiller in BÄBl. 2015, 506]) geht es um die ***ambulante*** Versorgung des Patienten (Riedel/Latz RDG 2007, 52 [als Leistungserbringer gehört das MVZ zum ***ambulanten*** Sektor]);
  - ***Vertragspartner*** des Patienten ist der ***MVZ-Träger*** (Prof. B. Halbe in DÄBl. 2018, A-152), ***gleichviel*** ob die dort tätigen Ärzte angestellte Mediziner oder selbständige Vertragsärzte sind (bmvz.de/wissenswertes/mvz – unter Abschn. 3. [Stand 2012]); die ***haftungsrechtliche*** Situation gleicht jener eines Krankenhausträgers (Ulsperger/Lutz in DÄBl. 2011, A-1698): ***vertraglich*** haftet der Einrichtungsträger, ***deliktisch*** steht der im Rahmen der Behandlung tätig gewordene Arzt ein (Deutsch/Spickhoff, Rn. 82);
  - bei dem (in *§ 95 Abs. 1 SGB V* legaldefinierten) ***MVZ*** handelt es sich um eine von gründungsberechtigten Vertragsärzten oder Krankenhausträgern etc. (*§ 95 Abs. 1a SGB V*) ins Leben gerufene und zur vertragsärztlichen Versorgung ***zugelassene Einrichtung*** (eine organisatorische Einheit personeller und sächlicher Mittel [Prof. B. Halbe DÄBl. 2018, A-152]), die vornehmlich in

den (nach *§ 95 Abs. 1a SGB V* u.a. gründungsmöglichen) Rechtsformen (überwiegend) einer ***GmbH*** oder (seltener) einer ***GbR*** betrieben wird, die einen für den ordnungsgemäßen Betriebs- und Behandlungsablauf sowie für die Einhaltung der vertragsärztlichen Pflichten incl. (sofern diese Aufgabe nicht dem Geschäftsführer der Trägergesellschaft zufällt) der Erstellung der Abrechnungen zuständigen ärztlichen Leiter hat (der Vertragsarzt oder Angestellter sein kann und als Angestellter im Umfang von mindestens zehn Wochenstunden im Rahmen der vertragsärztlichen Versorgung tätig sein muss) – und in der dienstvertraglich angestellte Ärzte (ohne eigene Individualzulassung) und/oder kooperierende (freiberufliche) Vertragsärzte fachübergreifend oder aber fachgleich schwerpunktübergreifend tätig sind (Butzmann b. Heberer, S. 103 ff; Frank/Schmid, S. 139; Berner, S. 25) – in einem Freiberufler-MVZ tätige Vertragsärzte müssen auch Gesellschafter der Betreiber-GmbH sein (BSG-Terminsbericht Nr. 54/17, Abschn. 5); das ***MVZ*** ist als solches freilich kein „Arzt" und deshalb auch nicht Mitglied der LÄK – die Anzahl der genehmigungsfähigen Nebenbetriebsstätten ist nicht beschränkt (LSG Chemnitz, Az. L 1 KA 8/09 vom 24. Juni 2009); die vertragsärztliche Zulassung ist als höchstpersönliche Rechtsposition des ***MVZ*** ebensowenig übertragbar wie eine erteilte Anstellungsgenehmigung (BSG b. Berner in DÄBl. 2018, A-350 [zu einem Fall der MVZ-Insolvenz]).
- Ende 2016 arbeiteten in den 2.490 MVZ 16.000 Ärzte, davon 91 Prozent als Angestellte (Mittlg. in DÄBl. 2017, A-1690).

7 Der ***Patient*** ist der andere Teil des Vertrages: der ***Vertragspartner*** des Behandlers. Das ist nicht immer und nicht notwendig diejenige Person, an welcher die Behandlung vorgenommen wird.

- Lässt sich der Patient (in seiner Eigenschaft als Vertragsteil) die Behandlung einer ***dritten Person*** zusagen, dann liegt ein echter ***Vertrag zugunsten Dritter*** (*§§ 328 ff BGB*) vor (StudK- BGB/Jacoby/v. Hinden, § 630a Rn. 2): ***Patienten*** sind die ***Eltern*** – ***Patient*** ist der ***Vorsorgebevollmächtigte/Rechtsbetreuer*** (*§ 1896 BGB*), die/der den ***Vertrag*** über die Behandlung des minderjährigen Kindes – des Vollmachtgebers/Betreuten im ***eigenen Namen*** abschließen/abschließt (Palandt /Weidenkaff, § 630a Rn. 5).

- ***Patient*** und behandelte Person sind ***identisch***, wenn der ***Behandlungsvertrag namens*** des Kindes/des Betreuten abgeschlossen worden ist (Jaunernig/Mansel, § 630a Rn. 3).

Die ***Notfall-Behandlung*** einer bewusstlosen (*§ 105 Abs. 2 BGB*), einer nicht ansprechbaren, einer zufolge ihres psychischen Zustandes geschäftsunfähigen erwachsenen (*§ 104 Nr. 2 BGB*) oder einer minderjährigen (*§§ 104 Nr. 1, 106 BGB*) Person ohne Mitwirkung des gesetzlichen Vertreters stellt (mangels eines bestehenden Behandlungsvertrages) idR einen ***Fall*** der aufgrund des objektiv sinnvollen Einsatzes medizinischer Hilfsmöglichkeiten und aufgrund diesbezgl. mutmaßlicher Einwilligung (***§ 630d Abs. 1 S. 4 BGB***) des Betroffenen ***berechtigten GoA*** (*§§ 677, 679, 683 BGB*) dar (Palandt/Weidenkaff, Vorb v § 630a Rn. 5; Weirich, S. 49) – der ***medizinische Notfall*** ist dadurch gekennzeichnet, dass ohne sofortige ärztliche Hilfe schwere gesundheitliche Schäden oder der Tod des Betroffenen befürchtet werden müssen (Hexal Taschenlexikon, S. 547) – auch in der ambulanten Praxis müssen (teamseitige) Notfallkompetenz sowie (funktionsfähige) Notfallausstattung vorhanden sein (QM-Ratgeber in DÄBl. 2018, A-92): mit Blick auf die Bestimmung des *§ 681 S. 1 BGB* darf der Arzt zunächst aber (unter Einhaltung des fachlichen ***Standards***) ***nur*** die vital oder die absolut indizierten ärztlichen Maßnahmen treffen; mit anderen muss er zuwarten, bis der Patient selbst bzw. der zuständige Rechtsvertreter entscheiden können (Lipp in Laufs/Katzenmeier Lipp, III. Rn. 55; Franzki, Behandlungsvertrag, S. 54); ***Notärzten/-helfern*** in der Ausübung ihrer Profession kommt die Privilegierung nach *§ 680 BGB* (Haftung nur für Vorsatz und grobe Fahrlässigkeit) ***nicht*** zugute – für sie gilt vielmehr der allgemeine Sorgfaltsmaßstab gemäß *§ 276 BGB* (Deutsch/Spickhoff, Rn. 130; Spickhoff NJW 2007, 1628, 1631), wenngleich der maßgebliche ***Standard*** im Einzelfall dort ***herabgesetzt*** sein mag, wo eine organisatorische und vorbereitende Vorsorge auf die Notfallsituation nicht möglich gewesen ist (Heberer, S. 133 [m. Verweis auf OLG Stuttgart AHRS [Teil II] Kza 2070/106]). Im Interesse der Rechtsklarheit sollte das komplexe gesetzliche Schuldverhältnis der ***GoA*** durch den ***nachgeholten*** Abschluss eines Behandlungsvertrages abgelöst/ein nichtiger Vertragsschluss ***nachträglich bestätigt*** (*§ 141 BGB*) werden – bei konsentierter Fortsetzung der Behandlung nach Durchführung der Notfallmaßnahmen wird idR ein nachträglicher 8

Vertragsabschluss anzunehmen sein (Lipp aaO, III. Rn. 58; Palandt/Weidenkaff, § 630a Rn. 5).

9 Der ***Behandlungsvertrag*** stellt einen ***Typus*** des ***selbstständigen Dienstvertrages*** dar (vgl. Jauernig/Mansel, Vor § 630a Rn. 2; Spickhoff VersR 2013, 267, 268):

- der Behandelnde ***schuldet*** daher (nicht einen Heil- oder Behandlungserfolg, sondern) eine ***Dienstleistung*** (Gehrlein, Abschn. A. Rn. 4; Rehborn MDR 2013, 497, 498);
- die Dienstleistung besteht in der „versprochenen Behandlung", die als eine ***medizinische*** zu verstehen ist (BT-Drucks. 17/10488, S. 17 [Heilbehandlung]; Palandt/Weidenkaff, Vorb v § 630a Rn. 2 [jede medizinische Maßnahme]): ***gemeint*** ist ein bei allen Maßnahmen an der ars medicina ausgerichtetes und ihr entsprechendes ***fachliches*** Vorgehen und Handeln des Behandelnden an und mit seinem Patienten (vgl. Brox/Walker, § 22 Rn. 1, 16; Laufs/Uhlenbruck/Uhlenbruck, § 39 Rn. 4 ff, § 44 Rn. 1]);

10
- ***Vertragsgegenstand*** ist v.a. die ***Heilbehandlung*** mit ihren medizinlogisch vorgegebenen ***Phasen*** von der Diagnostik[28] bis zur Austherapierung (Schneider JuS 2013, 105): mithin das ***fachgerechte Bemühen*** um die Erkennung und Einordnung der Erkrankung/Beschwerden sowie deren Heilung/Linderung nach gegebener Möglichkeit (BT-Drucks. 17/10488, S. 17); Weirich, S. 43 [geschuldete Behandlungsleistung]; Wagner VersR 2012, 789, 790 [es geht um Dienstleistungen, die physisch/psychisch menschliches Leid lindern oder deren Ursache beheben sollen]).
- ***Heileingriff*** im engeren Sinne ist allein die medizinisch ***indizierte*** Maßnahme (Rieger, Rn. 802); ***Behandlungswünsche*** des Patienten sind deshalb regelmäßig nur ***innerhalb*** der ***Indikationsstellung***[29] berücksichtigungsfähig (Laufs in Laufs/Katzenmeier/Lipp, I. Rn. 29 [der berufliche Heilauftrag muss die betreffende Maßnahme umfassen]): je nach den Umständen können positiv geäußerte ***Patientenwünsche*** jedoch einen (zu reflektierenden) eigenständigen ***Faktor*** bei der ***Therapieentscheidung*** darstellen (Bodendieck et al. in DÄBl. 2015, A-312);
- im ***Einzelfall*** kann eine medizinische ***Behandlung*** jedoch auch ***nicht heilindizierte*** Zwecke verfolgen: das ist *z.B.* der Fall bei rein

kosmetischen Eingriffen, aber auch bei Maßnahmen zur künstlichen Befruchtung oder zur Schwangerschaftsverhütung (Palandt/Weidenkaff, Vorb v § 630a Rn. 2; Olzen/Kaya JURA 2013, 661, 662);

- ***immer*** muss (in den Grenzen der Nichtstrafbarkeit) der ***behandlungsbezogene Wille/Nichtwille*** des Patienten beachtet werden – sei er aktuell oder in Form einer Patientenverfügung geäußert, sei es der tatsächliche oder dort, wo es auf ihn ankommt, der mutmaßliche Patientenwille (vgl. Ratzel/Lippert, § 16 Rn. 2 ff); das bedeutet u.a., dass (unabhängig von Art und Stadium einer Erkrankung [*arg. § 1901a Abs. 3 BGB*]) eine begonnene Behandlung zu ***beenden*** bzw. in ihrem Ziel (nach Möglichkeit) zu ***modifizieren*** ist, ***wenn*** bzw. ***soweit*** es an der erforderlichen ***Behandlungszustimmung*** des Patienten ***fehlt***; *bspw.* ist die gegen den Willen des Patienten durchgeführte künstliche Ernährung eine rechtswidrige Handlung, die (gemäß *§§ 823 Abs. 1, 1004 Abs. 1 BGB*) zu unterlassen verlangt werden kann – und zwar selbst dann, wenn das den Tod des Patienten bedingen würde (BGH, Az. XII ZR 177/03 vom 08. Juni 2005); in der ***Sterbephase*** (dem natürlichen Sterbeprozess in den letzten Tagen des Lebens [P. Stiefelhagen in aerztezeitung.de/palliativmedizin vom 01. Mai 2017]) sind (weitere lebenserhaltende/-rettende/-verlängernde ärztliche Maßnahmen ***nicht mehr*** medizinisch ***indiziert*** (Prof. V. Lipp Bt-Prax 2004, 18, 19; Prof. H. J. Hirsch JR 2011, 37, 38): in Betracht kommt vielmehr eine Änderung des Behandlungszieles von der „kurativen" zu einer ***palliativmedizinischen Versorgung*** (Lipp in Laufs/Katzenmeier/Lipp, VI. Rn. 104; Hentschel/Reiter-Thiel in DÄBl. 2008, A-47) – zur ***passiven Sterbehilfe*** iSd ***Unterlassens*** medizinischer Maßnahmen zur Lebensverlängerung (Prof. G. Arzt JR 1986, 309, 310) und des ***Geschehenlassens*** des ***natürlichen Sterbeprozesses*** s. Arzt/Weber-Arzt, § 3 Rn. 7 Fn. 13 (in Todesnähe und bei gegebener Aussichtslosigkeit sind lebensverlängernde Maßnahmen ärztlich nicht mehr angezeigt); Oduncu/Eisenmenger MedR 2002, 327, 331 (der Patient verstirbt an Ursachen, deren medizinische Bekämpfung nicht mehr sinnvoll ist); Frank/Schmid, S. 171 (lebensverlängernde Maßnahmen werden als nicht mehr indiziert beendet/nicht ergriffen) – zu einer dem ***Patientenwillen*** (der auch in einer Patientenverfügung niedergelegt sein kann) entsprechenden ***Hilfe zum Sterben***/zu einem diesem ***Willen*** entsprechenden ***Behandlungsabbruch*** in einem Momentum, in welchem der unmittelbare Sterbevorgang ***noch nicht*** eingesetzt hatte, s. Bäuml b. Heberer, S. 413 (Unterlassen/Begrenzen einer weiteren ***oder*** Beenden einer begonnenen medizinischen Behandlung); Würzburger Notarhandbuch/Müller, Teil 3 Kap. 2 Rn. 76 (m. Bezug auf BGHSt 40, 257 [Voraussetzungen einer zulässigen Sterbehilfe vor dem Einsetzen des Sterbevorganges]) – zur Abgrenzung der straflosen Sterbehilfe/Suizidbeihilfe von einer strafbaren Tötung vgl. Arzt/Weber-Arzt, § 3 Rn. 4 ff – wegen des Sterbefastens (des finalen Verzichts auf Nahrung und Flüssigkeit) als einer Form des Suizids s. den Symposiumsbericht in BÄBl. 2017, S. 661.

11 Seine ***Dienstleistung*** muss dem Arzt/dem Behandelnden vertraglich ***vergütet***[30] werden (dazu **unten *§ 630b*** Rn. 2):

- Derjenige Patient, der ***keinen Krankenversicherungsschutz*** besitzt, ist als ***persönlicher*** Entgeltschuldner (im ambulanten ebenso wie im stationären Bereich) ***selbst*** zahlungspflichtig (LG Berlin NJW-RR 2008, 1375, 1376 [zu einem Fall des gemeinschaftlichen Irrtums des Krankenhausträgers und des Patienten über das Bestehen einer gesetzlichen Krankenversicherung]; Deutsch/Spickhoff, Rn. 148).
- Im ***ambulanten*** Bereich –
  - ist die Vergütung des Arztes durch den ***privat versicherten*** Patienten (den „Selbstzahler") iSe ***Taxe*** (vgl. *§§ 612 Abs. 2, **630b** BGB*) durch die *§§ 3 ff GOÄ* iVm dem dazu ergangenen *Gebührenverzeichnis für ärztliche Leistungen* vorgegeben (BGH VersR 2006, 935 f [zwingendes Preisrecht]) – schriftliche Honorarabsprachen können sich auf eine Vermehrfachung des Gebührensatzes beziehen (*§§ 2, 5 GOÄ*);
  - tritt die KV für den ***GKV-Patienten*** ein (sofern dieser nicht die Kostenerstattung gemäß *§ 13 Abs. 2 SGB V* gewählt hat), indem sie die kassenärztliche ***Gesamtvergütung*** (*§ 85 SGB V*) auf die Vertragsärzte ***verteilt*** (*§ 87 b Abs. 1 SGB V*): der Vertragsarzt hat – nach Maßgabe der erbrachten vergütungs- und abrechnungsfähigen Leistungen – Anspruch auf Teilhabe an der Honorarverteilung durch die KV (BGH, Az. IX ZR 247/03 vom 11. Mai 2006 [Tz. 7]) – im organisierten ***Bereitschaftsdienst*** erfolgt die

Vergütung nicht aus der Gesamtvergütung, sondern gemäß einer entsprechenden Entgeltregelung durch die Krankenkassen direkt (BSG, Az. B 6 KA 12/16 R vom 28. Juni 2017 [Tz. 12]).

- Bei ***stationärer*** Behandlung greifen die Regelungen des *KHG* (Pflegesätze) und des *KHEntgG* (Fallpauschalen und Zusatzentgelte) ein (Münzel/Zeiler, S. 24; Rehborn GesR 2013, 257, 259): anders als im ambulanten Bereich sind die ***Entgelte*** für die ***allgemeinen Krankenhausleistungen*** (die medizinisch notwendigen Versorgungsleistungen [Quaas/Zuck, § 23 Rn. 265 ff) für ***alle*** Benutzer ***einheitlich*** – gleichviel ob die Patienten gesetzlich oder privat krankenversichert sind (bundesgesundheitsministerium.de/krankenhausfinanzierung vom 02. März 2017); bei einem ***gesetzlich*** versicherten Patienten erfolgt die Abrechnung (im Unterschied zu dem ambulanten Versorgungssektor) nicht über die KV, sondern unmittelbar zwischen dem Krankenhausträger und der zuständigen GKV; der ***privat*** versicherte Krankenhauspatient erhält eine Gesamtrechnung, sofern er nicht vor Behandlungsbeginn (*z.B.* per Klinik-Card) seinen Erstattungsanspruch gegen den Versicherer (*§ 192 Abs. 1 VVG*) an den Krankenhausträger abgetreten hatte (*§ 398 BGB*).[31]

Abs. 2

Die Bestimmung ***konkretisiert*** für den ***Behandlungsvertrag*** den generell in *§ 276 Abs. 2 BGB* aufgestellten ***Sorgfaltsmaßstab*** durch den Begriff des ***„allgemein anerkannten fachlichen Standards"***: ***rechtlich*** ist der medizinische ***FA-Standard*** ein ***Vermittlungsbegriff*** zwischen der abstrakten Sorgfaltsnorm und dem konkreten Ablaufgeschehen der Behandlung (Katzenmeier in Laufs/Katzenmeier/Lipp, X. Rn. 8; RAin Kunz-Schmidt NJ 2010, 177, 178); als ***Maßstab*** ist der ***Standard*** ein ***objektiver***, der eine Unterscheidung darnach, ob der Behandelnde Berufsanfänger oder erfahrener FA ist, nicht zulässt (StudK-BGB/Jacoby/v. Hinden, § 630a Rn. 3); ***inhaltlich*** wird der ***Standard*** als der jeweilige ***Erkenntnis- und Erfahrungsstand*** beschrieben, der mit Blick auf das angestrebte Behandlungsziel anzuwenden ist und der sich in 12 der Erprobung bewährt hat (BT-Drucks. 17/10488, S. 19; Lilie/Radke, S. 59).

13 Die Anwendung ***nicht allgemein anerkannter*** (nicht gegen die guten Sitten verstoßender) Therapieformen (etwa naturheilkundlich ausgerichteter Außenseiterverfahren) ist ***rechtlich*** grundsätzlich ***erlaubt***: die ärztliche Entschließung zugunsten der gewählten Methode muss jedoch auf deren ***medizinischer Vertretbarkeit*** basieren, wobei diese Einwertung wiederum das Ergebnis einer gewissenhaften Abwägung aller Vorteile und Nachteile des Verfahrens unter Berücksichtigung sämtlicher Umstände des Einzelfalles einschließlich des Patientenwohles zu sein hat (vgl. BGH, Az. VI ZR 203/16 vom 30. Mai 2017 [zu einem Anwendungsfall der ganzheitlichen Zahnheilkunde]; Bergmann/Wever, S. 107).

13a Der für die Sorgfaltspflicht des Behandelnden geltende ***Maßstab*** kann im ***Einzelfall*** durch eine (sachlich-begrifflich von der Einwilligungserklärung des Patienten gemäß ***§ 630d*** *Abs. 1 S. 1 BGB* zu trennende [Schumacher, Alternativmedizin, 2017, S. 103 f) vertragliche ***Abrede*** derart ***individualisiert*** sein, dass er von dem fachgebietlichen ***Allgemein-Standard*** (nach oben oder nach unten) ***abweichen*** solle (PWW/Schneider, § 630a Rn. 9):

- das kann sich auf einen bestimmten Behandlungserfolg (was in der Praxis kaum vorkommen wird), auf ***unerprobte Behandlungsmethoden*** (Neulandbehandlung/Außenseiterverfahren), auf einen ***Heilversuch***[32], auf eine medizinisch nicht notwendige (indikationslose) ***Wunsch-Behandlung*** (u.U. auch iF einer Kniegelenks-Prothese [PZ-online vom 19. Juni 2018 m. Bezug auf eine Auskunft des BDC] oder auch darauf beziehen, in dem konkreten Behandlungsfall den gültigen ***Standard*** in einem bestimmten Punkte (*z.B.* für einen dem deutschen ***Standard*** nicht entsprechenden Zahnersatz aus dem Ausland) zu ***unterschreiten*** (BT-Drucks. 17/10488, S. 20; Rehborn GesR 2013, 257, 259 [m. Fn. 53 dort]); Prof. G. Fischer in Der Gynäkologe 2014, S. 688); die ***abweichende Individualvereinbarung*** kann auch die ***Infrastruktur*** einer Behandlungseinrichtung betreffen – *bspw.* den Verzicht auf den Einsatz eines Fachanästhesisten oder den Einsatz von Nicht-Fachpflegepersonen bei der OP-Assistenz (RA T. Neelmeier DÄBl. 2014, A-1138, 1139 [die rechtliche Zulässigkeitsgrenze finden solche Abweichungs-Abreden im Einzelfall gegebenenfalls in ihrer Sittenwidrigkeit nach den Maßstäben der *§§ 138 BGB, 228 StGB* – etwa bei grundlegenden Verstößen gegen das ärztliche Berufsethos]);

- endlich kann die vorhandene ***besondere Behandlungsituation*** des Patienten eine von dem medizinischen ***Standard abweichende*** Vorgehensweise sogar ***erfordern*** oder jedenfalls ***rechtfertigen*** (RAin S. Kunz-Schmidt in NJ 2016, S. 16, 17 [mit Bezug auf OLG Naumburg, Az. 1 U 132/14 vom 24. September 2015 [[nicht dem medizinischen ***Standard*** entsprechende Längsnaht bei der operativen Versorgung eines lagebedingt komplizierten armserosa-Defektes, der iVm der bestehenden schweren Peritonitis standardmäßig ***nicht beherrschbar*** gewesen ist]]]).

Ohne besondere ***Absprache*** über einen ***standard-abweichenden*** Sollinhalt muss die ***Behandlung stets*** nach jenem ***fachlichen Standard*** erfolgen[33], welcher zur Zeit der Behandlungs-Durchführung als ein anerkannter gilt: entscheidend für die Behandlungsqualität ist somit der ***aktuelle FA-Standard*** des jeweiligen Fachgebietes[34] (was freilich auch die Pflicht des Behandlers zu regelmäßiger ***Fortbildung*** auf seinem Fachgebiet impliziert). 14

Der 15

»Standard«

ist es, der Auskunft darüber gibt, ***welches Verhalten*** von einem gewissenhaften und aufmerksamen ***Arzt*** in der jeweils ***konkreten Behandlungssituation*** (*z.B.* auch bei der Vorbereitung einer Anästhesie [OLG Koblenz NJW 2015, 3727 [LS]]) aus der ***professionellen Sicht*** seines ***Fachbereiches*** im ***Zeitpunkte*** der Behandlung ***erwartet*** werden kann/muss (BGHZ 144, 296, 305 f; BGH MDR 2014, 896); ***daran*** wird die im Einzelfall erbrachte ***ärztliche Leistung gemessen*** (Katzenmeier in Laufs/Katzenmeier/Lipp, X Rn. 8) – die jeweils vorhandenen oder nicht vorhandenen Individualfähigkeiten/-fertigkeiten des Behandlers spielen insoweit grundsätzlich keine Rolle (Butzmann b. Heberer, S. 176; Weirich, S. 111); das ***Absehen*** von einer ärztlichen Maßnahme ist nicht erst dann ***behandlungsfehlerhaft***, wenn die Maßnahme zwingend geboten war, sondern (regelmäßig) schon dann, wenn ihr ***Unter-***

bleiben dem im Zeitpunkt der Behandlung bestehenden medizinischen ***Standard zuwiderlief*** (BGH, Az. VI ZR 67/15 vom 22. Dezember 2015 [Tz. 14 – betr. den Zeitpunkt einer Herzkatheteruntersuchung]).

16 Es gilt dabei das Prinzip der ***Gruppenfahrlässigkeit*** (vgl. Laufs, Rn. 474; Deutsch/Spickhoff, Rn. 356): das bedeutet, dass bei der Auslegung des ***objektiven Fahrlässigkeitsbegriffes*** unter dem Gesichtspunkt der jeweiligen behandlungsärztlichen ***Fachgruppe*** und aufgrund der ***Verkehrserwartungen*** gewisse ***Differenzierungen*** zulässig sowie geboten sein können (BGHZ 113, 297, 303; Rieger, Rn. 305; Franzki, S. 11); hinsichtlich des medizinischen ***Standards*** ist also nach den in dem jeweiligen ***Fach***- und ***Verkehrskreis*** des Arztes ***vorausgesetzten*** und ***erwarteten*** Kenntnissen und Kompetenzen zu ***unterscheiden***: je nach ihrem Status (Universitätsklinik vs. Kreiskrankenhaus – klinisch tätiger Arzt vs. niedergelassener Mediziner – Spezial-FA vs. Allgemeinmediziner) haben Ärzte durchaus ***unterschiedlichen objektiven Ansprüchen*** zu genügen (s. Rieger, Rn. 305; Ulsenheimer, Rn. 20b); bei der ***Bestimmmung*** des im Einzelfall anzuwendenden ***Standards*** ist nicht generell auf den optimalen, sondern auf den unter den jeweils gegebenen Umständen ***erreichbaren Standard*** abzustellen (Katzenmeier in Laufs/Katzenmeier/Lipp, X. Rn. 17); ein bestimmter (an den Qualitätsanforderungen der modernen Medizin orientierter) ***Mindeststandard*** darf indes ***nicht unterschritten*** werden (Katzenmeier aaO, Rn. 18; Ulsenheimer in BÄBl. 1998, 51, 53); außerdem muss jeder Arzt ***vorhandene spezielle*** Erkenntnisse und/oder Kenntnisse zugunsten seines Patienten faktisch einsetzen, soweit sie für dessen konkrete Behandlung von Bedeutung sind (BGH, Az. VI ZR 94/96 vom 24. Juni 1997 [der Hausarzt hatte einen Karteieintrag über den Verdacht auf Mediainfarkt gefertigt, was seine besondere Verantwortung für die Ausräumung/Bestätigung dieses Verdachtes bedingte]).

17 ▪ Soweit eine Behandlungsmethode ***außerhalb*** des medizinischen ***Standards*** angewendet wird ***oder*** soweit es an einem anerkannten medizinischen ***Standards fehlt*** (wie *z.B.* in der Heilpraktik), ist die ***Sorgfalt*** eines ***vorsichtigen*** Behandlers einzuhalten (BGH, Az.VI ZR 35/06 vom 22. Mai 2007; Deutsch/Spickhoff, Rn. 1333; Bergmann/Wever, S. 107): der ***Vorsichtsmaßstab*** verpflichtet den Arzt/

Behandelnden zu umsichtiger Aufmerksamkeit, zur Bedachtsamkeit auf alle möglichen (auch entferntere) Eventualitäten und zu besonderer Berücksichtigung des Patientenwohls, weshalb er risikolos/-arm vorgehen und möglichst wenig belastende Maßnahmen einsetzen wird (vgl. Bockelmann, S. 87; Spickhoff MedR 2008, 89, 90; Vogeler MedR 2008, 697, 706) – derjenige ***Heilpraktiker,*** der eine ***invasive Behandlungsmethode*** wählt, hat insoweit die gleichen ***professionellen*** Sorgfaltsanforderungen zu erfüllen, wie sie für einen Allgemeinarzt Geltung haben (BGH NJW 1991, 1535 [LS]; Ehlers, S. 209 Fn. 581 dort – vgl. auch Fn. 22 (1) (a)).

Stehen ***mehrere gleichwertige Behandlungsmethoden*** zur Verfügung, 18
so ist der Behandler nur an die Regeln der medizinischen Wissenschaft gebunden – in der ***Wahl*** der anzuwendenden Methode ist er aber grundsätzlich ***ermessensfrei*** (BGH VersR 2007, 1273, 1274; Frank/Schmid, S. 193, 194).

Die Beachtung des medizinischen ***Standards*** erfordert auch eine ord- 19
nungsgemäße ***Behandlungsorganisation***[35] – incl. der Sicherstellung einer sachdienlichen ***Kommunikation*** zwischen den auf der Behandlungsseite Beteiligten, einer sachgerechten ***Koordination*** der verschiedenen Arbeitsabläufe und der sorgfältigen ***Auswahl*** sowie ***Überwachung*** des eingesetzten Personals (BGH, Az. VI ZR 70/95 vom 09. Januar 1996 [Organisationsfehler bei unterlassener Anweisung des Arztes an seine Helferin, telefonische Schilderungen dramatischer Symptome sofort an ihn weiterzuleiten]; OLG Köln gemäß Mittlg. b. Prof. B. Halbe in arzthaftung-aktuell.de/18 vom 29. August 2005 [„grobes" Organisationsverschulden des niedergelassenen Gynäkologen, der die Geburtsleitung in den Räumen seiner Praxis übernimmt, ohne ein ausreichendes Notfallmanagement einschließlich der Möglichkeit der Durchführung einer Notfallsektion etabliert zu haben]; OLG Zweibrücken, Az. 5 U 2/06 vom 24. April 2007 [organisatorisch muss sichergestellt sein, dass das Ergebnis der Laboruntersuchung einer Blutprobe zur CRP-Bestimmung bei einem Morbus-Crohn-Patienten gemäß dem medizinischen ***Standard*** binnen 24 Stunden vorliegt]; LG Augsburg, Az. 8 KLs 200 Js 124189/04 vom 17. März 2005 [fahrlässige Tötung der Patientin durch den Praxisbetreiber nach legalem Abbruch der Schwangerschaft infolge überwachungspersonaler und kontrollgerätschaftlicher Fehlorganisation in der postoperativen Phase]; Fenger/

Holznagel/Neuroth/Gesenhues, S. 32 [im Bereich der Organisation gelten prinzipiell und generell hohe Anforderungen an die Sorgfalt]).

20 Zum ***Standard*** zählen ferner die Einhaltung der notwendigen ***Hygiene*** (Giesen, Rn. 171 [die Einhaltung der aseptischen Kautelen]; Gehrlein, Abschn. B. Rn. 36) und die Erhebung sowie die Sicherung der medizinisch gebotenen ***Befunde*** (Laufs, Rn. 608, 609; Bergmann/Wever, S. 45 ff); als medizinischer ***Standard*** anerkannt sind auch die ***Impfempfehlungen*** der STIKO (BGH, Az. XII ZB 157/16 vom 03. Mai 2017 [Tz. 25].

21 ***Verstößt*** der Behandelnde bei/in seinem Behandlungsvorgehen gegen den bestehenden medizinischen ***Standard***, so begeht er regelmäßig eine (den Anspruch auf Schadensersatz auslösende) ***Pflichtverletzung*** iSv ***§ 280 Abs. 1 BGB***: diese Vorschrift bildet die ***zentrale Haftungsnorm*** für eine Haftung aus dem Behandlungsvertrag (vgl. Palandt/Weidenkaff, § 630a Rn. 26, 40; Jauernig/Mansel, § 630h Rn. 9); eine spezielle Haftungsnorm für das Behandlungsvertragsrecht gibt es nicht (Franzki, Behandlungsvertrag, S. 52 – s. auch **oben** Vorbem. Abschn. ***A.***).

22 Im Behandlungsverhältnis werden ***Pflichtverletzungen*** des Behandelnden als ***Behandlungsfehler*** bezeichnet (Palandt/Weidenkaff, § 630a Rn. 25). Dabei besagt der hier geltende ***weite Fehlerbegriff***, dass ***jedes*** nach dem jeweiligen Stande der Medizin ***unsachgemäße Verhalten*** des Arztes/Behandlers (sei es ein Tun oder ein Unterlassen und gleichviel in welcher Behandlungsphase[36] es geschieht – ob bei der Behandlung selbst oder im Behandlungsumfeld [incl. einer nötigen Nachsorge]) die gebotene ***Behandlungssorgfalt*** (iSe einer Fehlerbegehung) ***verletzt*** (Katzenmeier in Laufs/Katzenmeier/Lipp, X. Rn. 4; Giesen, Rn. 100; Lilie/Radke, S. 25).

23 ■ Die ***Frage*** nach dem Vorliegen eines ***Behandlungsfehlers*** beantwortet sich am Ende danach, ***ob*** der Arzt/Behandler im konkreten Falle eine medizinisch – zumindest ***vertretbare*** Entscheidung über die diagnostischen/therapeutschen Maßnahmen getroffen ***und*** diese Maßnahmen auch ***sorgfältig*** ausgeführt hat – oder ***ob*** das eine oder das andere (oder gar beides) ***nicht*** der Fall gewesen ist (vgl. BGH NJW 1987, 2291, 2292; Gehrlein, Grundwissen, Abschn. B. Rn. 4).

- Der im Zivilrecht geltende typisiert-objektive Fahrlässigkeits-Begriff (des *§ 276 Abs. 2 BGB*) hat zur Konsequenz, dass die ***Bejahung*** eines ***Behandlungsfehlers*** und die ***Feststellung*** eines ***Fahrlässigkeits-Verschuldens*** praktisch immer ***zusammenfallen*** (Quaas/Zuck, § 13 Rn. 72; Franzki, Behandlungsvertrag, S. 53 [im Zivilrecht gibt es daher kaum eine nicht zu vertretende Pflichtverletzung – ein entschuldigter Rechtsirrtum sowie die Nichterkennbarkeit des medizinischen ***Standards*** könnten die allerdings äußerst seltenen Ausnahmen bilden]; Gehrlein NJ 2016, 89, 91[die Frage des ärztlichen Verschuldens ist streng mit der Feststellung eines Behandlungsfehlers verbunden – ein Verstoß gegen den medizinischen ***Standard*** stellt regelmäßig auch einen Sorgfaltsverstoß dar [[m. Verweis auf BGH, Az. VI ZB 12/13 vom 21. September 2013]]]). 24

Zum medizinischen ***Standard*** kann auch der ***Off-Label-Use*** eines Arzneimittels gehören (Bergmann/Wever, S. 30): seit etlichen Jahren wird in verschiedenen medizinischen Fachgebieten bei einer ***medikamentösen Behandlung*** (im Unterschied zum On-Label-Use im Rahmen der Zulassungsindikation) der ***Off-Label-Use*** von Fertigarzneimitteln praktiziert (bfarm.de/DE/AM/offlabel mit Stand 14. September 2016) – individuelle Rezepturarzneien besitzen kein Label, so dass es bei ihnen auch keine Off-Label-Anwendung gibt (DÄBl. 2017, A-1756). Mit besonderer Häufigkeit geschieht der ***Off-Label-Gebrauch*** in der Pädiatrie, in der Onkologie und in der Schmerztherapie (Rojahn/Stute in Lege artis 2012, 11 – zu dem medizinethisch bedenklichen Off-Label-Einsatz des für die Behandlung der Schlafkrankheit und des schweren Jetlags zugelassenen Arzneistoffes „Modafinil" als Neuro-Enhancer vgl. Hörzu-Wissen Nr. 2/2018, S. 17). Das *AMG* schränkt die therapeutische Freiheit des Arztes nicht ein: es verbietet nicht, ein Medikament, das gegen bestimmte Erkrankungen etabliert ist, auch gegen andere Krankheiten einzusetzen, wenn dies medizinisch begründet ist (vgl. OLG Köln, Az. 27 U 169/89 vom 30. Mai 1990 [betr. den Einsatz von „Aciclovir" zur Bekämpfung der Herpes-Enzephalitis bei einem Kleinkind]). Der zulassungsüberschreitende Einsatz eines Arzneistoffes muss aber in jedem Einzelfall medizinisch ***indiziert*** sein – entweder weil er alternativlos ist oder weil er höhere Erfolgschancen verspricht (Prof. Chr. Dierks in ÄrzteZeitung vom 06. Oktober 2008): ***geboten*** ist 25 der ***Off-Label-Use*** etwa dann, wenn dies nach Ansicht der einschlägigen medizinischen Fachkreise für eine ordnungsgemäße Therapie erforderlich erscheint – ***fehlt*** es insoweit an einer einhelligen Fachmeinung, dann bedarf der ***Off-Label-Gebrauch*** der medizinisch sachlichen Begründung nach sorgfältig positiver ***Abwägung*** der Vor- und Nachteile in der konkreten Behandlungssituation (OLG Stuttgart, Az. 1 U 163/10 vom 26. Juli 2011 [Gründe Abschn. B. I. 2.a]; Frank/Schmid, S. 163) – zur ***Off-Label-Verwendung*** von Adrenalinzusätzen bei der Lokalanästhesie an Akren vgl. Lenzen-Schulte/Schnabl in DÄBl. 2017, A-2211 ff. Der Arzt muss den Patienten eingehend über das eingesetzte Arzneimittel (und dessen eventuelle Nebenwirkungen) sowie über den Umstand ***aufklären***, dass es für die vorgesehene Anwendung an sich nicht zugelassen sei (Deutsch/Spickhoff, Rn. 1679; Fenger/Holznagel/Neuroth/Gesenhues, S. 102). Zulasten einer ***GKV*** kann der ***Off-Label-Use*** dann verordnet werden, wenn ein lebensbedrohlicher Krankheitszustand behandelt wird, keine anerkannte andere Therapiemöglichkeit (aus dem GKV-Leistungskatalog) zuhanden ist und die nicht ganz ferne liegende Aussicht besteht, dass eine positive Ein-/Auswirkung auf den Krankheitsverlauf erzielt werden könne (BVerfG b. Berner in DÄBl. 2017, A-202 [verfassungsunmittelbarer Anspruch]; BSGE 96, 170 ff [Anspruch auf Versorgung mit nicht zugelassenen Import-Fertigarzneimitteln]; RAG. Nitz in www.de/off-label-use vom 01. Oktober 2006 [Zulässigkeit des ***Off-Label-Use*** der Infusionslösung „Tomudex“ mit einem zytotoxischen Wirkstoff]).

26 Wer als Behandler bestehende ***LL*** (die fachliche Orientierungshilfen bei der Entscheidung über die zu wählende Behandlungsmethode beinhalten [s. Fn.[34 (2)]]) ***befolgt***, dem kann ***idR nicht*** mit Grund der Vorwurf eines ***Behandlungsfehlers*** gemacht werden (Lilie/Radke, S. 102; Spickhoff NJW 2004, 1710, 1714; Schrader et al. in DÄBl. 2004, A-2012, 2016): aufgrund von Besonderheiten einer Erkrankung oder mit Rücksicht auf die Konstitution des Patienten kann im Einzelfall aber ein ***Abweichen*** von der ***LL*** wenigstens ***vertretbar*** oder sogar ***geboten*** sein (Hart MedR 1998, 8, 11, 12; Kopp/Rahn BÄBl. 2015, 8, 11)..

27 Im Wege der ergänzenden (*§ 157 BGB*) Vertragsauslegung (BGH MDR 2017, 73) können ***dritte Personen*** (die ihrerseits nicht selbst behandelt werden) in den ***Schutzbereich*** eines ***Behandlungsvertrages einbezogen***

sein (*§§ 328 anal., 611 Abs. 1, 280 Abs. 1 BGB*): zu den diesbezügl. anerkannten ***Fallgruppen*** zählen *bspw.*: der zum Unterhalt des behandelten Kindes Verpflichtete, der Nasciturus bei der Entbindung, der Ehemann der behandelten Ehefrau und der nichteheliche Vater bei der Beratung der Patientin über die Schwangerschaftsverhütung (Jauernig/Stadler, § 328 Rn. 35; Jauernig/Mansel, § 630a Rn. 3) – nach BGH, Az. X ZR 237/01 vom 17. September 2002 kann sogar der für eine Versicherung ein Gutachten erstellende/eine Auskunft erteilende Arzt unter dem Gesichtspunkt des Vertrages mit Schutzwirkung für Dritte haftbar sein, wenn seine Expertise erkennbar drittbezogen ist. Die ***Drittschutzwirkung*** besagt, dass der geschädigte ***Dritte*** (obwohl er selbst nicht Vertragsbeteiligter ist) gegen den seine Sorgfalts-/Schutzpflichten verletzenden Vertragsschuldner einen ***eigenen*** vertragsrechtlichen ***Schadensersatzanspruch*** hat (Palandt/Grüneberg, § 328 Rn. 13; Hk-BGB/Schulze, § 328 Rn. 12; Musielak/Hau, BGB, Rn. 1267).

Der ***Krankenhausaufnahmevertrag*** kann dem Krankenhausträger ***drittbezogene Schutzpflichten*** auferlegen: *z.B.* hat es das Krankenhauspersonal (*§ 278 BGB*) u.a. im Hinblick auf die Gefahr möglicher Formfehler zu ***unterlassen***, an der Errichtung eines Testamentes durch den testierwilligen Patienten gestaltungspositiv mitzuwirken (BGH, Az. III ZR 63/88 vom 08. Juni 1989 [der Krankenhausträger muss den betreffenden Patienten bei der Verwirklichung seines Vorhabens lediglich organisatorisch unterstützen]; RAin Cl. Holzner in DÄBl. 2015, A-1128 [m. Bezug auf OLG Hamm, Az. 21 U 94/09 vom 13. April 2010]). 28

§ 630b BGB (Anwendbare Vorschriften)

Für den Behandlungsvertrag sind auch die Normen der *§§ 611 ff BGB* über das ***freie Dienstverhältnis*** von Belang: ***Dienste*** sind fremdnützig – sie bezeichnen ***Tätigkeiten***, die für einen anderen (den Dienstnehmer) geleistet werden (Larenz, SchR II, Halb-Bd. 1, § 52 I.; StudK-BGB/Jacoby/v. Hinden, Vor § 611 Rn. 1). Deshalb schuldet der medizi- 1 nisch Behandelnde grundsätzlich keinen Behandlungserfolg: nur wenn und soweit die Parteien im Einzelfall ***vereinbaren***, dass der Arzt/ Behandler einen bestimmten medizinischen ***Erfolg schulde*** (etwa bei zahnlabortechnischen Arbeiten oder bezgl. eines definierten kosmetischen Eingriffes), bestimmen sich die Rechte und die Pflichten der Vertragsparteien nach den (auf ein Herstellungsergebnis ausgerichteten) Vorschriften der *§§ 631 ff BGB* über den ***Werkvertrag*** (Gehrlein, Grundwissen, Abschn. A. Rn. 6; s. dazu auch Fn. 1 (2) (b)).

2 Als ***Dienstleistung*** ist die medizinische Behandlung grundsätzlich nur gegen eine ***Vergütung*** (**vorstehend *§ 630a*** Rn. 11) zu erwarten (*§ 612 Abs. 1 BGB* [iVm den Bestimmungen von *GOÄ/GOZ* bzw. *EBM/ BEMA*]). Jedoch begründet nicht bereits der Tatbestand des Vertragsabschlusses als solcher die Zahlungspflicht auf der Seite des Behandelten[37]: der Arzt wird durch den Behandlungsvertrag lediglich ***berechtigt***, die erbrachten ärztlichen ***Leistungen abzurechnen*** (wobei gegenüber Privatpatienten die den Honoraranspruch inhaltlich ausfüllenden Normen der *GOÄ/GOZ* die Grundlage hierfür bilden [BGH, Az. 1 StR 45/11 v. 25. Januar 2012]). Abgesehen von Notfällen ist der Arzt bei der ***Abrechenbarkeit*** seiner Leistungen (auch im Rahmen einer Privatbehandlung) an die Einhaltung der Grenzen seines ***medizinischen Fachgebietes*** (Abschn. *A § 2 Abs. 2 MWBO*) gebunden (OLG Celle, Az. 1 U 77/07 vom 22. Oktober 2007 [kein Honoraranspruch b. MRT-Untersuchung durch Orthopäden]; LG München I, Az. 9 O 20894/14 vom 17. Februar 2016 [die fachärztliche Grenzziehung gilt nur für Behandlungs-, nicht auch für Gutachtensverträge]).

- Ausgenommen für (u.a.) die Leistungen der Abschnitte *A*, *E*, *M* und *O* der *GOÄ/GOZ* (sog. kleiner Gebührenrahmen [A. Pieritz DÄBl. 2018, A-664]) kann (gemäß *§ 2 GOÄ/GOZ*) nach persönlicher Absprache mit dem zur Zahlung Verpflichteten im Einzelfall in ***schriftlicher*** Form und ***vor*** Erbringung der ärztlichen Leistung (im Wege der Vermehrfachung des Gebührensatzes über das 3,5-fache hinaus [*§ 2 GOÄ*]) die ***Höhe*** des ***Honorars verabredet*** werden (Deutsch/Spickhoff, Rn. 151; Frank/Schmid, S. 20, 21). Sofern dies nicht der Fall ist, schuldet der Pflichtige die ***taxmäßige*** (d.h. die durch eine Preisordnung festgelegte) ***Vergütung*** (*§ 612 Abs 2 BGB*).

- Im ***privatärztlichen*** Bereich sind insoweit die preisrechtlich ***zwingenden*** (BGH in VersR 2006, 935 f [zur Abrechnung einer Schönheits-OP]; Justiziar D. Schulenberg in RhÄBl. April 2010, S. 21) ***Bestimmungen*** der *GOÄ/GOZ* (jeweils iVm den einschlägigen Gebührenverzeichnissen) maßgeblich.
- Die ***vertragsärztliche*** Leistungsvergütung (*§§ 82, 85, 87 SGB V*) erfolgt nach den ***Vergütungssystemen*** *EBM/BEMA*: sie wird aus der gesamtvertraglich vereinbarten Gesamtvergütung (welche die GKV mit befreiender Wirkung an die KV/KVZ entrichtet) ermittelt und für den einzelnen Vertragsarzt ***quartalsweise*** per ***Honorarbescheid*** der KV/KZV festgesetzt (vgl. Berner, S. 49 f) – die ***Entstehung*** des Vergütungsanspruches des Vertragsarztes setzt voraus, dass dieser vergütungsfähige Leistungen erbracht und gegenüber der KV/KZV abgerechnet hat – die ***Fälligkeit*** der Vergütung tritt mit dem Erlass des Honorarbescheides ein (BSG, Az. B 6 KA 45/13 R vom 10. November 2014 [Tz. 31]; OLG Hamm NJW-RR 2017, 619 [LS]).
- Die ***kassenärztliche Abrechnung*** der zu Lasten der GKV erbrachten Leistungen hat ***gewissenhaft*** und ***peinlich genau*** zu erfolgen: wird die Abrechnungserstellung auf ein Mitglied der Gemeinschaftspraxis delegiert, dann hat der Delegierende durch geeignete Prüf- und Überwachungsmaßnahmen sicherzustellen, dass er ***seiner*** eigenen Sorgfaltsverantwortung gerecht werde (BSG b. Berner in DÄBl. 2016, A-2294; LSG München, Az. L 12 KA 120/14 vom 25. Oktober 2015 [über die rein rechnerische Richtigkeit der Abrechnung hinaus sind auch die Anzahl der abgerechneten Patienten sowie Art und Umfang der abgerechneten Leistungen im Einzelnen auf ihre Richtigkeit hin zu kontrollieren]).

Die zum ***Kernbereich*** des ärztlichen Handelns gehörenden ***medizini-*** 3
schen Behandlungsleistungen muss der Arzt als vertraglicher Dienstnehmer ***höchstpersönlich*** (*§ 613 BGB*) erbringen (Weirich, S. 65; Rehborn GesR 2013, 257, 260): das betrifft die Anamnese, die Untersuchung des Patienten einschließlich einer invasiven Diagnostik, die Diagnose- und Indikationsstellung, die Aufklärung und Beratung des Patienten, die Therapieentscheidung, die Durchführung invasiver Therapien und die operativen Eingriffe jeglicher Art (vgl. *§ 2* der *Anlage 24* zum *BMV- Ä*).[38] – Grundsätzlich darf der Behandelnde zur Erfüllung

seiner Dienstleistungspflichten ***Hilfspersonen*** (iSd *§ 278 BGB*) einsetzen:

- Ist der Behandlungsvertrag mit einer ***Juristischen Person*** (*z.B.* mit einem Krankenhaus- oder mit einem MVZ-Träger) abgeschlossen worden, so stellt der Vertragspartner handelnde Medizinalpersonen bereit, die für ihn sämtliche Behandlungsleistungen als ***Erfüllungsgehilfen*** erbringen (BR-Drucks. 12/312, S. 25, 28; Gehrlein, Grundwissen, Abschn. A.Rn. 5).
- Besteht der Behandlungsvertrag mit einer ***natürlichen Person*** als Dienstnehmerin, so kann auch diese bei der Patientenbehandlung approbiertes Personal (angestellte Ärzte, Assistenten) einsetzen (Ries et al., S. 148); außerdem dürfen gewisse (***außerhalb*** des ärztlichen ***Kernbereichs*** liegende) patientenbezogene Behandlungsverrichtungen auf entsprechend qualifiziertes nichtärztliches Assistenzpersonal ***übertragen*** werden: die verantwortliche Entscheidung hierüber trifft der Behandelnde, der sich dabei v.a. von der Größe der von dem jeweiligen Patienten abzuwehrenden Gefahren leiten lassen muss (BGH NJW 1974, 1424, 1425); einen neuen medizinischen Assistenzberuf übt der PA aus, der zwecks Entlastung und Unterstützung des Arztes gerade im ***Delegationsverfahren*** tätig werden soll (vgl. hierzu BÄK/KVB, Physician Assistant, 2017, S. 5; Titelberichte in DÄBl. 2017, A-1302 und 1306).
- ***Delegationsfähig*** sind *bspw.*: die Blutentnahme, subkutane und i.m. Injektionen (ausgenommen im Rahmen einer Desensibilisierungsbehandlung) oder auch das Anlegen von peripheren Infusionszugängen (Hüttl b. Heberer, S. 540, 541; Deutsch/Spickhoff, Rn. 621).
- Die Delegation ist ***unzulässig***, wenn der Patient mit der Durchführung der Maßnahme durch die Assistenzperson (anstatt durch den behandelnden Arzt selbst) nicht einverstanden ist: regelmäßig wird jedoch schon bei Abschluss des Behandlungsvertrages (ausdrücklich oder konkludent) vereinbart sein, dass bestimmte Leistungen auch durch fachlich qualifiziertes Hilfspersonal erbracht werden können (RA N. Sauer unter rscw.de/dokumente/Delegation [PDF]).
- Die Behandlungsbeziehung begründet ***kein*** (auf einen längeren Zeitraum des Leistungsaustausches hin angelegtes [Musielak/Hau, BGB, Rn. 193]) ***Dauerschuldverhältnis***; selbst im Falle der Hausarzt-Behandlung besteht ***kein*** auf bestimmte oder unbestimmte

Dauer abgeschlossener Kontrakt: vielmehr wird bei jeder ***Inanspruchnahme*** ein ***neuer*** Behandlungs-/Arztvertrag eingegangen (Laufs, Rn. 111 Fn. 69; Lipp in Laufs/Katzenmeier/Lipp, III. Rn. 31 Fn. 112 dort) – ***gebührenrechtlich fingiert*** *GOÄ-Abschn. B Nr. 1* für die Behandlung derselben Erkrankung (eines einheitlichen Krankheitsbildes) als ***Behandlungsfall*** den ***Zeitraum*** von einem Monat nach der (jeweils) ersten Inanspruchnahme des Arztes (*bspw.* „10. 01. bis 10. 02."), ***bevor*** ein zweiter Behandlungsfall oder eine neue Erstinanspruchnahme beginnen können (s. hierzu GOÄ-Ratgeber in DÄBl. 2017, A-912).

Das Vertragsverhältnis zwischen dem Behandler und dem Patienten/ Klienten ***endet*** (s. **oben** Vorbem. Abschn. ***J.***) zum ***Ersten*** dann, wenn der ***Zweck*** des Dienstverhältnisses (Erledigung der konkreten Behandlungsaufgabe/Gesundung des Erkrankten) ***erreicht*** worden ist (*§ 620 Abs. 2 erster Hs. BGB* – Zweckerfüllung als selbsttätiger Endigungsgrund [Hk-BGB/Schreiber, § 620 Rn. 3]). Zum ***Zweiten*** findet das Behandlungsverhältnis dann sein ***Ende***, wenn es durch eine der Parteien (mittels empfangsbedürftiger Gestaltungserklärung) gemäß *§ 627 Abs. 1 BGB* fristlos ***gekündigt*** wird (die fristgebundene Kündigung nach *§ 621 BGB* hat für den Behandlungsvertrag keine praktische Bedeutung [Lipp in Laufs/Katzenmeier/Lipp, III. Rn. 31]): der ***private Patient/Klient*** kann jederzeit und ohne dass ein wichtiger Grund vorliegen müsste, die Kündigung erklären; der ***gesetzlich krankenversicherte Patient*** soll den behandelnde Vertragsarzt innerhalb eines Kalenderquartals nur bei Vorliegen eines wichtigen Grundes wechseln (*§§ 626 Abs. 1 BGB, 76 Abs. 3 S. 1 SGB V*) – indes kann die Missachtung dieser Obliegenheit zivilrechtlich einen Arztwechsel nicht verhindern (Reuter/Hahn VuR 2012, 247, 249); der ***Behandelnde*** darf seine Dienste zwar grundsätzlich auch ohne das Vorliegen eines wichtigen Grundes fristlos ***aufkündigen*** (*§§ 626 Abs. 1, 627 Abs. 1 BGB*)– jedoch immer nur solcherart, dass der Patient/Klient sich die Behandlung (ohne Schaden zu nehmen und rechtzeitig) anderweit beschaffen kann, es sei denn, es liegt ein wichtiger Grund iSd *§ 626 Abs. 1 BGB* für die unzeitige Kündigung vor (*§ 627 Abs. 2 S. 1 BGB*); kündigt der Behandler ohne einen wichtigen Grund zur Unzeit, so ist die Kündigung zwar wirksam (BGH NJW 1987, 2808), als der Kündigende ist er aber zum Schadensersatze verpflichtet (*§ 627 Abs. 2 S. 2 BGB*): ohnehin darf der 4

Arzt aus berufsrechtlichen Gründen (arg. *§ 7Abs. 2 S. 2 MBO-Ä*) ***nicht*** kündigen und die (weitere) medizinische Betreuung ***nicht*** verweigern, ***wenn*** ein Notfall vorliegt, der Patient also dringend auf die Behandlung durch ihn angewiesen ist (Lipp aaO, III. Rn. 33).

§ 630c BGB (Mitwirkung der Vertragsparteien; Informationspflichten)

1 Die anzustrebende ***bestmögliche Behandlung*** erfordert ein vertrauensvolles ***Zusammenwirken*** von Behandler und Behandeltem. Dazu gehört insbesondere auch der ***Austausch*** der sachnotwendigen ***Informationen***. Der ***Goldstandard*** für die Zusammenarbeit von Arzt und Patient ist die ***PEF*** (Hauser et al. in DÄBl. vom 02. Oktober 2015, Medizin S. 665): nach dem Willen des Gesetzgebers (***§§ 630c Abse. 1, 2, 630e Abs. 2 BGB***) soll in jeder Behandlungssituation eine medizinisch ***informierte Entscheidung des Patienten*** erreicht werden (A. Rummer/F. Scheibler in D- ÄBl. 2016, A-324).

Abs. 1

2 Die Vorschrift manifestiert die Rechtsgedanken der *§§ 242, 254 BGB* (RehbornGesR 2013, 257, 260) – die sog. ***Patienten-Compliance*** (Laufs/Uhlenbruck, § 78 Rn. 1 ff): mit Rücksicht (*§ 242 BGB*) auf die ärztliche Aufgabenstellung ***obliegt*** es dem ***Patienten*** daher, alle für die Behandlung bedeutsamen Umstände zur rechten Zeit offenzulegen und dem Behandelnden auf diese Weise ein möglichst umfassendes Bild von seiner Konstitution/seinem medizinisch relevanten Zustand zu vermitteln; außerdem hat der ***Patient*** zur Vermeidung eines eigenen Schadens die ***Sorgfalt*** eines ordentlichen und verständigen Menschen anzuwenden – er muss deshalb etwa ärztliche Therapievorgaben beachten und Kontrolluntersuchungen (deren Bedeutung im Hinblick auf den bestehenden Krankheitsverdacht ihm bekannt ist) wahrneh-

men (Gehrlein in NJ 2016, 89, 93 f); ein ***Verstoß*** gegen diese ***Obliegenheiten*** kann dem Patienten im Schadensfalle als ein ***Mitverschulden*** (*§ 254 BGB*)[39] für den eingetretenen/fortentwickelten Schaden zugerechnet werden (BR-Drucks. 312/12, S. 29; Reuter/Hahn VuR 2012, 247, 250). Sind der Patient (der Partner des Behandlungsvertrages) und die behandelte Person ***nicht identisch***, so besteht zwar kein Behandlungsverhältnis iSd ***§§ 630a Abs. 1, 630c Abs. 1 BGB***: in Betracht kommen aber Verhaltensobliegenheiten und ein evtl. ***Mitverschulden*** des ***Dritten*** aus vertragsähnlicher Beziehung – *z.B.* bei einem Behandlungsvertrag des Sorgeberechtigten zugunsten seines Kindes (vgl. Jauernig/Mansel, § 630c Rn. 2; s. **oben *§ 630a Abs. 1*** Rn. 4, 5).

Abs. 2 S. 1

Der ***Behandelnde schuldet*** zunächst am Beginn und sodann (soweit 3 erforderlich) im Verlaufe der Behandlung die jeweils relevanten ***Behandlungsinformationen***:[40]

- in der ***Hauptsache*** sind das die Erläuterung der Anamnese, die Offenbarung der nötigen Befunderhebungen, die Erörterung der durchzuführenden Untersuchungen, die Mitteilung der Diagnose und der angezeigten therapeutischen Maßnahmen/Eingriffe ***sowie*** die ***Unterrichtung*** des Patienten/Klienten über das therapiesichernde Eigenverhalten (***therapeutische Aufklärung/Sicherungsaufklärung*** [BT-Drucks. 17/10488, S. 21; Jauernig/Mansel, § 630c Rn. 3];[41]
- letzteres umfasst wiederum die zur möglichsten Erfolgssicherung der Behandlung erforderlichen ***Schutz- und Warnhinweise und*** die der Vermeidung potentieller Autogefährdungen dienenden ***Instruktionen/Unterweisungen*** des Patienten (OLG Köln, Az. 5 U 137/13 vom 06. August 2014 [zu einem Fall des obligatorischen Hinweises auf die Möglichkeit einer Koloskopie zwecks Abklärung des bestehenden Darmkrebsrisikos]); wünscht der Patient entgegen ärztlichem Rat die vorzeitige Entlassung aus einer stationären Behandlung (sog. ***Selbstentlassung***), so muss ihm die Tragweite seines Entschlusses bewusst gemacht und er umfassend über die mit der verfrühten Entlassung einhergehenden Risiken ***sicherungsaufge-***

klärt werden (OLG Köln, Az. 5 U 28/10 vom 06. Juni 2012 [was zu dokumentieren ist und von dem Patienten gegengezeichnet werden sollte]; Rojahn Lege artis 2014, 8 ff [nur einwilligungsfähige Patienten können die weitere Behandlung rechtsgültig ablehnen]).

4 Ärztliche ***Versäumnisse*** im Bereiche der therapeutischen Aufklärung/der Sicherungsaufklärung (die wiederum einen notwendigen Bestandteil der fachgerechten Behandlung bildet) sind als ***Behandlungsfehler*** anzusehen (vgl. BGH, Az. VI ZR 289/03 vom 15. März 2005; Katzenmeier in Laufs/Katzenmeier/Lipp, V. Rn. 16). Die Verletzung dieser Pflicht zur therapeutischen Information führt im Falle einer dadurch verursachten gesundheitlichen Beeinträchtigung (gemäß *§ 280 Abs. 1 BGB*) zur Haftung auf ***Schadensersatz*** (Deutsch/Spickhoff, Rn. 549): der sich aus dem Informationsmangel ergebende Ersatzanspruch wird dabei regelmäßig (weitgehend/vollständig) in einem Schadensersatzanspruch aufgrund einer Verletzung der Pflicht zu fachgerechter Behandlung aufgehen (Lüdde RÜ Heft 5/2013, S. 296); selbständige Schadensersatzpositionen gemäß *§ 823 Abs. 1 BGB* können aber *z.B.* bei einer Infektion des Ehegatten entstehen, der in den Schutzbereich der (evtl. auch nachträglichen) Sicherungsaufklärung des Patienten mit einbezogen ist (BGH, Az. VI ZR 179/04 vom 14. Juni 2005 [Tz. 31 ff, 42 ff – zu einem Fall der notwendigen Aufklärung über die Gefahr einer bluttransfusionsbedingten HIV-Infektion]; Lüdde aaO; Palandt/Weidenkaff, § 630c Rn. 6).

Abs. 2 S. 2

5 Die ***fehlerbezogene Informationspflicht*** ist das Ergebnis einer gesetzgeberischen Abwägung zwischen den Interessen des Behandlers am Schutze seiner Person und den Interessen des Patienten am Schutze seiner Gesundheit (BT-Drucks. 17/10488, S. 21): konzeptionell handelt es sich (keineswegs um ein Haftungsanerkenntnis [mit möglichen haftpflichtversicherungsrechtlichen Nachteilen], sondern) um die ***vertragliche Verpflichtung*** des Arztes, ***Transparenz*** bezgl. des Behandlungsgeschehens herzustellen (Bergmann/Wever, S. 130; Rehborn GesR 2013, 257, 260).

- Das Ergebnis entspricht der (vor der Kodifizierung) praktizierten Rechtsauffassung: darnach besteht grundsätzlich keine allgemeine ärztliche Pflicht zur Selbstbelastung; ***sofern*** jedoch aus dem zu offenbarenden Ereignis/Vorgang für den Patienten (weitere) Gesundheitsgefahren/-schäden drohen („primum nil nocere“) ***oder*** wenn der Patient durch explizite Fragestellung eine entsprechende Auskunft begehrt („nachgefragter Informationsbedarf“), dann besteht ausnahmsweise die ***Pflicht*** zur ***Offenbarung*** der möglicherweise relevanten Fehlerumstände (BGH NJW 1984, 661, 662; Laufs/Uhlenbruck/Laufs, § 65 Rn. 15; Prütting in Laufs-FS, S. 1009, 1021 ff – zur Kommunikation in dieser Situation s. QM-Ratgeber in DÄBl. 2018, A-1074).
- ***Allein*** zur Abwendung gesundheitlicher Gefahren von dem Patienten/Klienten muss der Behandler ***von sich aus***, ansonsten muss er (und zwar unabhängig von einer drohenden Gesundheitsgefahr) auf entsprechende ***Nachfrage*** hin (gegebenenfalls auch iSe ***Negativauskunft*** des Inhaltes, dass behandlungsfehlerbegründende Umstände nicht erkennbar seien [OLG Oldenburg, Az. 5 W 35/15 vom 25. August 2015]) über die die Annahme eines möglichen Behandlungsfehlers (Aufklärungsfehler iSv ***§ 630e BGB*** gehören insoweit ***nicht*** dazu [Palandt/Weidenkaff, § 630c Rn. 7]) begründenden, erkennbaren tatsächlichen ***Umstände*** (nicht auch über deren Bewertung als Fehler) wahrheitsgemäß ***informieren*** (vgl. Jauernig/Mansel, § 630c Rn. 7; Jaeger, Rn. 133 [Information über die möglicherweise iatrogenen Ursachen eines nicht erwünschten Behandlungsergebnisses]): ***„Annahme“*** bedeutet eine gewisse Wahrscheinlichkeit dafür, dass es zu einem Behandlungsfehler gekommen sei (Rehborn GesR 2013, 257, 261); der die Informationspflicht auslösende evtl. Behandlungsfehler kann entweder ein eigener oder derjenige eines anderen Behandlers[42] sein (RAin M. Winkhart-Martis in rpmed.de/newsletter vom 29. Juni 2012 [unter II. 2.]); für die Erkennbarkeit der Umstände kommt es auf das subjektive Sonderwissen des Behandelnden an (OLG Oldenburg aaO).
- Auch die Bestimmung des ***Abs. 2 S. 2*** hat regelmäßig dann ***keine*** (wirtschaftlich) eigenständige haftungsrechtliche Bedeutung, ***wenn*** ein manifester ***Behandlungsfehler*** den Behandler zum Schadensersatz verpflichtet (StudK-BGB/Jacoby/v. Hinden, § 630c Rn. 3; RiLG

M. Kellermann-Schröder unter jura.uni-konstanz.de/arbeitsgemeinschaft-anschauung-der-praxis/arztvertrag-und-arzthaftung [2013, S. 6]); soweit die pflichtwidrig ***unterlassene*** Fehler-Information bei dem Patienten zu einem (ansonsten vermeidbaren) ***weitergehenden Schaden*** geführt hat, ist der Behandelnde gemäß *§§ 241 Abs. 2, 280, 282 BGB* gesondert schadensersatzpflichtig (RAin M. Winkhart-Martis [wie unter dem **vorstehenden** Aufzählungspunkt]).

- Verletzt der Arzt seine Informationspflicht, so kann dies auch einen ***berufsrechtlichen*** (*§ 2 MBO-Ä*) Verstoß darstellen (vgl. Rehborn GesR 2013, 257, 261; Jauernig/Mansel, § 630c Rn. 7).

Abs. 2 S. 3

6 Ist der Informant gemäß ***S. 2 selber*** derjenige, dem der Behandlungsfehler unterlaufen ist, so darf die betreffende Information in einem ***gegen ihn*** geführten ***Straf-/OWi-Verfahren*** nur mit seiner ***Zustimmung*** zu Beweiszwecken verwendet werden (Prinzip der „Selbstbelastungsfreiheit“)[43]; relevante Offenlegungen, die der Behandler erst im Zuge einer erneuten Befassung mit dem fehlbehandelten Patienten gegenüber mitbehandelnden Ärzten vollzieht, sind dagegen strafrechtlich auch ohne Billigung des Fehlbehandlers verwertbar (vgl. die Stellungnahme Nr. 09/12 des DRB zu dem *E* eines *PatRG*).

Abs. 3

7 Den Behandler kann dem Patienten gegenüber eine ***wirtschaftliche Informationspflicht*** insofern treffen, als es um die finanziellen Folgen der Behandlung geht:[44] weiß der Behandelnde positiv um die Unsicherheit einer vollständigen Behandlungskostenübernahme seitens der Krankenkasse (hat er also gegenüber dem Patienten insoweit einen Wissensvorsprung) ***oder*** ergeben sich aufgrund der vorhandenen Umstände hinreichende Anhalte für eine solche Unsicherheit, ***dann*** muss der Patient vor Beginn der Behandlung in ***Textform*** (*§ 126 b BGB*)[45] über die ***voraussichtlichen Kosten*** (ähnlich einem Kostenanschlag ge-

mäß *§ 650 BGB* [Rehborn GesR 2013, 262]) unterrichtet werden; ein nur mündlicher Hinweis reicht nicht aus (Spickhoff ZRP 2012, 65, 67). Die wirtschaftliche Informationspflicht kann auch im Gewande der Unterrichtung des Patienten über vorhandene Behandlungsalternativen relevant werden (Bergmann/Wever, S. 133 [Alternativen können Gegenstand sowohl der Selbstbestimmungsaufklärung wie auch der wirtschaftlichen Informationspflicht sein – dabei ist es aber kaum vorstellbar, dass eine Verletzung der Hinweispflicht im Kostenbereich eine dem Arzt erteilte Einwilligung zum Heileingriff entfallen ließe]).

■ ***GKV*-Patient** 8

Der gesetzlich versicherte Patient geht grundsätzlich von der Kostenübernahme durch seine Krankenkasse aus – der ***Vertragsarzt*** kennt die für eine GKV-Übernahme der Behandlungskosten maßgeblichen *RL* des G-BA (*§§ 91 Abs. 6, 92, 94 Abse. 1, 2 SGB V*): über Alternativen zur gesetzlichen Regelversorgung sowie über etwaige ***Zweifel***, die im Einzelfall an der medizinischen Notwendigkeit einer geplanten Behandlung bestehen (incl. der daraus resultierenden Kostengefahr zu Lasten des Versicherten selbst) muss dieser daher ***informiert*** werden (vgl. RAe A.Wienke/A. Mündnich in HessÄBl. Heft 3/2011, S. 156).

■ ***PKV*-Patient** 9

Den ***Arzt*** (der als solcher nämlich nicht der Sachwalter fremder Vermögensinteressen ist) trifft ***keine*** besondere Nachforschungspflicht bezüglich finanzieller Fragestellungen seines Patienten (Bergmann/Wever, S. 133); Inhalt und Umfang des mit seinem Krankenversicherer abgeschlossenen Versicherungsvertrages kennt der Patient ***selber***: der ***Arzt*** hat den Patienten jedoch über Tatsache und Eigenschaft einer ins Auge gefassten sog. ***IGe-Leistung*** (dazu Fn.[11]) zu unterrichten, weil deren (objektiv und ex ante zu beurteilende [OLG Hamm NJW-RR 2017, 284]) medizinische Notwendigkeit von der PKV möglicherweise nicht anerkannt wird (Ulmer DÄBl. 2013, A-1008); der ***Träger*** einer ***Privatklinik*** muss den Patienten darauf hinweisen, dass die PKV möglicherweise die Behandlungskosten nur in Höhe derjenigen Kosten übernehme, wie sie in einem Plankrankenhaus anfallen (OLG Stuttgart, Az. 1 U 87/12 vom 08. Januar 2013). – ***Verletzt*** der ***Arzt*** schuldhaft seine Pflicht zur ***wirtschaftlichen Information***, so kann der Patient die gegen ihn gerichtete privatrechtliche Honorarforderung im Wege einer

Verrechnungserklärung[46] mit seinem ***eigenen Schadensersatzanspruch*** (*§ 280 Abs. 1 BGB*) kompensieren (BT-Drucks. 17/10488, S. 22; BGH NJW 2000, 3429, 3431; Spickhoff ZRP 2012, 65, 66 [der Patient kann dem Honoraranspruch Mehrkosten entgegenhalten, die bei pflichtgemäßer Unterrichtung vermieden worden wären]; Katzenmeier NJW 2013, 817, 819 [ohne die erforderliche Unterrichtung über die fehlende Kostendeckung/Kassenübernahme erbrachte Leistungen kann der Arzt gegenüber dem Patienten im Ergebnis ***nicht*** liquidieren]; Rehborn GesR 2013, 257, 261 [***§ 630c Abs. 3 S. 1 BGB*** ist zwar keine eigenständige Anspruchsgrundlage, stellt aber eine ***Nebenleistungspflicht*** auf, deren Verletzung schadensersatzpflichtig machen kann]).

Abs. 4

10 Ausnahmsweise ***entfallen*** die ***Informationspflichten*** des Arztes/Behandlers – nämlich dann (vgl. Palandt/Weidenkaff, § 630c Rn. 13), ***wenn*** die Behandlung nicht aufgeschoben werden kann (wie insbesondere bei der Erstversorgung eines medizinischen Notfalles [bei dieser Konstellation ist die Info zu gegebener Zeit nachzuholen]), ***wenn*** gewichtige therapeutische Gründe dagegen sprechen (wie es der Fall sein kann, sofern aufgrund der Informationserteilung die Gesundheit des Patienten gefährdet sein würde) oder ***wenn*** der Patient ausdrücklich und unmissverständlich auf eine Unterrichtung durch den Behandler verzichtet hat (*z.B.* weil er selbst über das entsprechende Wissen verfügt).

§ 630d BGB (Einwilligung)

1 ■ Die behandlungsvertragliche Beziehung zu einem Patienten alleine legimiert den Arzt noch nicht zur Vornahme eines konkreten Heileingriffs (Linoh medstra 2017, 217). Der Patient ist nämlich nicht

etwa bloßes Objekt einer arztseitig entschiedenen Medizinmaßnahme.[47] Er muss vielmehr ***selbst*** aktiv darüber ***bestimmen*** (können), ***ob*** eine bestimmte medizinische ***Behandlung*** an ihm/bei ihm durchgeführt/vorgenommen werden soll/wird ***oder*** nicht: es ist das Recht des Patienten, entsprechend seinen ureigensten Maßstäben seine ***Einwilligung*** in eine Behandlung zu ***erteilen*** oder zu ***verweigern*** (BVerfGE 52, 131, 178); das verfassungsrechtlich begründete (*Artt. 1, 2 GG*) ***Selbstbestimmungsrecht*** des Patienten schließt auch die Selbstbestimmung zum eigenen Tode mit ein (OLG München NJW 1987, 2940, 2943): für das aus seinem Behandlungsveto[48] resultierende Ableben ist der Patient daher selbst verantwortlich (RAin C. Holzner DÄBl. 2015, A-1127).

- Die ***Einwilligung*** des Patienten ist ***unteilbar***: und zwar in dem Sinne, dass sie sich (nicht etwa isoliert auf das eine oder andere einzelne Risiko, sondern stets) auf den ***Eingriff im Ganzen*** bezieht – mit der Folge, dass auch die nur zum Teil fehlerhafte/die bloß unzulängliche Aufklärung die Einwilligung ***insgesamt unwirksam*** und grundsätzlich den ***ganzen*** Eingriff ***rechtswidrig*** macht (BGH NJW 1989, 1533, 1534; RAin S. Kunz-Schmidt NJ 2010, 441, 446 f); rechtlich wird die unvollständig gebliebene Aufklärung ebenso behandelt wie die gänzlich unterbliebene (OLG Nürnberg VersR 1992, 754, 756).
- Die ***rechtliche Zulässigkeit*** einer jeden medizinischen Behandlungsmaßnahme hat das ***informierte*** (***§ 630e BGB***) ***Einverständnis*** des Betroffenen (bzw. der für ihn erklärungszuständigen Person) zur Voraussetzung (Emmerich, § 9 Rn. 38, 40; MB-Vors. R. Henke in AM 2015, S. 69, 71): die Notwendigkeit der Einwilligung bedingt das Erfordernis der Aufklärung (RA O. Pramann in DÄBl. vom 09. Februar 2018, Ärztestellen, S. 4).

Abs. 1 S. 1

Der ***Behandler*** ist (bei Meidung einer Pflichtverletzung iSv *§ 280* 2
Abs. 1 BGB) vertraglich ***verpflichtet***, ***vor*** der Durchführung eines medizinischen Eingriffes in eines der absolut geschützten Rechtsgüter/Personengüter des Patienten (Körper, Gesundheit, Freiheit) dessen

(ausdrückliche oder konkludent geäußerte) ***Einwilligung einzuholen***:[49] begrifflich ist die ***Einwilligung*** keine rechtsgeschäftliche Willenserklärung (die Regeln der *§§ 119 ff BGB* über eine Anfechtung wegen Irrtums sind nicht anwendbar – der autonome Irrtum des korrekt aufgeklärten Patienten nimmt der erteilten Einwilligung/Zustimmung weder ihre Freiwilligkeit noch ihre Wirksamkeit [BGH, Az. III ZR 222/62]) – vielmehr handelt es sich um eine ***geschäftsähnliche Handlung*** in Gestalt der ***Gestattung*** einer Vornahme tatsächlicher, in den höchstpersönlichen Rechtskreis des Gestattenden eingreifender Handlungen (BGHZ 29, 33, 36; Katzenmeier in Laufs/Katzenmeier/Lipp, V. Rn. 51; Palandt/Weidenkaff, § 630d Rn. 2); ***inhaltlich*** bezieht sich die Einwilligung des Patienten allein auf die ***lege artis*** durchgeführte Heilbehandlung – die Zustimmung deckt nicht etwa auch evtl. Behandlungsfehler ab (BGH NJW 1998, 1802 [LS]; BGH MedR 2008, 158, 159; Deutsch/Spickhoff, Rn. 418).

3 Bei dem tatbestandsmäßigen Eingriff in die körperliche Integrität (*§ 823 Abs. 1 BGB*) des Patienten ist die gegebene ***Einwilligung*** zugleich ***Rechtfertigungsgrund*** für die ***deliktische Rechtsgutsverletzung*** (Jauernig/Mansel, § 630d Rn. 1): die ***Zustimmung*** des Patienten zu einem konkreten Eingriff kann sich in personeller Hinsicht auf ***gewisse Ärzte beschränken*** (Jauernig/Teichmann, § 823 Rn. 112); erklärt der Patient, sich nur von dem CHA operieren zu lassen, so darf ein anderer Arzt den Eingriff nicht vornehmen; ist der Eingriff durch einen bestimmten Arzt vereinbart/zugesagt, dann muss der Patient aufgeklärt werden, sofern ein anderer Arzt an dessen Stelle treten soll; ***fehlt*** die Zustimmung des Patienten zu dem Eingriff seitens des Vertreters, so ist der Eingriff in die körperliche Integrität/Unversehrtheit als solcher ein ***rechtswidriger*** – der Einwand des rechtmäßigen Alternativverhaltens[50] kann angesichts des Schutzzweckes des Einwilligungserfordernisses nicht durchgreifen (vgl. BGH, Az. VI ZR 75/15 vom 19. Juli 2016 [Tz. 12 ff]; Bericht in DÄBl. 2016, A-1472; Fries JR 2017, 289, 290 [iF des Eingriffes durch einen nicht konsentierten Vertreter kommt ein Schmerzensgeldanspruch auch ohne Behandlungsfehler in Betracht]).

4 Eine bei der Behandlungsmaßnahme ***nicht real*** vorliegende Einwilligung kann ***alleine*** durch die ***mutmaßliche***[51] ***oder*** durch die ***hypothe-***

tische[52] ***Einwilligung ersetzt*** werden; für ***Einwilligungsunfähige*** gilt die Vorschrift des ***§ 630d Abs. 1 S. 2 BGB*** (Rehborn GesR 2013, 257, 263).

Abs. 1 S. 2

Als Disposition über das Rechtsgut der körperlichen Unversehrtheit 5 setzt eine ***rechtsgültige Einwilligung*** auf Seiten des Einwilligenden die (einerseits von der Geschäftsfähigkeit iSd *§§ 104ff BGB* zu unterscheidende, andererseits über eine bloße Äußerungsfähigkeit hinausgehende) ***Einwilligungsfähigkeit*** voraus.[53] Darunter ist die ***natürliche Einsichts- und Urteilsfähigkeit*** einer Person zu verstehen: der Betroffene ist idS medizinisch einsichts- und urteilsfähig, wenn er einerseits die gegebene Sachlage ***verstanden*** hat – sowie andererseits Art, Bedeutung, Risiken und Tragweite des zu erwartenden Eingriffes und seiner Gestattung zu erfassen und hiernach seinen ***Willen*** zu bestimmen vermag (vgl. BT-Drucks. 16/8442, S. 13; BGHZ 29, 33, 36; Deutsch/Spickhoff, Rn. 991; Böhm/Marburger/Spanl, S. 132; Prof. M. Parzeller et al. in D- ÄBl. 2007, A-576, 579).

Ist der Patient aktuell ***einwilligungsunfähig***, so muss die Zustimmung 6 einer hierzu ***befugten anderen Person*** (gesetzlicher Vertreter, Inhaber des Sorgerechts, Gesundheitsbevollmächtigter, Rechtsbetreuer mit dem Aufgabenkreis Gesundheitsfürsorge) eingeholt werden – es sei denn, eine vorhandene ***wirksame Patientenerfügung*** (vgl. § 1901a Abs. 1 S. 1 BGB) gestattet oder untersagt konkret die fragliche Maßnahme.[54] Die ***Einwilligungsmacht*** in Sachen ärztliche Heilbehandlung des Betroffenen führt zu einer (über die Rechtsfigur der rechtsgeschäftlichen Vertretung nach den *§§ 164ff BGB* hinausreichenden) ***personalen Stellvertretung*** (Zimmermann DNotZ 2000, 156, 158). Bevollmächtigte und Betreuer besitzen jedoch ***nicht*** die Rechtsmacht, autonom in eine ***ärztliche Zwangsbehandlung*** einzuwilligen und diese auf diese Weise zu legitimieren (BVerfG in R&P 2013, 89, 91) – vielmehr darf eine solche (allein als ***stationäre*** Maßnahme zulässige) Behandlung seit dem ***22. Juli 2017*** nur bei Vorliegen der in *§ 1906a BGB* niedergelegten ***materiellen Voraussetzungen*** erfolgen: die (unter betreuungsgerichtlichem Genehmigungsvorbehalt stehende) Vertreter-

Einwilligung ist an den ***Willen des Betroffenen*** gebunden, darf also ***weder gegen*** den vorab in einer Patientenverfügung erklärten ***noch gegen*** den von dem Bevollmächtigten/Betreuer gegebenenfalls zu ermittelnden mutmaßlichen Willen des Patienten erteilt werden; die ***Verbringung*** in das Krankenhaus zwecks Durchführung der ärztlichen Zwangsmaßnahme richtet sich nach *§ 1906a Abs. 4 BGB* (zu der Neuregelung im Ganzen vgl. Prof. E. Hahn in ÄBl. Sachsen 2017, 500 ff; Stv DirAG P. Fölsch DRiZ 2017, 286 ff).

7 Der ***Behandler*** muss sich (anhand der gegebenen Gesamtumstände einschließlich evtl. vorliegender psychopathologischer Anknüpfungspunkte) davon ***überzeugen***, ob/dass der ***Behandelte*** die erforderliche natürliche ***Einsichts- und Urteilsfähigkeit*** besitze (Ulsenheimer, Rn. 108; RAin Cl. Holzner in DÄBl. 2015, A-1126):

- grundsätzlich kann davon ausgegangen werden, dass ***volljährige Personen*** idS (aktuell) einwilligungsfähig sind (OLG Koblenz NJW 2015, 79 [LS]; StudK-BGB/Jacoby/v. Hinden, § 630d Rn. 2); ergeben sich unauflösbare Zweifel, so hat der Arzt die Einwilligung eines Bevollmächtigten/Betreuers einzuholen (Böhm/Marburger/Spanl, S. 132);
- bei ***Minderjährigen*** kommt es immer auf die den ***Einzelfall*** prägenden Umstände an, ob alleine die Eltern/Sorgeberechtigten, alleine der Behandelte oder aber dieser und die Eltern/Sorgeberechtigten gemeinsam zustimmen können/müssen (Hk-BGB/Staudinger, § 823 Rn. 78).[55]

Abs. 1 S. 3

8 Eine bestimmte ***Form*** der Einwilligung ist im *BGB* ***nicht*** vorgesehen (PWW/Schneider, § 630d Rn. 4): Vorschriften, nach denen die Einhaltung der Schriftform erforderlich ist (*z.B.* die Bestimmungen der *§§ 1901 a Abs. 1 S. 1 BGB, 6 Abs. 1 S. 1 TFG, 8 Abs. 1 S. 1 GenDG, 4a Abs. 1 S. 2 BDSG*), werden von der Regelung in ***§ 630 d*** nicht tangiert.

Abs. 1 S. 4

- Über eine ***von vorneherein*** als möglich in Betracht zu ziehende (entweder den Umfang oder das Zielgebiet des Eingriffes betreffende) ***OP-Erweiterung*** hat der Arzt den Patienten ***vorab aufzuklären***: ist diese Aufklärung ***versäumt*** worden, dann darf der Operateur ***nicht eigenmächtig*** die OP ausdehnen; vielmehr muss er vor der Durchführung des erweiterten Eingriffes (***sofern*** dies ***ohne*** gefährliche Komplikationen/sonstige ernsthafte Gesundheitsgefahren für den Patienten möglich ist) die OP ***ab-/unterbrechen***, den Patienten über die indizierte Erweiterung ***aufklären*** und dessen gesonderte ***Einwilligung*** hierzu einholen (BGH NJW 1977, 337, 338 [betr. einen über den ursprünglich besprochenen Umfang hinausgehenden operativen Eingriff]; Giesen, Rn. 238, 239; Gehrlein, Grundwissen, Abschn. C. Rn. 35). ***Entsprechendes*** gilt, wenn sich ***während*** des Eingriffes (intraoperativ) ein ***neuer***, medizinische Weiterungen/Änderungen verlangender Befund ergibt (BGH-PM Nr. 84/99 vom 04. Oktober 1999 zu Az. 5 StR 712/98 [im vermeintlichen Gesundheitsinteresse der Patientin im Anschluss an eine komplikative Kaiserschnitt-OP vorgenommene Sterilisation – von einer Einholung der tatsächlichen Einwilligungserklärung hätte nur dann abgesehen werden dürfen, wenn ohne den sofort erfolgenden Eingriff eine erhebliche Gefahr für Leben und Gesundheit der Patientin bestanden hätte]; OLG Köln, Az. 5 U 51/08 vom 03. September 2008 [intraoperativ zeigte sich anstatt des angenommenen Testovars eine normale weibliche Anatomie, so dass ohne eine erneute Aufklärung und Zustimmung der Patientin nicht hätte weiter ektomiert werden dürfen]; OLG Hamm, Az. 3 U 122/15 vom 07. Dezember 2016 [aus anatomischen Gründen nicht durchführbare Rekonstruktion des Nierenbeckenabganges bei einem achtjährigen Patienten – Unterbrechung der OP – Änderung des operativen Vorgehens auf Nierenentfernung – neue Aufklärung und neue Zustimmung der sorgeberechtigten Eltern]; vgl. auch LdA/Laufs, Kza 640 Rn. 10). 9

- ***Ohne*** dass die erklärte Einwilligung vorliegen müsste, ***darf*** eine medizinische Maßnahme dann durchgeführt werden, wenn sie 10 (wie etwa bei einer zur Lebensrettung erforderlichen ***Notfall***-OP oder iFe von der Einwilligungserklärung nicht mehr gedeckten, aber unvorhergesehen medizinisch absolut notwendigen intraoperativen Eingriffserweiterung) ***unaufschiebbar*** ist, die Einwilligung für die Maßnahme nicht (mehr) rechtzeitig eingeholt werden kann ***und*** die Maßnahme dem ***mutmaßlichen*** (d.h. dem individuell hypothetischen [BGH NJW 2000, 885]) ***Willen*** des Patienten entspricht (Deutsch/Spickhoff, Rn. 432, 433; Rehborn GesR 2013, 263): der ***Inhalt*** dieses ***mutmaßlichen Willens*** ist im Wege eines abwägenden Wahrscheinlichkeitsurteils (über den wahren Willen) aus den individuellen Interessen und Bedürfnissen sowie anhand der persönlichen Haltungen und Wertvorstellungen des Patienten zu ermitteln (Linoh medstra 2017, 216, 219) – wobei bei einem zur Verfügung stehenden Zeitfenster eine Befragung von Bezugspersonen die entsprechenden Hinweise ergeben kann (BGH, Az. VI ZR 88/86 vom 10. März 1987); immerhin darf angenommen werden, dass sich der wahrscheinliche Wille des Patienten mit demjenigen decke, der in der konkreten Situation als normal und vernünftig angesehen wird, ***sofern keine*** greifbaren Anhalte dafür vorliegen, dass sich der Betroffene (würde man ihn aktuell befragen können) anders entschiede (Palandt/Weidenkaff, § 630d Rn. 4).

10a Der ***Notarzt darf*** (mit Blick auf die Hilfeleistungspflicht aus *§ 323c StGB* [BGHSt 32, 367, 375]) den bewusstlosen ***Suizidenten*** in *anal.* Anwendung des *§ 679 BGB* rettungsbehandeln (BayObLG MDR 1968, 920; Jauernig/Mansel, § 679 Rn. 2 [berechtigte ***GoA***]; Deutsch/Spickhoff, Rn. 1208).

Abs. 2

11 Die Vorschrift etabliert den ***„informed consent“*** als Grundregel/Rechtsprinzip (vgl. Bergmann/Wever, S. 67; Reuter/Hahn VuR 2012, 247, 257): die ***Einwilligung*** ist gegebenenfalls nur dann in ***wirksamer*** Weise erteilt worden, wenn der Patient (oder die an seiner Stelle erklärungszuständige Person als der richtige Aufklärungsadressat) ***vor*** der Erklärung der Einwilligung (nach näherer Maßgabe des ***§ 630e BGB***) ***aufgeklärt*** worden war – führt der Arzt eine Behandlung durch, wel-

cher ***keine*** wirksame Einwilligung zugrunde liegt, so handelt er nicht nur ***eigenmächtig*** iSd ***Deliktsrechts*** (indem er die der autonomen Bestimmung des Patienten unterliegenden Rechtsgüter Körper/Gesundheit [*§ 823 Abs. 1 BGB*] rechtswidrig verletzt) – darüber hinaus begeht er bei einem solchen Vorgehen auch eine ***Pflichtverletzung*** (*§ 280 Abs. 1 BGB)* im ***vertraglichen*** Bereich (Deutsch/Spickhoff, Rn. 407, 408); der Behandlungsvertrag wird *bspw.* verletzt, sobald die Gebärende mit der ***Fortsetzung*** der vaginalen Geburt ***nicht mehr einverstanden*** ist (LG Berlin, Az. 35 O 47/12 vom 13. Januar 2016 [Pflicht der Geburtsleitung zur erneuten Aufklärung der Mutter hinsichtlich der veränderten Beurteilung der Indikation für eine Schnittentbindung – absolute Indikation der Sectio nach frustranem Versuch der Vakuumextraktion]).

Abs. 3

Im Hinblick auf seine uneingeschränkte ***Autonomiebefugnis*** entfaltet die einmal erteilte Einwilligung für den Patienten ***keine*** rechtliche Bindungswirkung (RGRK-BGB/Nüßgens, § 823 Anhang II Rn. 103): sie kann vielmehr jederzeit (bis zur Vornahme der betr. Medizinmaßnahme bzw. solange das im Hinblick auf das Fortschreiten des Eingriffes noch möglich ist) formlos und ohne das Erfordernis einer Begründungserklärung ***widerrufen*** werden (Fischer, § 228 Rn. 18) – ***datenschutzrechtlich*** ist der Patient nach *Art. 7 Abs. 3 DSGVO, § 51 Abs. 3 BDSG (neu)* ***vor*** Abgabe seiner Zustimmungserklärung auf die ***Möglichkeit*** des Widerrufes ***hinzuweisen*** (BÄK-Bek. in DÄBl. 2018, A-453); der ***Fortsetzung*** einer Dauerbehandlung kann der Patient jederzeit ***widersprechen*** (zur Einstellung der künstlichen Ernährung eines Wachkoma-Patienten s. BGH NJW 2005, 2385, 2386 und Lipp BtPrax 2004, 18, 19); ein ***Zustimmungswiderruf*** ist indes ***nicht*** etwa schon dann anzunehmen, wenn der Patient die Medizinmaßnahme lediglich zögernd oder ängstlichkeitsbedingt unter der Äußerung von Fragen/Bedenken hinnimmt (BGH NJW 1980, 1903, 1904 [Spritzenabszess nach einer Injektion, die zwar widerstrebend und zögerlich, aber doch iSe Einwilligung hingenommen worden war]. 12

§ 630e BGB (Aufklärungspflichten)

1 Die vertragliche ***Pflicht*** zur ***Selbstbestimmungsaufklärung*** verlangt der Behandlungsseite eine ***Leistung*** ab: die ***Verletzung*** dieser ***Pflicht*** stellt daher eine Leistungsstörung (nach *§ 280 Abs. 1 BGB*) dar (vgl. Hk-BGB/Schreiber, § 630e Rn. 10; Spickhoff JuS 2016, 866); die ***Pflichtverletzung*** hat die ***Unwirksamkeit*** der erklärten ***Einwilligung*** der Patientenseite zur Folge und führt dazu, dass die durchgeführte medizinische Maßnahme einen Behandlungsfehler begründet (Palandt/Weidenkaff, § 630e Rn. 13).

2 Die Aufklärungspflicht besteht in erster Linie gegenüber dem einwilligungsfähigen ***Patienten*** selbst (***Abs. 1 S. 1***), weil ***er*** es ist, der die Durchführung der Behandlung billigen muss (BT- Drucks. 17/10488, S. 24); ***Aufklärungsadressat*** ist jedoch (Palandt/Weidenkaff, § 630e Rn. 9; Jauernig/Mansel, § 630e Rn. 9) der ***gesetzliche Vertreter***/der ***rechtsgeschäftlich Bevollmächtigte*** des Patienten, wenn dieser einwilligungsunfähig ist (***Abs. 4***) – wobei in einem solchen Falle ***zusätzlich*** (BVerfG, Az. 2 BvR 882/09 vom 23. März 2011 [Tz. 57]) auch dem Patienten selbst (gemäß dessen vorhandenen Verständnismöglichkeiten) die wesentlichen Umstände der vorgesehenen Maßnahme zu erläutern sind (***Abs. 5***).

3 Seit der Entscheidung des ***RG*** vom 19. Mai 1931 (publiz. in JW 1932, 3328, 3329) wird die ***Wirksamkeit der Einwilligung*** des Patienten in den ärztlichen Eingriff von einer zutreffenden vorangegangenen ***Aufklärung*** abhängig gemacht (Beppel, Ärztliche Aufklärung in der Rechtsprechung, 2007, S. 22). Die ***Einwilligung*** des Behandelten hat folglich eine ***informierte*** zu sein (**oben *§ 630d Abs. 2 BGB***): zur Wahrnehmung seines ***Selbstbestimmungsrechtes*** (*Art. 2 Abs. 1 GG* [Freiheit des Handelns]) muss der Patient (zwar nicht in sämtlichen medizinischen Details, aber doch ***„im Großen und Ganzen“*** [stdg. Rspr. – etwa BGHZ 90, 103, 105]) ***wissen, worauf*** er sich einlässt, wenn er der ärztlichen Behandlung zustimmt – ***nur dann*** kann die erteilte ***Einwilli-***

gung eine ***wirksame*** sein (BT-Drucks. 17/10488, S. 24; BGH, Az.VI ZR 45/54 [die wirksame Einwilligung erfordert die Kenntnis des Patienten von den Grundzügen der Behandlung und die Erkenntnis von deren Bedeutung und Tragweite]; OLG Nürnberg, Az. 5 2383/03 [die Wahrnehmung des Selbstbestimmungsrechts setzt die richtige Vorstellung des Patienten von der Schwere und dem Risikospektrum der vorgesehenen Behandlung voraus]; Deutsch/Spickhoff, Rn. 402 [die Einwilligung reicht nicht weiter als das dem Patienten im Wege der Aufklärung vermittelte Wissen].

Die Aufklärung ist ***behandlungs***- und ***patientenbezogen*** (Quaas/Zuck, 4 § 13 Rn. 84, 85). ***Aufzuklären*** ist (allein) über die ***medizinisch relevanten*** Umstände (KG VersR 2018, 433, 434 [bezgl. der Anfertigung einer MRT-Aufnahme zählt etwa das Entstehen eines sog. Nacktbildes nicht dazu); in ihrer ***Inhaltsqualität*** hat sich die ***Patienteninformation*** (generell) auf die ***medizinische Evidenz*** zu beziehen (Albrecht et al. in DÄBl. vom 06. Juni 2016, Medizin, S. 389): damit der Patient sich kompetent für oder gegen die in Frage kommende Untersuchungs-/ Behandlungsmethode entscheiden kann, muss er auf der Grundlage der bestverfügbaren wissenschaftlichen Erkenntnisse und klinischen Erfahrungen unterrichtet werden (Sänger et al., Manual Patienteninformation, 2006, S. 12; ebm-netzwerk.de>nachrichten vom 12. August 2016).

Die ***Selbstbestimmungsaufklärung*** umfasst die Diagnose-, die Ver- 5 laufs- und die Risikoaufklärung (Katzenmeier in Laufs/Katzenmeier/ Lipp, V. Rn. 14; Frank/Schmid, S. 168): die ***Diagnoseaufklärung*** betrifft die Unterrichtung des Patienten über den konkreten medizinischen Befund (Hüttl b. Heberer, S. 146); die ***Verlaufsaufklärung*** vermittelt dem Patienten Informationen über den Ablauf der Behandlung (vgl. Rehborn GesR 2013, 264), über die mögliche gesundheitliche Weiterentwicklung im unbehandelten Zustand sowie über die Situation nach der erfolgten Behandlung (Deutsch/Spickhoff, Rn. 437); und die ***Risikoaufklärung***, die den Patienten über die bekannten Gefahren und mögliche Nebenwirkungen der vorhablichen Behandlung ins Bild setzt – wobei es nicht auf eine bestimmmte Risikostatistik, sondern darauf ankommt, ob ein Risiko (und sei es auch ein äußerst seltenes) dem betreffenden Eingriff spezifisch anhaftet und iF seiner Verwirklichung die Lebensführung des Patienten besonders belastet (BGHZ 144, 1, 5; Katzenmeier in Laufs/Katzenmeier/Lipp, V. Rn. 23).

Abs. 1 S. 1

6 Grundsätzlich ist der jeweils ***Behandelnde*** (zur möglichen Delegierung der Erledigung dieser Aufgabe s. nachstehend ***Abs. 2 S. 1 Nr. 1***) aus Vertrag ***verpflichtet***, in ***eigener Person*** den Patienten über ***alle*** für die Einwilligung ***relevanten*** Umstände zutreffend ***aufzuklären*** – d.h., ihm diese Umstände klarlegend verständlich zu machen:[56] die Aufklärungspflicht nach ***§ 630e*** muss hierbei von der Informationspflicht nach ***§ 630c*** (oder gemäß *§ 241 Abs. 2 BGB*) ***unterschieden*** werden (dazu Fn.[40]).

Abs. 1 S. 2

7 Die ***Aufklärung*** betrifft ***vornehmlich*** die folgenden ***Themenpunkte*** der diagnostischen bzw. therapeutischen ***Medizinmaßnahmen*** (der Katalog ist nicht abschließend, so dass es die Umstände eines Einzelfalles erforderlich machen können, den Patienten über weitere Punkte zu instruieren [Palandt/Weidenkaff, § 630e Rn. 2; Hk-BGB/Schreiber, § 630e Rn. 2]):

- ***diagnostische Maßnahmen*** und ***Untersuchungsverfahren***
- ***Befund*** und ***Diagnose***
- ***Art, Ausmaß*** und ***Durchführung*** der medizinischen ***Behandlungsmaßnahme*** incl. ihrer ***Eignung /Notwendigkeit/Dringlichkeit*** sowie der bestehenden/zweifelhaften ***Erfolgschancen***[57]
- ***Gefahren, spezifische Risiken***[58] und ***Neben-/Wechselwirkungen*** (in der Pharmako-Therapie mit ***UAW/IA*** abgekürzt)[59] der ***Untersuchungs-/Behandlungsmaßnahme.***

Abs. 1 S. 3

Nur wenn in dem konkreten Fall ***mehrere*** medizinisch ***gleichermaßen*** 8
sinnvolle, indizierte und übliche Behandlungsmethoden zur Verfügung stehen ***und*** diese jeweils zu wesentlich unterschiedlichen Belastungen des Patienten führen oder unterschiedliche Risiken und Erfolgschancen aufweisen, muss sich die ärztliche Aufklärung ***auch*** zu den bestehenden ***Behandlungsalternativen*** äußern (BGH, Az. VI ZR 207/14 vom 18. Dezember 2014 [zu einem Fall, in dem die Schnittentbindung keine echte Alternative zur vaginalen Geburt darstellte]):[60] denn obgleich die ***Wahl*** der Behandlungsmethode primär Sache des Arztes ist, muss dem ***Patienten*** (als dem Subjekt der Behandlung) nach entsprechender Aufklärung die ***Entscheidung*** überlassen bleiben, auf welchem Wege die Behandlung erfolgen soll und auf welches Risiko er sich einlassen will (vgl. BGH NJW 2005, 1718; OLG Hamm, Az. 26 U 88/13 vom 09. Dezember 2014 [das endoskopische Verfahren ist für die ambulante OP-Behandlung eines Nabelbruches keine gleichermaßen indizierte echte Behandlungsalternative zu dem offenen Verfahren nach Spitzy]). Der Gesetzesbegriff ***„üblich"*** ist hierbei dahin zu präzisieren, dass die ***Alternativbehandlung*** ihrerseits ***entweder standardgemäß*** sein ***oder*** dem ***Standard*** eines ***Heilversuches*** (dazu Fn.[32]) entsprechen muss (vgl. Katzenmeier NJW 2013, 817, 820).

Besteht nur eine ***relative Indikation*** zur Vornahme eines ***operativen*** Eingriffes, so muss der Patient gleichzeitig dezidiert über die ***echte Alternative*** einer ***konservativen*** Behandlung/Weiterbehandlung (incl. einer abwartenden Therapie) aufgeklärt werden (PM des OLG Hamm vom 23. Januar 2018 zu Az. 26 U 3/14 [betr. eine OP an der LWS eines Patienten m. Kanalstenose]); zur Abklärung eines ***Herdbefundes*** in der weiblichen Brust (im Entscheidungsfall ein sechs mm großer Tastbefund) sind Stanzbiopsie und Gewebe-Exzison im Wege der offenen Biopsie gleichermaßen indiziert und auch übliche Standardmethoden – wegen der größeren diagnostischen Sicherheit und des potentiell therapeutischen Charakters des Eingriffes darf der behandelnde Arzt (vertretbar) der Patientin alleine zur Vornahme einer offenen Biopsie raten (OLG Hamm b. Berner in DÄBl. 2018, A-1074).

9 Will der Arzt (keine allseits anerkannte Standardmethode, sondern) eine ***neue*** und noch ***nicht allgemein eingeführte Behandlungsmethode*** mit evtl. ***neuen*** (noch nicht definitiv geklärten) ***Risiken*** anwenden, dann hat er den Patienten nicht allein über den Neuheitscharakter des Verfahrens, sondern auch darüber aufzuklären und (unmissverständlich) darauf hinzuweisen, dass (noch) ***unbekannte Komplikationen/ Risiken*** auftreten könnten (BGH-PM Nr. 89/2006 vom 12. Juni 2006 [zu Az. VI ZR 323/04 [[rechnergestütztes Verfahren „Robodoc" bei der Implantation von Hüftgelenksprothesen]]]; PM des OLG Hamm vom 20. Februar 2018 zu Az. 26 U 76/17 [operatives Einbringen eines Netzgewebes im Beckenboden zur Behandlung der Belastungsharninkontinenz – im Jahre 2008 noch Neulandmethode]; LG Essen, Az. 1 O 241/12 vom Februar 2015 [Einbringung eines noch nicht zugelassenen Flüssigembolisates unter Ballonschutz zwecks Verschlusses eines cerebralen Aneurysmas]; Katzenmeier in Laufs/Katzenmeier/Lipp, V. Rn. 36).

10 Neben der methodenbezogenen gibt es auch (***§ 630e*** *Abs. 1 S. 3 BGB anal.*) eine ***einrichtungsbezogene*** Patientenaufklärung: diese bezieht sich auf das vor Ort zu erwartende ***Risikoprofil*** – ihr Gegenstand sind die gegebenenfalls bestehende (absolute oder relative) ***Mangelausstattung*** der für die konkrete Behandlung vorgesehenen Gesundheitseinrichtung sowie die nach Möglichkeit nächsterreichbare Einrichtung mit einer besseren medizinischen Ausstattung (RA T. Neelmeier NJW 2013, 2230, 2231 [mit Bezug auf BGH NJW 1984, 655, 657] – wonach über solche Umstände eine Aufklärung geschuldet ist, die aus besonderen Gründen das Risiko der Behandlung erhöhen). So ist etwa derjenige Krankenhausträger, der wegen seiner beschränkten sachlichen und personellen Mittel dem gültigen ***Standard*** der Hygiene ***nicht*** zu genügen vermag, verpflichtet, die Patientenseite vor Abschluss eines Behandlungsvertrages unmissverständlich auf die ***dysfunktionalen Verhältnisse*** der Klinik hinzuweisen (BGH NJW 1971, 241, 242). Selbst Notfallpatienten sind bei bestehender Verlegungsfähigkeit darüber zu unterrichten, dass gegebenenfalls eine ausreichende Versorgung und Behandlung in der Einweisungsklinik nicht gewährleistet seien (medizinrecht-schulte-sasse.de/patientenaufklaerung-infrastruktur [m. Verweis auf BGH NJW 1982, 2121, 2123]).

Genügen die Behandlungsbedingungen in einer Einrichtung zwar durchaus noch dem geltenden ***Standard***, so kann doch bei einer einzelnen Behandlungsaufgabe eine sog. ***Qualitätsaufklärung*** infrage kommen (Thüß, Rechtsfragen, S. 120). Für sie ist Folgendes zu beachten: grundsätzlich muss der Arzt den Patienten nicht ungefragt über die personelle und fachliche/apparative Ausstattung der Behandlungsseite unterrichten; einer diesbezgl. Aufklärung bedarf es aber dann, wenn klar ist, dass in dem konkreten Fall durch einen ***anderen*** Arzt/ eine ***andere*** Klinik eine ***deutlich risikoärmere*** Behandlung vorgenommen werden kann (BGH NJW 1988, 763, 765; OLG Braunschweig, Az. 1 U 1/04 vom 12. Juli 2012 [Tz. 28 ff – betr. die Wahl der Entbindungsklinik bei einer Risikogeburt]) ***oder*** wenn sich ergibt, dass wegen eindeutig besserer Rahmenbedingungen an einem ***anderen*** Ort ***signifikant größere Heilungschancen*** bestehen (Deutsch/Spickhoff, Rn. 453 [*z.B.* ein Spezialklinikum bei einem außerordentlich komplizierten Eingriff].[61] 11

Abs. 2 S. 1 Nr. 1

Die Aufklärung ***muss*** in ***mündlicher*** Form, d.h. im Rahmen eines ***persönlichen Gespräches***[62] zwischen dem Arzt und dem Patienten erfolgen (Palandt/Weidenkaff, § 630e Rn. 11; Weirich, S. 70): 12

- und zwar ***entweder*** durch den ***Behandelnden selber*** (also durch denjenigen Mediziner, der die avisierte Maßnahme durchführen wird) ***oder*** aber in dessen Auftrag (iSd *§ 278 BGB*) durch eine ***spezielle Aufklärungsperson***, die bezgl. der Durchführung der Maßnahme über die entsprechende Ausbildung und fachliche Befähigung sowie hinsichtlich der möglichen Risiken des konkret vorgesehenen Eingriffes über das notwendige Sachwissen verfügt (BT-Drucks. 17/10488, S. 24; Jauernig/Mansel, § 630e Rn. 4; StudK-BGB/Jacoby/v. Hinden, § 630e Rn. 3; Rehborn GesR 2013, 257, 264) – ist der Eingriff dem ***Arzt*** vorbehalten, so muss grundsätzlich[63] auch wiederum ein approbierter ***Arzt*** (ein FA-Status ist nicht erforderlich) das Aufklärungsgespräch führen (Palandt/Weidenkaff, § 630e Rn. 8; Prof. M. Parzeller et al. in DÄBl. 2017, A-1639 [die Aufklärung durch einen Nichtarzt ist unzulässig]);

- in dem jeweiligen thematischen Kontext der ***mündlichen*** Aufklärung kann lediglich ***ergänzend*** auf ***Unterlagen Bezug*** genommen werden, die der Patient in ***Textform*** (dazu Fn.[45]) erhalten hat (Palandt/Weidenkaff, § 630e Rn. 11; Rehborn GesR 2013, 257, 264 f).

13 In der Tat erfolgt die Patientenaufklärung praktisch regelmäßig stufenweise (sog.***Stufenaufklärung***): dem Patienten werden zunächst ***Merkblätter/Formulare*** behändigt, deren Inhalte das anschließende und allein maßgebende persönliche ***Aufklärungsgespräch*** lediglich vorbereiten und unterstützen sollen (Laufs, Rn. 181, 248; Frank/Schmid, S. 168). Ein von dem Patienten unterschriebenes ***Aufklärungsformular*** kann deshalb (sowohl in positiver als auch in negativer Hinsicht) nur ein ***Indiz*** für den tatsächlichen ***Inhalt*** des nötigen ***Aufklärungsgespräches*** darstellen (BGH b. Berner DÄBl. 2014, A-570; Gehrlein, Abschn. C. Rn. 71).

14 ***Vor*** dem Inkrafttreten des *PatRG* konnte in ***Ausnahmefällen*** (nämlich bei Routineeingriffen mit Massencharakter [wie sie etwa ***Impfungen*** darstellen können]) das ärztliche Aufklärungsgespräch durch eine ***schriftliche Patienteninformation*** ersetzt werden (BGH NJW 2000, 1784, 1787 [zur Polio-Schluckimpfung – allerdings mit der Einschränkung, dass dem Patienten eine weitere gesprächsweise Aufklärung anzubieten sei]; OLG Koblenz VersR 2015, 622); ***seit*** dem ***26. Februar 2013*** gilt etwas anderes: die ***Textform*** (*§ 126b BGB*) ***alleine*** erfüllt die Anforderungen an eine ordnungsgemäße Aufklärung ***nicht*** mehr (Jauernig/Mansel, § 630e Rn. 3 [die vorgeschriebene Aufklärung kann durch die Textform nur ergänzt, nicht jedoch ersetzt werden]; Rehborn GesR 2013, 257, 264, 265 [die Kenntnisnahme des Patienten von der nur textformalen Aufklärung kann aber ein gewichtiges Indiz für die hypothetische Einwilligung darstellen]).

Abs. 2 S. 1 Nr. 2

15 Das ***Aufklärungsgespräch*** muss auch in ***zeitlicher*** Hinsicht von Rechts wegen gewissen Anforderungen genügen: es muss nämlich einerseits ***so rechtzeitig*** stattfinden, ***dass*** sich der Patient nicht unter Entscheidungsdruck gesetzt sieht, sondern seine Entschließung zur Frage der

Einwilligung wohlüberlegt zu treffen vermag (Hüttl b. Heberer, S. 154); andererseits muss (im Hinblick auf die erforderliche Fortwirkung der erteilten Einwilligung bis zur Durchführung der Maßnahme) zwischen Aufklärung und Eingriff ein gewisses Maß an ***zeitlicher Nähe*** vorliegen (Quaas/Zuck, § 13 Rn. 96 [evtl. kann eine nochmalige Aufklärung als sog. ***Doppelaufklärung*** angezeigt sein]). Fixe/pauschale Fristen für den Zeitraum zwischen Aufklärung und Einwilligung lassen sich nicht festlegen – der ***richtige Zeitpunkt*** bestimmt sich vielmehr stets unter Berücksichtigung der Umstände des ***Einzelfalles*** (BT-Drucks. 17/10488, S. 24 f; Rehborn GesR 2013, 265): die Aufklärung über das ***Narkoseverfahren*** und die damit verbundenen Risiken kann rechtzeitig noch am ***Vorabend*** des Eingriffes vorgenommen werden (BGH NJW 1992, 2351, 2352); bei (nicht besonders umfang-/risikoreichen) operativen Eingriffen wird es regelmäßig genügen, wenn die Aufklärung des (stationär aufgenommenen) Patienten am ***Vortage*** der OP erfolgt (Katzenmeier in Laufs/Katzenmeier/Lipp, V. Rn. 61); in ***eiligen*** Fällen kann sich die Überlegungsfrist für den Patienten aber derart ***verkürzen***, dass die OP zulässigerweise sogar noch ***am gleichen*** Tage durchgeführt werden kann (OLG München MedR 2007, 601, 603) – liegt allerdings zwischen der Aufklärung und der Narkoseeinleitung lediglich eine ***halbe Stunde***, so ist die dem Patienten verbleibende Zeit für seine Enscheidung (grundsätzlich) ***nicht mehr*** ausreichend mit der Folge, dass die Aufklärung definitiv ***verspätet*** erfolgt ist (BT-Drucks. 17/10488, S. 25); bei ***ambulanten Routine***-Eingriffen genügt es idR, wenn der Patient ***am gleichen*** Tage aufgeklärt wird (BGH NJW 2003, 2012, 2013 [anderes gilt jedoch wiederum bei größeren ambulanten Eingriffen, die mit einem beträchtlichen Risiko verbunden sind]); ein ***sechs Monate vor*** der OP geführtes Orientierungsgespräch stellt (ganz unabhängig von seinem Inhalt) schon wegen des erheblichen ***Zeitabstandes keine ausreichende*** Aufklärung dar (OLG Dresden, Az. 4 U 507/16 vom 15. November 2016).

Abs. 2 S. 1 Nr. 3

Die Aufklärung ***muss*** für den Adressaten ***verständlich*** sein: die Auf- 16
klärung hat daher unter möglichster Vermeidung der reinen Fachspra-

che (RA V. Burgert JA 2016, 246, 252) in einer Weise zu erfolgen, dass der Adressat sie erstens sprachlich ***nicht missversteht*** (nötigenfalls ist auf Kosten des Patienten[64] eine sprachkundige Person hinzuzuziehen) und sie zweitens den evtl. körperlichen/geistigen/seelischen ***Einschränkungen*** des Aufzuklärenden ***angepasst*** ist (Rehborn GesR 2013, 265); im Übrigen hat sich der Arzt auch im Rahmen der Behandlungspflicht dessen zu versichern, dass der Patient ***imstande*** ist, die für eine ordnungsgemäße Behandlung erforderlichen ***Mitwirkungs-Angaben*** zu machen: andernfalls muss er entweder für eine Sprach-/Verständnismittlung sorgen oder aber die Behandlung (ausgenommen einen Notfall) ablehnen (KG, Az. 20 U 202/06 vom 08. Mai 2008 [Tz. 26]; Spickhoff ZRP 2012, 65, 68 [vermag der Patient die Kosten für einen beizuziehenden Dolmetsch nicht aufzubringen, so müsste der Arzt konsequenterweise auch in diesem Falle die [[Weiter-]]Behandlung ablehnen]).

Abs. 2 S. 2

17 Hat der ***Patient*** im Zusammenhang mit der ihm zuteil gewordenen ***Aufklärung*** oder im Rahmen seiner ***Behandlungszustimmung*** Unterlagen (Aufklärungsprotokolle, Einwilligungserklärungen etc.) ***unterzeichnet***, so sind ihm von diesen Dokumenten Abschriften/Ablichtungen ***auszuhändigen***; auf ein diesbezgl. Verlangen des Patienten kommt es hierbei nicht an (Jauernig/Mansel, § 630e Rn. 8; BMJ-Infoblatt Ausgabe 1/2012) – es handelt sich nämlich nicht um einen Fall der Einsichtnahme in die Patientenakte (wie sie durch ***§ 630d BGB*** geregelt ist), sondern um eine ***eigenständige Verpflichtung*** der Behandlungsseite, die (nach dem Ende der Behandlung) bis zur Entlassung des Patienten erfüllt werden muss (Prof. B. Halbe in DÄBl. 2017, A-179).

18 Der ***Zweck*** dieser Regelung ist es, durch Beweisvorteile für den Patienten Rechtsanwendungsklarheit zu schaffen, wenn es (wie in der streitigen Praxis nicht selten) darum geht, ob behandlungsseitig in das schon unterschriebene Dokument ***nachträglich*** ein zusätzlicher (von der Unterschrift nicht gedeckter) Eintrag getätigt worden sei (Katzenmeier in Laufs/Katzenmeier/Lipp, V. Rn. 55; Jauernig/Mansel, § 630e Rn. 8; RAin M. Winkhart-Martis in www.rp med.de/newsletter vom 29. Juni

2012 [unter II. 3.]: ***deckt*** sich der Inhalt der Abschrift/Ablichtung ***nicht*** mit dem von dem ***Behandler*** verwendeten Original, so muss dieser ***beweisen***, dass das Original in der von ihm vorgelegten Form von dem Patienten zur Kenntnis genommen und auch unterzeichnet worden sei (Rehborn GesR 2013, 257, 265).

Abs. 3

Nur ganz ***ausnahmsweise entfällt*** die Rechtspflicht zur Aufklärung des Patienten, nämlich dann, ***wenn*** und ***soweit*** 19

- die Aufklärung aufgrund ***besonderer Umstände entbehrlich*** ist – etwa ***weil*** gewichtige therapeutische Gründe (*z.B.* bei einem psychisch kranken Patienten)[65] dagegen sprechen, ***weil*** die medizinische Maßnahme wegen ihrer Dringlichkeit keinen zeitlichen Aufschub (zugunsten eines Aufklärungsgespräches) duldet, ***weil*** der Patient bereits positive Kenntnis von den relevanten Umständen hat (Kern MedR 1986, 176, 178), nachem er *z.B.* von seinem Hausarzt oder von einem vorbehandelnden FA festgestelltermaßen schon korrekt aufgeklärt worden ist (BGH Med- R 1985, 170), oder ***weil*** der Patient ein sachkundiger Fachkollege des behandelnden Arztes ist (Rehborn GesR 2013, 257, 265 [m. Verweis auf OLG Zweibrücken, Az. 5 U 14/98])

  oder

- der Patient (allein in dem Wissen um die Indikation des betreffenden Eingriffes und in ersichtlich nicht unzutreffender Einschätzung der Chancen/Risiken desselben) in unmissverständlicher Weise ***ausdrücklich*** auf ein ihn näher ins Bild setzendes Arztgespräch ***verzichtet*** hat (vgl. Katzenmeier in Laufs/Katzenmeier/Lipp, V. Rn. 42): eine gewisse ***Basisaufklärung*** (iSe ***Grundaufklärung*** über Art und Schweregrad des Eingriffs [BGH NJ 1991, 329 [[LS]] – dazu Fn.[7 (2)]]) ist aber ***auch*** gegenüber dem verzichtenden Patienten ***geboten*** (Reuter/Hahn VuR 2012, 247, 254).

Abs. 4

20 Kommt es auf die Einwilligung eines (anstelle des Patienten selbst hierzu) ***Berechtigten*** an (***§ 630d Abs. 1 S. 2 BGB***), so ist ***dieser*** gemäß den ***Absen. 1*** bis ***3*** aufzuklären: allerdings sind betreffs ***Abs. 3*** (Entbehrlichkeit der Aufklärung)

- therapeutische Gründe für die Einwilligung des Berechtigten regelmäßig ***irrelevant***

  und ist

- außerdem mit Blick auf die der Selbstbestimmung unterliegenden Rechtsgüter des Patienten ein wirksamer Aufklärungsverzicht seitens des Berechtigten ***nicht*** möglich (BT-Drucks. 17/10488, S. 25; Hk-BGB/Schreiber, § 630e Rn. 8).

§ 630f BGB (Dokumentation der Behandlung)

1 ***Bestandteil*** einer sorgfältigen ***Behandlung*** ist auch die ***Dokumentation*** derselben (Schneider JuS 2013, 104, 106): sie ist daher Gegenstand einer eigens normierten ***vertraglichen Nebenpflicht*** des ***Behandlers*** gegenüber dem Behandelten – unabhängig davon jedoch auch eine berufs- und eine deliktsrechtliche Pflicht (Jauernig/Mansel, § 630f Rn. 1; RAin B. Berner in DÄBl. 2016, A-880 [Buchbesprechung F. Fiekas, § 630f BGB – Dokumentation der Behandlung]). Die Norm dient vor allem der ***Sicherung*** der ***Behandlungskontinuität*** (BT-Drucks. 17/10488, S. 25; Jauernig/Mansel § 630f Rn. 2).

Abs. 1 S. 1

2 Eine (als dokumentarische Zusammenfassung aller patientenbezogen medizinisch relevanten Informationen definierte) ***Patientenakte*** zu führen (sei es in ***papierener Form*** mit hand-/maschinenschriftlichen Aufzeichnungen, Einstempelungen, Ausdrucken und Durchschriften –

sei es in ***elektronischer Speicherform***[66] incl. technischer Aufzeichnungen, Bildgebungen, Filmen sowie eingescannter Unterlagen [hierzu Rehborn GesR 2013, 257, 265]), ist der ***Behandler*** (und zwar primär zum ***Zwecke*** der ***Dokumentation***) vertraglich und deliktsrechtlich ***verpflichtet*** (vgl. Gehrlein, Abschn. B. Rn. 120; RGRK-BGB/Nüßgens, § 823 Anhang II Rn. 260); berufsrechtlich ist diese Obligation (als Instrument der professionellen Rechenschaftslegung) in *§ 10 Abs. 1 MBO-Ä* und vertragsarztrechtlich ist sie (zur Überprüfung der ordnungsgemäßen Leistungserbringung) in *§ 57 Abs. BMV-Ä* statuiert (Ratzel/Lippert, § 10 Rn. 1, 3) – daneben können ***speziell*** geregelte Aufzeichnungspflichten gelten (wie das *z.B.* bei den Vorschriften der *§§ 28 RöV, 42 StrlSchVO, 11, 14 TFG, 13, 13a TPG, 5 HebBO/Bay, 6 HebBO/NRW* der Fall ist):

- Unter ***Dokumentation*** idS versteht man die Gesamtheit der ***Aufzeichnungen***, die der Arzt/Behandler aus ***fachlicher*** Sicht über den ***Verlauf*** und die ***Ergebnisse*** der ***Behandlung*** eines bestimmten ***Patienten*** tätigt (Lilie/Radke, S. 15; Frank/Schmid, S. 22, 77).
- Zur Vermeidung von objektiven Unrichtigkeiten sollen die ärztlichen Aufzeichnungen in ***unmittelbar zeitlichem*** Zusammenhang mit den jeweiligen Behandlungsakten/-schritten erfolgen: der zeitliche Abstand zwischen Behandlungsakt und Dokumentation darf zwar größer sein als „sofort"/„unverzüglich" (vgl. *§ 121 Abs. 1 S. 1 BGB*); pauschale Fristen gelten hierbei aber nicht, weil es stets auf die Einzelfallumstände und die Gründe für den Zeitabstand (*z.B.* zeitversetzt in einen Schrifttext umgewandeltes Arztdiktat/in Berichtsform verfasste Abschlussbeurteilung eines Krankheitsgeschehens) ankommt (Rehborn MDR 2013, 565 [ein Bericht, der erst ein Jahr nach der OP gefertigt worden ist, hat keinen Beweiswert mehr – ein solcher dagegen, der einen Monat nach dem Eingriff niedergelegt wird, kann noch in dem notwendigen zeitlichen Zusammenhang mit dem Behandlungsakt stehen]); nach OLG Koblenz (NJW-RR 2007, 405. 406) ist die ***zusammenfassende*** Dokumentation des Erst- und des am Folgetag durchgeführten Revisionseingriffes unbedenklich, sofern dadurch die Verlässlichkeit der Sachangaben und des Fertigungszeitpunktes nicht infrage gestellt ist.

Ein ***weiterer Zweck*** der ***Aktenführung*** besteht darin, dass der Arzt 3
dem Patienten die schuldige ***Rechenschaft***[67] über den Gang der Be-

handlung geben können soll (Katzenmeier in Laufs/Katzenmeier/Lipp, IX. Rn. 48); ein ***Anliegen*** der Dokumentationspflicht ist auch die ***Wahrung*** des ***Persönlichkeitsrechts***[68] des Patienten, der sich an das Behandlungsgeschehen erinnern und es verstehen können soll (RAin B. Berner DÄBl. 2016, A-880 Buchbesprechung F. Fiekas, § 630f BGB – Dokumentation der Behandlung]); schließlich erfüllt die Dokumentation für den Fall eines etwaigen Behandlungsfehlers auch die ***Funktion*** einer ***faktischen Beweissicherung*** (BT-Drucks. 17/10488, S. 26).

Abs. 1 S. 2

4 ▪ Nach dem Vorbild der entsprechenden Ordnungsvorschriften im Handels- und im Abgabenrecht (*§§ 239 Abs. 3 HGB, 146 Abs. 4 AO*) sind ***Berichtigungen*** und ***Änderungen*** von Eintragungen in der Patientenakte ***nur zulässig***, wenn ihr ursprünglicher Inhalt ***erkennbar*** bleibt und der Zeitpunkt der Veränderung ***vermerkt*** wird (Rehborn GesR 2013, 257, 266): ein einmal getätigter ***Eintrag*** darf also ***nicht gelöscht*** werden; das gilt auch (und besonders) für ***elektronisch*** geführte Patientenakten (vgl. Bergmann VersR 2014, 795, 800), bei denen mithin die eingesetzte ***Software*** gewährleisten muss, dass neben der nachträglichen Änderung auch der ursprüngliche Inhalt ***erkennbar*** bleibt (RAin M.Winkhart-Martis in rpmed.de/newsletter vom 29. Juni 2012 [unter II. 4.]).

▪ Das ***Berufsrecht*** verlangt zudem, dass Aufzeichnungen auf Speichermedien besonders gesichert und geschützt werden müssen, um die Vernichtung oder etwaige Veränderungen sowie unrechtmäßige Verwendungen der Dateien zu verhindern (*§ 10 Abs. 5 S. 1 MBO-Ä*): unter dem Aspekt des Beweiswertes ist indes auch eine nicht gegen nachträgliche Veränderungen gesicherte EDV-Dokumentation dann vertrauenswürdig, wenn sie authentisch und medizinisch plausibel erscheint und gemäß ärztlicher Darlegung nachvollziehbar tatsächlich nicht nachträglich verändert worden ist (OLG Hamm, Az. 3 U 161/04 vom 26. Januar 2005 [Tz. 27]; Rehborn GesR 2013, 266).

Abs. 2 S. 1

Der Behandler **muss** (ein korrelierendes berufsrechtliches Aufzeichnungsgebot enthält die Bestimmung des *§ 10 Abs. 1 S. 1 MBO-Ä*) ***alle*** „aus (medizin-) fachlicher Sicht“ für die ***derzeitige Behandlung*** (Diagnose, Krankheitsverlauf und bisherige Therapie) und für die ***künftige Weiterbehandlung*** (Entscheidungen über fortbestehende/andere Diagnosen/über beizubehaltende/andereTherapien) ***wesentlichen***[69] medizinischen Maßnahmen (Anordnungen/Durchführungen, die etwas Bestimmtes bewirken sollen) sowie deren Ergebnisse (mit Blick auf den Gesundheitszustand des Behandelten) in der ***Patientenakte aufzeichnen*** (Weirich, S. 73; RA R. Jungbecker in VersR 2014, 1508): damit sind ***insbesondere*** (aber nicht nur)[70] Anamnesen (die Erhebungen zur Krankheitsvorgeschichte), Untersuchungen sowie deren Resultate, vorhandene Befunde (die Feststellungen zum „status präsens“ des Patienten), Diagnosen (die medizinsystematischen Benennungen der diagnostizierten Erkrankungen), Aufklärungen (die betreffenden Gespräche mit den Patienten samt deren wesentlichen Inhalten) und Einwilligungen (die der Behandlungsmaßnahme zustimmenden Erklärungen der zuständigen Person/en) sowie Therapien und Eingriffe[71] mitsamt ihren jeweiligen Wirkungen ***dokumentationspflichtig*** (Rehborn GesR 2013, 257, 266, 267; Frank/Schmid, S. 77). 5

Die ärztliche ***Aufzeichnungspflicht*** kann dem Patienten im Rechtsstreit um einen Schadensersatz zwar ***tatsächlich*** die Beweisführung oft überhaupt erst ermöglichen; sie verfolgt aber ***nicht*** von Rechts wegen forensische Zwecke (Katzenmeier in Laufs/Katzenmeier/Lipp, IX. Rn. 49 [keine Pflicht der Behandlungsseite zur Sicherung von Beweisen gegen sich selbst] – s. auch **oben** die Erläuterung zu ***Abs. 1 S. 1***). Die ***Dokumentation*** darf ***ausschließlich medizinisch motiviert*** sein: ist sie in medizinischer Hinsicht nicht erforderlich, so ist sie auch aus Rechtsgründen nicht geboten (BGH, Az. VI ZR 290/98 vom 06. Juli 1999 [Tz. 16]; OLG Köln, Az. 5 U 137/13 vom 06. August 2014): ***jede*** Aufzeichnung steht unter dem generellen ***Vorbehalt***, dass es ihrer „aus ***fachlicher*** Sicht“ bedarf (vgl. OLG München, Az. 1 U 3836/05 vom 29. Januar 2009 [Tz. 82]; Rehborn GesR 2013, 257, 266); ***Befundergebnisse*** sind im Detail ***nur*** festzuhalten, wenn es für die weitere Behandlung auf sie ankommt (OLG Nürnberg, Az. 5 U458/16 vom 20. April 6

2017 [eine entsprechende Feststellung zu dem indikationsbegründenden Arthroskopiebefund in dem Bericht über die durchgeführte Schlittenprothesen-OP kann ausreichen]).

7 Aus einer ***Verletzung*** der Dokumentationspflicht ergibt sich zwar (für die Haftung wegen eines Behandlungsfehlers) ***keine eigenständige*** Anspruchsgrundlage (Info-Kasten in BÄBl. 2018, S. 178 [für sich genommen kein Behandlungsfehler]) – jedoch folgen aus diesem Umstand für den klagenden Patienten ***Beweiserleichterungen*** gemäß ***§ 630h Abs. 3 BGB*** (Palandt/Weidenkaff, § 630f Rn. 5 [s. hierzu **unten § 630h** Abs. 3 Rn. 19]). Sofern der Dokumentationsmangel ***schadenskausal*** geworden ist (was selten der Fall sein wird), greift die Haftungsgrundlage aus *§ 280 Abs. 1 BGB* ein: regelmäßig kommt eine solche Konstellation nur dann in Betracht, wenn der Dokumentationsfehler zur Ursache für eine Fehlbehandlung durch den nachbehandelnden Arzt geworden ist (Jauernig/Mansel, § 630f Rn. 6).

Abs. 2 S. 2

8 ***Arztbriefe*** sind (als deren Bestandteil) in die ***Patientenakte*** aufzunehmen.

- Sie sind ***patientenbezogene*** (schriftliche oder elektronische) ***Dokumente*** für die Kommunikation zwischen den behandelnden Ärzten untereinander, deren ***Inhalt*** (zusammenfassende Angaben über Krankheitsgeschichte und -verlauf, Diagnostik, Befunde und Therapiemaßnahmen sowie Empfehlungen über eine Fortführung der Behandlung) der ausstellende Arzt (auch unter dem Aspekt eines Gesundheitszeugnisses iSd *§ 278 StGB*) verantwortet (Rieger, S. 127; Möller/Makoski KrV 05.2015, S. 186 ff).
- Im Rahmen der ärztlichen Behandlung ist die ***Verarbeitung von Gesundheitsdaten*** des Patienten (Anamnese, Befunde, Diagnose, Therapie und Dokumentation) kraft Gesetzes regelmäßig zulässig (*Art. 9 Abs. 2 lit. h DSGVO/§ 22 Abs. 1 Nr. 1 lit. b BDSG* [*neu*]), ohne dass eine spezielle datenschutzrechtliche Einwilligung hierzu eingeholt werden müsste; anders verhält es sich, wenn ein Gesetz die besondere Einwilligung hierzu ausdrücklich vorschreibt, wie

das *z.B.* in den *§§ 73b, 140a* oder *295a SGB V* der Fall ist (BÄK/KBV-Bek. in DÄBl. 2018, A-1, 6; BÄK-Bek. in DÄBl. 2018, A-453, 454): im Verhältnis des Hausarztes zu anderen behandelnden Leistungserbringern bedürfen (vgl. *§§ 73 Abs. 1b SGB V, 7 Abs. 7 MBO-Ä*) die ***Weiterleitung*** und die ***Nutzung*** des ***Arztbriefes*** und seines Inhaltes des (in diesem Falle schriftlichen) Einverständnisses des informierten Patienten (Justiziar H. Schiller in BÄBl 2009, S. 20).

Abs. 3

In Übereinstimmung mit *§ 10 Abs. 3 MBO-Ä* muss der Behandelnde die ***Patientenakte*** grundsätzlich für die Dauer von ***zehn Jahren*** nach Abschluss der Behandlung[72] ***aufbewahren***; bei einer ***elektronischen*** Dokumentation ist auf die Reproduzierbarkeit des Inhaltes (durch Spiegelung der Festplatte oder Erstellung von Sicherheitskopien) zu achten (Rehborn MDR 2013, 656). Besondere Gegebenheiten des Einzelfalles können aus Gründen ***medizinischer Notwendigkeit*** eine noch ***längere*** Aufbewahrung gebieten (*z.B.* nach der *Hämotherapie-RL* 30 Jahre bei Aufzeichnungen über die Anwendung von Blutkomponenten/Plasmaderivaten für evtl. Zurückverfolgungsverfahren [vgl. Zimmermann et al. in BÄBl. 2006, 200]). Soweit ***andere Vorschriften*** Aufbewahrfristen über zehn Jahre hinaus vorsehen (*bspw.* die *§§ 28 Abs. 4 S. 1 RöV, 43 Abs. 5 Strl-SchV, 12 Abs. 1 S. 3 GenDG*), werden diese durch die *BGB*-Norm nicht tangiert (Hk-BGB/Schreiber, § 630f Rn. 5). 9

§ 630g BGB (Einsichtnahme in die Patientenakte)

- Die Vorschrift dient der Umsetzung des ***Persönlichkeitsrechtes*** (dazu Fn.[68]) des Patienten auf ***informationelle Selbstbestimmung***: die Bedeutung der *Artt. 1 Abs. 1, 2 Abs. 1 GG* gebietet es, dem Patienten gegenüber dem Arzt/Krankenhaus grundsätzlich einen Anspruch auf ***Einsicht*** in die (unmittelbar seine Privatsphäre betr.) 1

Krankenunterlagen einzuräumen (BT-Drucks. 17/10488 S. 26; BVerfG-PM Nr. 3/2006 vom 24. Januar 2006 [zu Az. 2 BvR 443/02]): deswegen besteht der Einsichtnahmeanspruch nicht nur im Rahmen eines wirksamen Behandlungsvertrages, sondern auch bei einem vertragslosen ***Behandlungsverhältnis*** (Rehborn GesR 2013, 257, 268; Habermalz NJW 2013, 3404 [*z.B.* bei der Notaufnahme eines Bewusstlosen]).

- ***Selbstständig neben*** dem behandlungsvertraglichen Anspruch steht der auch Krankenunterlagen erfassende ***gesetzliche*** Anspruch auf ***Dokumenten-Einsichtnahme*** aus *§ 810 BGB* – und zwar in direkter bei urkundlichen und in entsprechender Anwendung bei sonstigen Unterlagen (LG Göttingen NJW 1979, 601, 602 [m. Anm. Ahrens, 603]; Palandt/Sprau, § 810 Rn. 5); weiters existiert gemäß *Art. 15 DSGVO/§ 57 BDSG (neu)* ein datenschutzrechtliches Auskunftsrecht: der Patient kann von dem Arzt Auskunft über die zu seiner Person gespeicherten Daten verlangen (vgl. BÄK-Bek. in DÄBl. 2018, A- 453).

Abs. 1 S. 1

2 Der ***Patient*** hat ein schutzwürdiges ***Interesse*** daran zu ***wissen***, welche ***Gesundheitsdaten*** bei ***seiner*** Behandlung angefallen sind (BT-Drucks. 17/10488, S. 26): medizinische Daten dürfen prinzipiell jedoch ***nicht per Telefon*** übermittelt werden, weil über dieses Medium eine rechtssichere Identifizierung des Berechtigten nicht möglich ist (S. Braun in DÄBl. vom 22. August 2016, Ärztestellen, S. 4).

3 Auf sein (oder eines Berechtigten – ein Bevollmächtigter muss eine ordnungsgemäße und vorgangsbezogen eindeutige Vollmacht vorlegen [Rehborn GesR 2013, 269]) ***Verlangen*** hin (das kein besonderes rechtliches Interesse voraussetzt und grundsätzlich auch außerhalb eines Rechtsstreites gestellt werden kann [BGH-PM Nr. 9/2015 vom 20. Januar 2015; Brox/Walker, § 22 Rn. 24]) muss die Behandlungsseite dem ***Patienten***[73] unverzüglich (d.h. ohne schuldhaftes Zögern [*§ 120 Abs. 1 S. 1 BGB*])[74] die ***Einsicht*** in die ***vollständige*** (also incl. der Aufzeichnungen über subjektive Eindrücke/Wahrnehmungen der Behandlungsseite) ***Patientenakte/Patientenunterlagen/Dokumentation*** (so

die Terminologie in *§ 10 Abs. 2 S. 1 MBO-Ä*) ***gewähren*** (Palandt/Weidenkaff, § 630g Rn. 3; Frank/Schmid, S. 148): Objekt der Einsicht ist ***nur*** die ***Patientenakte*** iSd ***§ 630f Abs. 2 BGB*** (Rehborn GesR 2013, 267) – also *z.B.* ***nicht*** auch der Bericht des Krankenhauses an seinen Haftpflichtversicherer über einen intramuralen Sturz des Patienten (LG Bonn, Az. 5 S 19/09 vom 02. September 2009), ***nicht*** die Organisationsunterlagen über die internen Betriebsabläufe eines Krankenhauses (OLG Karlsruhe, Az. 7 U 202/16 vom 03. August 2017 [betr. das Management der Sterilgutversorgung]) und ***nicht*** die Kartei mit den persönlichen Daten der Samenspender im Rahmen einer Kinderwunsch-Behandlung (OLG Hamm, Az. 3 U 66/16 vom 19. Februar 2018).

Eine ***Ausnahme*** von der Pflicht zur Einblicksgewährung gilt ***nur*** dann, 4
wenn und soweit der Einsichtnahme ***entweder*** erhebliche therapeutische Gründe[75] ***oder*** aber sonstige erhebliche Rechte Dritter[76] entgegen stehen: zum ***Schutze*** der ***behandelten Person*** vor gesundheitlicher Schädigung darf die Einsicht verweigert werden (s. dazu Jauernig/Mansel, § 630g Rn. 8) – u.U. kann in Betracht kommen, dem Patienten die Einsichtnahme durch Übersendung der Unterlagen an einen Arzt seines Vertrauens zu ermöglichen, welcher ihm die dokumentierten Inhalte im Rahmen eines achtsam geführten Informations-Gespräches eröffnet/vermittelt (Rehborn GesR 2013, 267); und zum ***Schutze dritter*** Personen ist die Einsichtsverweigerung zulässig, sofern in die Aufzeichnungen sensible Informationen über oder von solchen Personen eingeflossen sind, die ihrerseits des Schutzes bedürfen (Jauernig/Mansel, § 630g Rn. 9).

Der Patient hat nach der (für jedes Rechtsverhältnis geltenden) ***Be-*** 5
stimmung des ***§ 242 BGB*** auch ***Anspruch*** darauf, dass ihm der ***Krankenhausträger***, ***soweit*** zur Vorbereitung/Durchsetzung einer ***Rechtsverfolgung*** mit Bezug auf die stattgehabte Behandlung notwendig, den/die ***Namen*** des/der behandelnden Arztes/Ärzte/Operateurs/Operateure ***mitteile***; die Bekanntgabe der ***Privatanschriften dieser Ärzte*** kann der Patient aber (auch wegen der Bestimmung des *§ 26 Abs. 1 S. 1 BDSG* [*neu*]) ***nicht*** fordern: diese sind insbesondere nicht notwendig, um im Falle einer Klageerhebung die ladungsfähigen Anschriften benennen zu können – denn insoweit genügt gemäß *§ 177*

ZPO die Angabe der Adresse des Krankenhauses (BGH, Az. VI ZR 137/14 vom 20. Januar 2015 [Tz. 13]); aufgrund des ***Behandlungsvertrages*** kann der ***Klinikpatient*** Auskunft über die ***Namen*** der behandelnden Ärzte verlangen, ***wenn*** er ein ***berechtigtes Interesse*** an diesen Daten hat – etwa weil er Anspruchsgegner oder Zeugenpersonen bezeichnen können muss (OLG Hamm, Az. 26 U 117/16 vom 14. Juli 2017).

6 ***Verletzt*** die Behandlungsseite das ***Einsichtsrecht*** des Patienten und erhebt dieser wegen eines Behandlungsfehlers eine Schadensersatzklage, die er bei ***rechtzeitig*** gewährter Einsicht in die Behandlungsunterlagen nicht angestrengt hätte, so kann der Patient die ihm entstandenen ***Prozesskosten*** von dem Arzt als Schaden ersetzt verlangen (Brox/Walker, § 22 Rn. 24).

Abs. 1 S. 2

7 Sofern die begehrte Einsichtnahme ***abgelehnt*** wird, muss dies ***begründet*** werden: aus Schutzgründen kann der Verweigerungsgrund aber nicht bis ins Detail darzulegen sein – ***unzulässig*** wäre andererseits jedoch eine bloße Pauschalbegründung (Jauernig/Mansel, § 630g Rn. 11).

Abs. 1 S. 3

8 In entsprechender Weise ***anzuwenden*** ist die Bestimmung des *§ 811 BGB* (dessen *Abs. 1 S. 1* eine Sonderregelung zum ***Ort*** der Leistungshandlung gemäß *§ 269 Abs. 1 BGB* darstellt [StudK-BGB/Wolf, § 811 Anm. 1]): die ***Gewährung*** der ***Einsicht*** (Vorlage der Original-Patientenakte und Gestattung der Kenntnisnahme von ihrem Inhalt) findet also grundsätzlich am ***Aufbewahrungsort*** der Dokumentation statt (OLG Frankfurt, Az. 8 W 20/11 vom 09. Mai 2011 [in der Praxis des Behandlers]; Palandt/Weidenkaff, § 630g Rn. 1, 4); ***Vorlage*** bedeutet hierbei diejenige Aktivität der Behandlungsseite, durch welche dem Berechtigten die Unterlagen unmittelbar zugänglich gemacht werden (RGZ 56, 63, 66).

Abs. 2 S. 1

Der Patient/Einsichtsberechtigte hat zwar ***keinen*** Anspruch auf ***Herausgabe*** der (regelmäßig der Behandlungsseite zu ***Eigentum*** gehörenden [RA Sv. Galla in DÄBl. vom 16. Dezember 2016, Ärztestellen S. 2]) ***Originalunterlagen*** (Jauernig/Mansel, § 630g Rn. 12; Rehborn GesR 2013, 257, 268). Er kann jedoch (auch elektronische) ***Abschriften*** von der Patientenakte ***verlangen***: Abschriften idS sind Ablichtungen/Kopien, maschinenlesbare Datenkopien oder auch Dateien in elektronischer Form (Jauernig/Mansel aaO). Es besteht ***kein*** Anspruch auf die Zurverfügungstellung ***beglaubigter*** Abschriften/Kopien – auch ist der Behandelnde ***nicht*** verpflichtet, ***eidesstattlich*** zu versichern, dass die Patientenunterlagen authentisch und vollständig seien (Rehborn MDR 2013, 566, 567). 9

Der (auf einen Versicherer übergangsfähige) Anspruch ist im Übrigen als ein ***einheitliches*** Recht nur dann ***erfüllt***, wenn die Behandlungsseite die ***kompletten*** Unterlagen in lesbarer Kopie zur Verfügung stellt – eine Teilerfüllung ist ebensowenig statthaft, wie ein Zurückbehaltungsrecht an den Unterlagen bis zur vollständigen Begleichung einer noch offenen Honorarrechnung existiert (AG München, Az. 243 C 18009/15 vom 06. März 2015). 10

Abs. 2 S. 2

Der eine ***Abschrift/Ablichtung*** verlangende Patient muss dem Behandelnden die ***Kosten*** für deren Anfertigung ***erstatten*** – er muss zunächst den ***Vorschuss*** der Kosten (*§ 811 Abs. 2 BGB*) anbieten (OLG Frankfurt, Az. 8 W 20/11 vom 09. Mai 2011), der Behandler braucht die Kopien nur ***Zug um Zug*** (*§§ 273 Abs. 1, 274 Abs. 1 BGB*) gegen die Erstattung der Kosten zu überlassen (LG Hagen, Az. 2 O 170/10 vom 11. August 2010; Prof. B. Halbe in DÄBl. 2017, A-179): die Erstattung (die kein Honorar darstellt, sondern nur ein Ausgleich für den eigenen Aufwand des Behandelnden ist) umfasst die ***Aufwendungen*** für das Kopieren oder für das „Brennen" einer CD, für die Vervielfältigung von Bildbefunden, für die Verpackung sowie für den Transport oder 11 das Porto (vgl. Rehborn MDR 2013, 566, 567; Prof. B. Halbe aaO). Der ***Richtwert*** (*§ 287 Abs. 2 ZPO*) für die ***Kopierkosten*** liegt bei 30 Cent bis 50 Cent pro DIN-A4-Seite: maßgeblich ist der tatsächliche Aufwand bei der Fertigung der Ablichtungen – die Behandlungsunterlagen umfassen Blätter in unterschiedlicher Größe, sind häufig mehrfach gefaltet und teilweise auch beidseitig bedruckt, so dass je nach Aufwand 30 Cent (AG Düsseldorf, Az. 23 C 11795/03 vom 12. Dezember 2003) oder auch 50 Cent (LG München I, Az. 9 O 5324/08 vom 19. November 2008) angemessen sein können.

Abs. 3 S. 1

12 Die Rechte aus den ***Absen. 1*** und ***2*** stehen nach dem Ableben des Patienten (als sog. postmortale Einsichtnahme) dessen ***Erben*** (*§§ 1922 ff BGB*) zu, ***soweit*** es um die Wahrnehmung ***vermögensrechtlicher*** Interessen (*z.B.* die Verfolgung eines Schadensersatzanspruches gegen den Behandelnden) geht – oder auch um die Frage der Geschäfts- bzw. der Testierfähigkeit (*§§ 104 ff, 2229 BGB*) des Verstorbenen (Rehborn GesR 2013, 269).

Abs. 3 S. 2

13 Soweit sie ***immaterielle*** Interessen (also nachwirkende Persönlichkeitsbelange des Verstorbenen) geltend machen, sind im Falle des Todes des Patienten die ***nächsten Angehörigen*** (iSv *§ 77 Abs. 2 StGB* [der Ehegatte und die Kinder, subsidiär die Geschwister]) – und zwar unabhängig von einem Erbenstatus – iSv ***Abs. 1*** und ***Abs. 2*** berechtigt (Katzenmeier in Laufs/Katzenmeier/Lipp, IX. Rn. 67): ein einschlägiges Interesse kann *bspw.* an der Abklärung des Vorliegens einer Erbkrankheit (Palandt/Weidenkaff, § 630g Rn. 2) oder das Strafverfolgungsbegehren gemäß *§ 205 Abs. 2 StGB* sein (Rehborn GesR 2013, 269); in ***anal.*** Weise kommt die Vorschrift zur Anwendung, wenn die Mutter des nach einem Suizidversuch in öffentlich-rechtlicher Unterbringung Verstorbenen durch Einsicht in die Patientenakte weitere Aufschlüsse über die Todesursache und über mögliche Verantwortlichkeiten des

Behandlungspersonals erlangen will (VG Freiburg b. Berner in DÄBl. 2016, A-1626).

Abs. 3 S. 3

Die Einsichtsrechte Dritter gemäß den ***Absen. 1*** und ***2*** sind ***ausgeschlossen***, soweit einer Einsichtnahme in die Patientenunterlagen der (*bspw.* im Rahmen eines Testaments, einer Patientenverfügung oder einer Vorsorgevollmacht ausdrücklich geäußerte ***oder*** der unter dem Aspekt des Schutzes des allgemeinen Persönlichkeitsrechts und der Menschenwürde zu interpretierende mutmaßliche [Prof. B. Halbe DÄBl. 2018, A-891]) ***Wille*** des verstorbenen Patienten ***entgegensteht***: will der ***Arzt*** einen ***Ausschluss*** aufgrund des mutmaßlichen Patientenwillens geltend machen, so muss er den entgegenstehenden Willen des Verstorbenen anhand konkreter Belange/Schutzinteressen desselben nachvollziehbar dartun (BGH, Az. VI ZR 359/11 vom 26. Februar 2013 [zu einem Fall der über den Tod des Betroffenen hinaus fortdauernden Schweigepflicht des Geheimnisträgers]; Katzenmeier in Laufs/Katzenmeier/Lipp, IX. Rn. 66). 14

§ 630h BGB (Beweislast bei der Haftung für Behandlungs- und Aufklärungsfehler)

Beweis als prozessuale Aufgabe bedeutet, dem Richter die subjektive ***Überzeugung*** (die persönliche Gewissheit) von der Wahrheit einer ***Tatsachenbehauptung*** zu verschaffen (BGHZ 53, 245, 255 f; Blomeyer, § 66 I.). 1

Mit der ***Beweislast*** beantwortet das Verfahrensrecht die Frage, welche Prozesspartei gegebenenfalls die Folgen der ***Beweislosigkeit*** einer streitig behaupteten Tatsache zu tragen habe (vgl. Lüke, Rn. 275; Musielak/Foerste, § 286 Rn. 32): unterschieden werden die ***objektive*** und die ***subjektive*** Beweislast – erstere bezeichnet die resultierende Rechtsfolge 2 der Nichtanwendung eines für die betroffene Partei günstigen Rechtssatzes, letztere meint die Last der Beweisführung, die behauptete Tatsache auch unter Beweis stellen zu müssen (vgl. Jauernig/Hess, § 50 Rn. 5 ff; Musielak/Stadler, Rn. 213).

3 Für die Verteilung der ***Darlegungs- und Beweislast*** gilt grundsätzlich ein ***Gleichlauf***: die Beweislast korrespondiert also mit der Last der Darlegung (Zöller/Greger, § 138 Rn. 8b, Vor § 284 Rn. 18). Nach der ***allgemeinen Prozessregel*** wäre der klagende Patient gehalten, ***sämtliche*** für ein erfolgreiches Rechtsfolgebegehren erforderlichen Behandlungsfakten ***darzulegen*** und ***zu beweisen*** (vgl. StudK-BGB/Jacoby/v. Hinden, § 630h Rn. 1).

4 In ***Arzthaftungsangelegenheiten*** ist indes unter dem Aspekt eines fairen Verfahrens in darlegungs- und beweisrechtlicher Hinsicht (Stichwort ***Waffengleichheit*** [BVerfG, Az. 2 BvR 878/74 vom 15. Juli 1979]) zu prüfen, ob dem Patienten als ***Klagepartei*** diese grundsätzlich geltende Verteilung der Behauptungs- und Beweislast durchgängig ***zugemutet*** werden kann/soll: die ***Rechtspraxis*** hat es in Ansehung der behandlungsspezifischen Konstellationen insoweit seit Langem (etwa OLG München in MDR 1979, 1030) als ***ausreichend*** angesehen, dass der Patient die aus einem misslungenen oder unbefriedigenden Ergebnis der ärztlichen Bemühungen hergeleitete Behauptung ***vortrage***, es sei ein medizinischer Fehler vorgekommen (s. dazu Gehrlein, Grundwissen, Abschn. E. Rn. 1 und 4; Fenger/Holznagel/Neuroth/Gesenhues, S. 46 – vgl. **oben** Vorbem. Abschn. ***L.I.***). Die Vorschrift des ***§ 630h BGB*** fasst nunmehr die von der ***Rspr.*** entwickelten Grundsätze zur ***Beweislastverteilung*** (und damit auch zu den impliziten ***Darlegungslasten***) im vertraglichen Arzthaftungsrecht zusammen und erstreckt diese auf alle medizinischen ***Behandlungsverträge*** (BT-Drucks.17/10488, S. 27; Palandt/Weidenkaff, § 630h Rn. 1): verschiedene gesetzliche Vermutungen (in den ***Absen. 1, 3, 4*** und ***5***) und eine Beweislastregel (in ***Abs. 2***) ***modifizieren*** den auf der Fassung des *§ 280 Abs. 1 BGB* basierenden Grundsatz der allgemeinen Beweisbelastung des Gläubigers (Nordmeier GesR 2013, 513, 515).[77]

5 Die ***§§ 630a ff BGB*** enthalten (entsprechend der Systematik des allgemeinen Dienstvertragsrechtes [dazu Medicus/Lorenz II, Rn. 629]) ***keine eigenständigen Haftungsnormen*** für die Fälle einer fehlerhaften

Behandlungsleistung (dazu **oben** Vorbem. Abschn. ***A***.): begeht der Behandelnde eine behandlungsbezogene ***Pflichtverletzung***, so sind damit die Regeln des ***allgemeinen Leistungsstörungsrechts*** anzuwenden (BT-Drucks. 17/10488, S. 27; Müller/Wedlich in DÄBl. 2013, A-2074, 2076).[78] Folglich stellt der ***Behandlungsfehler*** eine (objektive) ***Pflichtwidrigkeit*** iSd *§ 280 Abs. 1 S. 1 BGB* dar, wobei gemäß *§ 280 Abs. 1 S. 2 BGB* das ***Vertretenmüssen*** (das Verschulden) des Schuldners in widerlegbarer Weise ***vermutet*** wird: das bedeutet, dass der ***Gläubiger*** die ***Beweislast*** für die Pflichtverletzung (und deren Ursächlichkeit für die Schadensentstehung) trägt und dass der ***Schuldner beweispflichtig*** ist für das Nichtvertretenmüssen der objektiv vorliegenden Pflichtwidrigkeit (Palandt/Grüneberg, § 280 Rn. 34; Hk-BGB/Schulze, § 280 Rn. 15).

Der geschädigte ***Patient*** hat also ***nachzuweisen***, dass ein ***Behandlungsfehler*** (ein Diagnosefehler/eine sachwidrige Therapie [einschließlich einer fehlenden Indikation für den durchgeführten Eingriff [[OLG München, Az. 1 U 1541/07 vom 17. Januar 2008 – Tz. 43, 45; RA B. Schwarz b. bld.de vom 06. Mai 2009 zu BGH, Az. VI ZA 9/08]] und der Verletzung der Pflicht zur therapeutischen Aufklärung [[OLG Hamm, Az. 26 U 112/13]]]) vorliege ***und*** dass dieser Fehler ***ursächlich*** geworden sei für die eingetretene Rechtsgutsverletzung incl. des daraus resultierenden ***Gesundheitsschadens***;[79] der in Anspruch genommene ***Arzt*** muss ***beweisen***, dass er die ***vereinbarte*** Behandlung durchgeführt und die ***Zustimmung*** seitens des hinreichend ***aufgeklärten*** Patienten erhalten habe (Katzenmaier in Laufs/Katzenmeier/Lipp, XI. Rn. 50; Weirich, S. 132 f; Deutsch NJW 2012, 2009, 2013) – Sache des ***Patienten*** wiederum ist es darzutun und nachzuweisen, dass bei korrekter Aufklärung die eingetretene ***Schadensfolge vermieden*** worden wäre, etwa deswegen, weil er dann eine andere Behandlungsmethode verlangt/gewählt hätte (BGH, Az. VI ZR 63/11 vom 07. Februar 2012; Emmerich, § 9 Rn. 45). 6

Für den ***Haftungsgrund*** richtet sich das ***Beweismaß*** grundsätzlich nach der Vorschrift des ***§ 286 ZPO***: verlangt wird die gerichtliche ***Gewissheitsüberzeugung*** von der ***Wahrheit*** einer tatsächlichen Behauptung (**oben** Rn. 1), wobei der Richter sich mit einem für das praktische Leben brauchbaren Grad an Gewissheit solcherart begnügen darf, dass 7 demgegenüber ***vernünftige Zweifel schweigen*** (BGH NJW 1951, 122; BGHZ 53, 245, 256; OLG Hamm, Az. 26 U 30/12 vom 18. Januar 2013 [das Fehlen derartiger Zweifel reicht zur Überzeugungsbildung aus]); eine generelle Beweiserleichterung zugunsten des Patienten bezgl. der haftungsbegründenden Kausalität eines Behandlungsfehlers gibt es nicht (Prof. Chr. Katzenmeier auf dem 4. Kölner Medizinrechtstag am 30. November 2012 [Tagungsbericht von RA Schmitz-Luhn unter medizinrecht.uni-koeln.de/MedR]).

7a Für die ***Haftungsausfüllung*** gilt das weniger strenge ***Maß*** des ***§ 287 ZPO***: erforderlich sind feststehende Tatsachen, aufgrund derer das Gericht bei gegebener ***überwiegender Wahrscheinlichkeit*** von einem Zusammenhang mit dem Primärschaden überzeugt sein darf (BGH NJW 2004, 777 f; BGH, Az. VI ZR 221/06 vom 12. Februar 2008 [Tz. 14]; Weirich, S. 135).

Abs. 1

8 Das Vorliegen einer ***Fehlbehandlung*** (einer objektiven Pflichtwidrigkeit der Behandlungsseite) wird (iSe Tatsachenvermutung)[80] ***vermutet, wenn*** sich ein solches allgemeine ***Behandlungsrisiko verwirklicht*** hat, das für die ***Behandlungsseite*** tatsächlich ***vollständig*** (sicher) ***beherrschbar*** gewesen ist und das zur Verletzung der Patientenrechtsgüter Leben, Körper oder Gesundheit geführt hat. Ein Behandlungsrisiko ist grundsätzlich dann voll beherrschbar, wenn es aus der Herrschafts- und Organisationssphäre der Behandlungsseite herrührt ***und*** diese den Patienten gerade auch vor den damit verbundenen Gefahren zu bewahren hat (Anschlag MedR 2009, 513): voll beherrschbar sind also jene Gefahren/Risiken, die behandlungsseitig durch den Praxis-/Klinikbetrieb gesetzt werden und durch dessen ordnungsgemäße Gestaltung (objektiv) ***vollständig ausgeschlossen*** werden ***können und müssen*** (BGH, Az. VI ZR 158/06 vom 20. März 2007 [Tz. 11]; BGH, Az. VI ZR 634/15 vom 16. August 2016 [Tz. 6]; Rehborn in GesR 2013, 257, 270).[81]

9 In der Rechtspraxis wird der Anwendungsbereich der ***Beweisfigur*** des ***„voll beherrschbaren Risikos“*** in verschiedene ***Fallgruppen*** aufgeglie-

dert: fehlerhafte Medizingeräte/-materialien; unreine Desinfektionsmittel; mangelnde Sterilität der applizierten Infusionsflüssigkeit; Hygienefehler (***sofern feststeht***, wo und wann sich der Patient infiziert hat und die Infektion aus einem hygienisch durch organisatorische und technische Vorsorgemaßnahmen sicher beherrschbaren Bereich stammt [BGH, Az.VI ZR 102/90 vom 08. Januar 1991 [[eine absolute Keimfreiheit der Operateure und der weiteren OP-Beteiligten ist ebensowenig erreichbar wie eine totale Kontrolle der Keimverbreitungswege im Einzelnen]]; BGH, Az. VI ZR 634/15 vom 16. August 2016 [[bei nicht geklärter Infektionsquelle kommt die Beweislastregel nicht zur Anwendung]];[82] Walter GesR 2013, 129, 134]); Lagerungsfehler bei der OP (Gehrlein, Grundwissen, Abschn. B. Rn. 89) oder beim Einsatz eines Elektrokauters (BGH VersR 2018, 38, 39 [dauerhaft nicht leitfähige Lagerungs-Unterlage für den Patienten zur Bannung des Risikos von Verbrennungen]); Anfänger-OP/Behandlung (Deutsch/Spickhoff, Rn. 354 [das mit der Behandlung durch den Berufsanfänger für den Patienten verbundene Risiko kann und muss durch kompetente Anleitung und effektive Überwachung ausgeschlossen werden]; Zurücklassen eines Fremdkörpers im OP-Gebiet (OLG München, Az. 1 U 3971/12 vom 22. August 2013 [betr. ein Bauchtuch]; mangelnde Verrichtungssicherheit der Pflege/Transportpersonen (Fenger/Holzapfel/Gesenhues, S. 49; RAin Kunz-Schmidt NJ 2010, 177, 183 f) – wobei nicht jede pflegerische Mobilisationsmaßnahme zugleich auch einen Transportvorgang darstellt (OLG Hamm, Az. 3 U 20/14 vom 15. März 2015).

Die ***Beweiserleichterung*** der ***Vermutung*** erstreckt sich ***allein*** auf den 10
Nachweis des ***Behandlungsfehlers*** (der objektiven Pflichtverletzung sowie des Vertretenmüssens durch den Behandler [OLG Köln, Az. 5 U 152 /12 vom 25. Februar 2013]), ***nicht*** auch auf dessen ***Ursächlichkeit*** für die eingetretene Gesundheitseinbuße (Katzenmeier in Laufs/Katzenmeier/Lipp, XI. Rn. 125 [eine Unaufklärbarkeit des Ursachenzusammenhanges zwischen Fehler und Gesundheitsschaden geht zu Lasten des Patienten]; Gehrlein, Grundwissen, Abschn. B. Rn. 92 [bei einfachen Fehlern schlägt die Unaufklärbarkeit des Ursachenzusammenhangs zum Nachteil des Patienten aus] – ***krit.*** dazu RA J. Heynemann in Stellungnahme BT-Ausschuss-Drucks. 17 [14] 0326 [30], S. 13 zu dem *E* eines *PatRG* unter Verweis auf die Entscheidung BGH,

Az. VI ZR 174/06 [wo ausgeführt ist, dass aufgrund des unmittelbaren zeitlichen Zusammenhanges zwischen der therapeutischen Röntgenbestrahlung und den Verbrennungen der Patientin an ihren Hände anzunehmen sei, dass die Hautschäden durch eine überhöhte Strahlendosis ***verursacht*** worden seien]).

11 Dem Behandelnden steht die Möglichkeit offen, die gegen ihn sprechende ***Vermutung*** im Einzelfalle nach *§ 292 ZPO* durch den ***Hauptbeweis*** des (kontradiktorischen) Gegenteiles zu ***entkräften*** (s. dazu Fn.[80]).

Abs. 2 S. 1

12 Der ***Beweis*** dafür, dass der Patient (oder die sonst zuständige Person) ordnungsgemäß ***aufgeklärt*** worden sei (***§ 630e BGB***) ***und*** sodann auch wirksam in die betreffende Behandlungsmaßnahme ***eingewilligt***[83] habe (***§ 630d BGB***), obliegt dem ***Behandler***: die Beweislast des Arztes erstreckt sich also auf sämtliche ***faktischen Voraussetzungen*** einer ordnungsgemäßen ***Aufklärung*** (Gehrlein, Abschn. C. Rn. 69; Rehborn, S. 255) – ***und*** auch darauf, dass er bei der betreffenden Behandlungsmaßnahme aufgrund einer ***gültigen Einwilligungserklärung*** im ***Konsens*** mit dem Patienten gehandelt habe (Deutsch/Spickhoff, Rn. 403; Palandt/Sprau, § 823 Rn. 166). Durch diese Regelung passt das Gesetz die Beweislastverteilung im Behandlungsvertragsrecht derjenigen an, die im Deliktsrecht gilt (Katzenmeier in Laufs/Katzenmeier/Lipp, XI. Rn. 50).

12a Die Beweispflicht des Arztes für die Vornahme der ordnungsgemäßen Selbstbestimmungsaufklärung ändert nichts daran, dass der ***Patient*** das ***Unterbleiben*** einer nachträglichen ***Information*** über intraoperatives ärztliches Verhalten beweisen muss, wenn er hieraus den Anspruch auf Ersatz eines ***Vermögensschadens*** ableitet (OLG Koblenz NJW 2006, 2928, 2929 [die Klägerin begehrte den Ersatz der Kosten für über Jahre hinweg überflüssiger Weise eingenommene Verhütungsmittel, nachdem sie wiederum Jahre später Kenntnis davon erlangt hatte, dass sie im Zuge einer Sectio via Durchtrennung des Eileiters sterilisiert worden war]).

Die Existenz einer ***unterschriebenen Einwilligungserklärung*** ist lediglich ein ***Indiz*** dafür, dass überhaupt ein ***Aufklärungsgespräch*** stattgefunden habe (s. Gehrlein NJ 2016, 89, 97): ***Indiz*** bedeutet, dass immerhin „einiger Beweis“ (iSe Anfangswahrscheinlichkeit [Musielak/Huber, § 448 Rn. 3]) für das Aufklärungsgespräch (als die zu beweisende Tatsache) vorliege, so dass das Tatgericht eine amtswegige Parteivernehmung (*§ 448 ZPO*) anordnen kann (Katzenmeier in Laufs/Katzenmeier/Lipp, V. Rn. 57). Ein ***nicht*** ausgefülltes und ***nicht*** unterzeichnetes Formular in der Patientenakte stellt demgegenüber ein ***Indiz*** (nicht für, sondern) gerade ***gegen*** die Durchführung eines Aufklärungsgespräches dar (vgl. Fenger/Holznagel/Neuroth/Gesenhues, S. 51). 13

Abs. 2 S. 2

Eine unterlassene/fehlerhafte Aufklärung wirkt als solche noch nicht ohne Weiteres definitiv haftungsbegründend (Deutsch NJW 2012, 2009, 2013): ***Steht*** nämlich ***fest***, dass die Aufklärung entgegen der Vorschrift des ***§ 630e BGB unterblieben*** – oder ***unzureichend*** vorgenommen worden ist (worüber bei streitigem Sachvortrag mithin vorab Beweis erhoben worden sein muss [vgl. KG, Az. 20 U 246/13 vom 04. Dezember 2014]), so kann die ***Behandlungsseite einwendungsweise***[84] geltend machen (sich also darauf „berufen“), dass der Patient auch im Falle einer korrekten Aufklärung mit der Aus-/Durchführung der konkret in Rede stehenden Maßnahme (durch gerade den in Anspruch genommenen Behandler) einverstanden gewesen sein würde (vgl. Fn.[52]). Die damit aufgeworfene (sowie auf verschiedenen Ebenen durchzuprüfende [Gehrlein NJ 2016, 89, 98]) Frage der ***„hypothetischen Einwilligung“*** ist beachtlich – sie wird im Rechtsstreit aber nicht von Amts wegen, sondern eben nur dann erörtert, wenn der ***Behandelnde*** sich ausdrücklich darauf ***beruft***, d.h. ***darlegt***, dass der Patient auch bei ordnungsgemäßer Aufklärung in die betreffende Behandlungsgsmaßnahme eingewilligt haben würde (Müller/Wedlich DÄBl. 2013, A-2076): schon an diese Darlegung sind strenge Anforderungen zu stellen (der Arzt mag etwa auf die Schwere der Erkrankung, auf eine zur Verfügung stehende anerkannte Therapie oder auf die hohe Erfolgsquote der vorgeschlagenen Behandlung verweisen können 14

[StudK-BGB/Jakoby/v. Hinden, § 630h Rn. 4]); es ist prozessdialektisch sodann Sache des ***Patienten***, wenigstens plausibel ***darzutun***, dass und warum er sich im Falle der ordnungsgemäßen Aufklärung hinsichtlich seiner Einwilligung) in einem echten/wirklichen ***Entscheidungskonflikt***[85] befunden (BT-Drucks. 17/10488, S. 29), sich mithin ernsthaft vor die Frage gestellt gesehen hätte, ob er dem betreffenden Eingriff zustimmen solle oder nicht: der ***Patient*** braucht dabei ***nicht*** darzulegen, ***wie*** er sich auf der Basis einer Vollaufklärung seinerzeit tatsächlich entschieden haben würde (BGH, Az. VI ZR 260/93 vom 14. Juni 1994 [Tz. 11]; Gehrlein, Grundwissen, Abschn. C. Rn. 63).

15 ■ Hat der ***Patient*** (der zu diesem Punkte grundsätzlich persönlich angehört [*§ 141 ZPO*] werden muss [BGH, Az. VI ZR 443/13 vom 30. September 2014]) zur Überzeugung des Gerichtes den ***Entscheidungskonflikt plausibel*** gemacht (woran es *bspw.* im Entscheidungsfall OLG Hamm Az. 3 U 54/12 vom 02. September 2013 [Tz. 67, 68] deswegen gefehlt hat, weil die Ablehnung der absolut indizierten Heparinisierung bei Durchführung einer Cortison-Behandlung medizinisch objektiv unvernünftig gewesen und das Unterlassen der Heparingabe sogar einen „groben" Behandlungsfehler begründet hätte – und in der Streitsache OLG Hamm, Az. 26 U 88/13 vom 09. Dezember 2014 [Tz. 43] deswegen, weil der durchgeführte Eingriff [eine offene Nabelbruch-OP nach Spitzy] das alternativlose Mittel der Wahl gewesen ist]), ***dann*** trifft den ***Behandler*** die ***Beweislast*** für seine ***Einwendungs-Behauptung***: dieser Beweis kann idR ***nur*** dann gelingen, wenn ***Sachumstände nachgewiesen*** sind, die tatsächlich eine entsprechende persönlich-positive ***Willenslage*** des Patienten belegen (Katzenmeier in Laufs/Katzenmeier/Lipp, V. Rn. 70 f; Gehrlein, Grundwissen, Abschn. C. Rn. 63 ff – s. auch Fn.[52 (2)]); dazu muss die ***Behandlungsseite*** einschlägige Fakten ***darlegen*** (vgl. OLG Koblenz MDR 2015, 1183, 1184).

■ Gelingt dem ***Patienten*** die Herstellung der beschriebenen ***Plausibilität nicht***, ***dann*** ist der Arzt weder schadensersatz-noch schmerzensgeldpflichtig (RAin G. Merkel JZ 2013, 975).

16 Ein ***Entscheidungskonflikt*** ist ***nicht*** erforderlich, wenn die medizinische Maßnahme ***kein Heileingriff*** (weil *z.B.* eine fremdnützige Blutspende) gewesen ist: ***dann genügt*** die (nicht widerlegte) plausible Be-

hauptung des Patienten, dass er bei korrekter Aufklärung keine Einwilligung erteilt hätte (BGH, Az. VI ZR 279/04 vom 4. März 2006 [Tz. 22]; Palandt/Weidenkaff, § 630h Rn. 3).

Hat die mangels wirksamer Einwilligung ***rechtswidrig*** ausgeführte OP 17
zu einer ***Gesundheitsbeschädigung*** des Patienten geführt, so ist es Sache der ***Behandlungsseite darzulegen*** und zu ***beweisen***, ***dass*** der Patient den ***gleichen*** Schaden auch bei ***rechtmäßigem*** ärztlichen Handeln erlitten haben würde, so dass der Kausalzusammenhang zwischen dem rechtswidrigen Verhalten und dem erlittenen Gesundheitsschaden entfalle (BGH VersR 2005, 942 [LS]) – bzw. ***dass*** der Patient auch ohne den rechtswidrig ausgeführten Eingriff ***dieselben*** Beschwerden haben würde, weil sich sein Grundleiden in mindestens ähnlicher Weise ausgewirkt haben würde (BGH, Az. VI ZR 467/14 vom 22. März 2016 [LS]; Gehrlein, Grundwissen, Abschn. B. Rn. 11): der Nachweis des hypothetischen Kausalverlaufes erfordert die „gesicherte Annahme" dahin, dass die Reserveursache wirksam geworden wäre (BGH NJW 1959, 2299, 2300; BGH NJW 1967, 551, 552) – dafür sollte indes die richterliche Überzeugung von einer „an Sicherheit grenzenden Wahrscheinlichkeit" ausreichen dürfen (Baumgärtel/Laumen, § 249 Rn. 10 – zur Feststellung der hypothetischen Kausalität s. auch Walter, S. 195 ff).

Abs. 3

Bei der ***Feststellung*** der Behandlungsgeschehnisse und der medizini- 18
schen Abläufe orientiert sich die Rechtspraxis regelmäßig an den ***Inhalten*** der ***Patientenakte*** (Rehborn GesR 2013, 257, 270): einer (formell und materiell) ordnungsgemäß erstellten ärztlichen ***Dokumentation*** kann und soll dabei bis zum Beweise der Unrichtigkeit Glauben geschenkt werden (BGH NJW 1978, 1681, 1682; OLG Naumburg GesR 2012, 310 [LS]).

- Der ***Verstoß*** des Behandlers gegen die ihn nach ***§ 630f Abs. 1/*** 19
  Abs. 2 BGB treffende ***Dokumentationspflicht oder*** gegen die gemäß ***§ 630f Abs. 3 BGB*** angeordnete ***Aufbewahrungspflicht*** führt zu der gesetzlichen ***Vermutung***, dass die nicht aufgezeichnete/nicht

in einer vorhandenen Patientenakte dokumentierte einzelne Maßnahme ***tatsächlich unterblieben*** sei (BGH, Az. VI ZR 76/13 vom 11. November 2014 [Tz. 21]):

- der ***Dokumentationsmangel*** hat also jedenfalls ***beweisrechtliche Folgen***, sofern es der Behandlungsseite nicht gelingt, das reale Vorliegen des dokumentationspflichtigen Umstandes anderweitig positiv zu beweisen (OLG Koblenz VersR 2017, 353 f; RA O. Pramann in DÄBl. vom 09. März 2018, Ärztestellen, S. 4);
- der Mangel kann sich aber auch als haftungsbegründender ***Behandlungsfehler*** darstellen, wenn gerade deswegen erneute invasive Diagnosemaßnahmen nötig werden oder wenn zufolge der mangelhaften Dokumentation eine nicht sachgerechte Behandlungsmethode angewendet worden ist (Schirmer/Hübner [Rechtsabteilung BÄK/KBV] in DÄBl. 2009, A-2408, 2409 – s. auch **oben § 630f** Abs. 2 S. 1 Rn. 7).

- Der eng mit einem Dokumentationsmangel zusammenhängende (vgl. Deutsch/Spickhoff, Rn. 773) ***Verstoß*** gegen die ***Befundsicherungspflicht*** (die Pflicht, erhobene Befunde für das weitere Behandlungsgeschehen durch Aufzeichnung oder Aufbewahrung von Informationsträgern zu sichern), führt im Rechtsstreit zu der ***Annahme***, dass die ***Klagebehauptung*** zum Befundergebnis ***zutreffe*** – bzw. dass ein positiver Befund ***nicht vorgelegen*** habe (vgl. OLG Nürnberg, Az. 5 U 458/16 vom 20. April 2017 [Tz. 27]; Weirich, S. 138 [m. der Folge, dass *z.B.* die OP-Indikation fraglich sei]):[86] die ***Vermutung*** entbindet den ***Patienten*** davon, seinerseits Negativtatsachen beweisen zu müssen (Lüke, Rn. 266). Der ***Behandler*** hat andererseits gemäß *§ 292 ZPO* bezgl. seines Gegenvorbringens die Möglichkeit, die Unwahrheit der vermuteten/angenommenen Tatsache durch den ***Hauptbeweis*** des ***Gegenteils*** zu belegen (Thomas/Putzo/Reichold, § 292 Rn. 4 [zu den verschiedenen Beweisarten s. Fn.[80]]): die Behandlungsseite kann das vermutete Unterbleiben der nicht dokumentierten Maßnahme insbesondere durch die Zeugenaussage der an der Behandlung beteiligten Ärzte und Pfleger widerlegen (vgl. OLG Karlsruhe, Az. 7 U 96/10 vom 25. September 2013 [Tz. 14]); Entspechendes gilt auch für die Interpretation einer verkürzten Dokumentation wie sie in der Praxis häufig stichwortartig erfolgt (Kürzel und Symbole können ausreichend sein [RAin Kunz-

Schmidt in NJ 2009, 488]) – der Behandlungsseite steht der Beweis dahin offen, dass ein Kürzel-Eintrag in einem bestimmten Sinne zu verstehen sei (OLG Karlsruhe, Az. 7 U 36/05 vom 25. Januar 2006 [Tz 12 – Abkürzung „Mydr." für die geplante/vorgenommene Weitstellung der Pupille]; Rehborn GesR 2013, 257, 267).

Nach Ablauf der ***Aufbewahrungsfrist*** (***§ 630f Abs. 3 BGB***) erwachsen der Behandlerseite ***keine*** beweisrechtlichen Nachteile mehr aus dem Abhandenkommen/der Vernichtung einer Dokumentation (vgl. OLG Karlsruhe ArztRecht 2004, 438 [keine Beweiserleichterungen wegen fehlender Dokumentation für die Klagepartei, ***wenn*** die Behandlungsunterlagen gemäß den Vorschriften der geltenden *BO* vernichtet – scil. gemäß den Normen des *Datenschutzrechtes* –gelöscht werden durften/mussten]). 20

Abs. 4

Die auf ***§ 630a Abs. 2 BGB*** (Behandlung nach dem jeweils anerkannten fachlichen ***Standard***) aufbauende Vorschrift stellt für die Fälle von feststehenden ***Fehlern*** durch (für die vorgenommene Behandlung) ***nicht befähigte*** Behandlungspersonen die gesetzliche ***Vermutung*** auf, dass für einen an den Rechtsgütern Leben, Körper oder Gesundheit des behandelten Patienten eingetretenen Schaden die mangelnde Befähigung ***ursächlich*** geworden sei. Das Gesetz stellt nicht klar, ob schon die aktuell mangelnde Eignung eines Mediziners zur regelgerechten Durchführung einer bestimmten Behandlung als mangelnde Befähigung angesehen werden kann/muss (Walter GesR 2013, 129, 134): als für die vorgenommene Behandlung ***nicht befähigt*** kommen der Berufsanfänger (die einschlägigen Lemmata lauten hier „Anfängerfehler"/„Anfänger-OP"/**§ 630h BGB** „Anfängernarkose") und der noch in der Weiterbildung[87] zum FA befindliche Assistenzarzt in Betracht; ob *z.B.* auch der nach überlanger Arbeitszeit übermüdete FA, der nicht mehr die nötigen körperlichen und geistig-mentalen Eigenschaften/Aktualfähigkeiten zur regelgerechten Durchführung einer Behandlung aufweist, dazu zählt, ist strittig (bejahend RAin Winkhart-Martis in rpmed.de/newsletter vom 29. Juni 2012; Schneider JuS 2013, 104, 108); nach wohl ***zutreffender Ansicht*** bezieht sich der Gesetzesbegriff ***befä-*** 21

higt (semantisch wie „fähig gemacht zu etwas") aber allein auf die tatsächlich vorhandene ***fachliche Qualifikation*** des Behandlers (Palandt/Weidenkaff, § 630h Rn. 7; Jauernig/Mansel, § 630h Rn. 19 [die ***tatsächliche Fachkompetenz***]), so dass *z.B.* der qualifizierte, aktuell jedoch übermüdete FA als solcher ***nicht*** zu dem Personenkreis des ***Abs. 4*** zählt (Hk-BGB/Schreiber, § 630h Rn. 9). Der ***Behandlungsseite*** steht grundsätzlich die Option offen, gegenüber der vermuteten Kausalität darzutun und zu beweisen (*§ 292 ZPO* [zu dem Beweis des Gegenteils nach dieser Bestimmung s. Fn.[80]), dass der eingetretene Schaden ***nicht*** auf die mangelnde Befähigung (Qualifikation/Übung/Erfahrung) des Behandlers zurückgehe (BT-Drucks. 17/10488, S. 30); wenn der Krankenhausträger etwa nachweist, dass die individuellen Kenntnisse und Fähigkeiten des konkret agierenden Assistenzarztes den ***Standard*** eines ***FAes*** gewährleisten, so stellt auch das eine Entkräftung der gesetzlichen Vermutung dar (Palandt/Weidenkaff aaO).

Abs. 5

22 Grundsätzlich obliegt es dem ***Patienten*** nachzuweisen, dass die Behandlung ***fehlerhaft*** vorgenommen worden ***und*** dass der Fehler für einen bestimmten gesundheitlichen Primärschaden ***ursächlich*** geworden sei (statt vieler Laumen MDR 2017, 797, 799); an dieser ***Kausalität fehlt*** es, wenn der Schaden auch bei regelgerechter Behandlung eingetreten sein würde (vgl. Gehrlein, Abschn. B. Rn. 5, 99, 100).

23 Der Begriff des ***Behandlungsfehlers*** (Fn.[6]) bezeichnet ein ***nach dem Stande*** der Medizin (dem sog. ***Standard*** [**oben** ***§ 630a Abs. 2***]) ***unsachgemäßes*** Verhalten/Vorgehen des Arztes (vgl. Katzenmeier in Laufs/Katzenmeier/Lipp, X. Rn. 3 ff). Die ***Sachwidrigkeit*** der Behandlung lässt sich (analog der Abstufung bei der zivilrechtlichen „culpa" [Medicus/Lorenz I, Rn. 370]) in ***Schweregrade*** einteilen: von ***leicht/einfach*** bis hin zu ***„grob"*** – wobei jedoch nicht auf eine subjektive Vorwerfbarkeit abzustellen ist, sondern auf das ***Maß der Abweichung*** von der fachlichen ***Norm*** (Giesen, Rn. 406 m. Fn. 248 dort).

Abs. 5 S. 1

Wenn ein medizinisches ***Fehlverhalten*** solcher Art vorliegt, dass es aus objektiv-medizinischer Sicht deshalb nicht mehr verständlich/gänzlich unverständlich erscheint, weil es dem Behandler ***schlichtweg nicht*** unterlaufen darf, dann spricht man von einem ***„groben“*** Behandlungsfehler (BGH NJW 1983, 2080, 2081; BGH NJW 2000, 2737, 2739 [zu einem Fall der Häufung von einzelnen Arztfehlern mit dem Ergebnis eines insgesamt „grob“ fehlsamen Behandlungsvorgehens]; Katzenmeier in Laufs/Katzenmeier/Lipp, XI. Rn. 72; Butzmann b. Heberer, S. 178): vorausgesetzt ist hierbei jeweils ein ***eindeutiger Verstoß gegen*** gesicherte ***medizinwissenschaftliche Erkenntnisse*** (die *z.B.* in Handlungsanweisungen von *RL*/*LL* und in elementaren medizinischen Grundsätzen des betreffenden Fachgebietes enthalten sein können), ***gegen organisatorische Pflichten*** (die der Einhaltung/Erreichung des ***Behandlungsstandards*** dienen) – oder ***gegen erfahrungsbewährte*** ärztliche ***Behandlungsregeln*** (vgl. BGH VersR 1998, 585 [„grob“ fehlerhaftes Unterlassen der gebotenen Befunderhebung]; BGH MDR 2018, 146, 147 [Unterbleiben einer indizierten Befunderhebung nicht als bewusste Entscheidung der Behandler, sondern zufolge eines womöglich schwerwiegenden Organisationsversäumnisses]; Gehrlein, Grundwissen, Abschn. B. Rn. 73; Frank/Schmid, S. 164; Müller DRiZ 2000, 259, 266).[88] Bei der Einstufung eines ärztlichen Fehlverhaltens als ***„grob“*** (oder als nicht „grob“) handelt es sich um eine ***juristische Wertung***, die dem ***Tatrichter*** (nicht dem Sachverständigen) obliegt; die wertende Entscheidung des Richters erfordert erstens eine Gesamtbetrachtung des Behandlungsgeschehens, sie muss zweitens in vollem Umfang durch die von dem ärztlichen Gutachter mitgeteilten Fakten getragen sein und sie muss sich drittens auf die medizinische Würdigung durch den Sachverständigen stützen können (BGH, Az. VI ZR 339/96 vom 27. Januar 1998; BGH MDR 2016, 208; Weirich S. 139): der Rechtsbegriff des ***„Grob“***-Fehlers findet in der medizinischen Wissenschaft als solcher an sich keine Entsprechung (Dopheide in VersR 2007, 1050, 1052) – aus medizinischer Sicht ist Fehler gleich Fehler („medical malpractice“), wobei freilich weder der eine noch der andere vorkommen sollte (Steiner VersR 2009, 473, 474). 24

25 ***Ob*** *z.B.* der ***unterlassene Hinweis*** auf die Notwendigkeit und Dringlichkeit (mit einem Spielraum von nur wenigen Wochen) der ***Abklärung*** einer KHE (worin nicht ein Befunderhebungsfehler, sondern ein ***Verstoß*** gegen die Pflicht zur therapeutischen Beratung [***§ 630c Abs. 2 S. 1 BGB***] zu erblicken ist) einen ***„groben“*** Behandlungsfehler darstellt, beurteilt sich nach den Umständen des jeweiligen ***Einzelfalles*** (BGH, Az. VI ZR 476/14 vom 17. November 2015 [in dem Entscheidungsfall ist die Frage ***verneint*** worden, weil das Behandlungsgeschehen als solches dem Patienten immerhin die Notwendigkeit – wenn auch nicht die Dringlichkeit – der empfohlenen Maßnahme hat vermitteln können]). Ein (nur) ***einfacher*** Befunderhebungsfehler ist in einem Fall angenommen worden, in dem sich der Operateur (der Eingriff hatte die Aufrichtung der Wirbelsäule bei starker Skoliose zum Gegenstand) die vorhersehbar intraoperativ erforderlich werdende Kontrolle einer Nervschädigung (mittels Aufwachtestes) dadurch selbst verunmöglicht hat, dass er präoperativ peridural Schmerzmittel mit einer zu starken Betäubungswirkung appliziert hatte (LG Regensburg, Az. 4 O 1318/11[1] vom 19. November 2015).

26 ▪ Ein ***„grober“ Behandlungsfehler***, der ***generell geeignet*** ist, einen ***Schaden*** der tatsächlich eingetretenen Art zu verursachen, führt (als Ausgleich für die gerade dadurch bedingte Verbreiterung/Verschiebung des Ursachen-Spektrums) ***grundsätzlich*** zu einer ***Umkehr*** der objektiven ***Beweislast*** für den ***ursächlichen Zusammenhang*** zwischen dem Behandlungsfehler und dem Gesundheitsschaden (RGZ 171, 168, 171; BGHZ 159, 48 [LS]; OLG Hamm, Az. 3 U 73/98 vom 24. Februar 1999 [Tz. 35]); dabei kommt es auf eine bestimmte Anspruchsgrundlage (Vertrag, Delikt, Amtshaftung) ***nicht*** an (KG, Az. 20 U 147/16 vom 20. März 2017 [Tz. 20]).

27 ▪ Nur ***ausnahmsweise*** kann im Falle der Feststellung eines ***„groben“*** Behandlungsfehlers die ***Beweislastumkehr*** für den Kausalzusammenhang ***ausgeschlossen*** sein: das Vorliegen eines Ausnahmesachverhaltes/einer Ausnahmekonstellation hat die ***Behandlungsseite*** zu beweisen (BT-Drucks. 17/10488, S. 43; BGH, Az. VI ZR 118/06 vom 08. Januar 2008).

  – Die Beweislastumkehr tritt ***nicht*** ein, wenn ***jeglicher haftungsbegründender Ursachenzusammenhang*** zwischen dem ***„Grob“***-

Fehler und dem Gesundheitsschaden aufgrund der Umstände des konkreten Einzelfalles ***äußerst unwahrscheinlich*** ist (BT-Drucks. 17/10488, S. 31 [m. Verweis auf die bisherige Rspr. [[etwa BGH, Az. VI ZR 87/10 vom 07. Juni 2011]]]; Rehborn GesR 2013, 257, 271): die äußerste Unwahrscheinlichkeit der Schadensverursachung durch den „groben" Fehler in einem Konkretfall muss dabei strikte getrennt werden von der abstrakt betrachtet generellen Schadensaffinität dieses Fehlers (Walter GesR 2013, 129, 132); eine Heilungs-/Besserungschance von (nur, aber immerhin) noch 10 bis 20 Prozent ist dabei nicht als derart gering einzuschätzen, dass der Ursachenzusammenhang schon ein äußerst/gänzlich unwahrscheinlicher sei (OLG Hamm, Az. 3 U 143/97 vom 04. Februar 1998).

- Für eine Verlagerung der Beweislast auf die Behandlungsseite ist ferner dann ***kein*** Raum, wenn sich ***nicht*** dasjenige ***Risiko*** (einer gesundheitlichen Komplikation/Schädigung) verwirklicht hat, dem der Arzt zur Vermeidung des Vorwurfes eines schweren/„groben" Behandlungsfehlers vorzubeugen hatte, sondern ein ***anderes***: der schwere Behandlungsfehler ist dann ***nicht*** schadenskausal geworden (BGH MDR 1982, 132 [verwirklicht hat sich die seltene Gefahr einer unbeherrschbaren Pseudomonas-Sepsis nach Herzkatheter-Untersuchung, nicht die schwer sorgfaltswidrig ohne Verständigung des Hausarztes erfolgte verfrühte Entlassung des Patienten]; BGH, Az. VI ZR 118/06 vom 08. Januar 2008 [nicht Infektion nach „grobem" Hygienefehler bei intraartikulärer Injektion, sondern hyperergisch-allergische Entzündungsreaktion]; Gehrlein, Grundwissen, Abschn. B. Rn. 79 [zwar „grob" verspätete Durchführung der Schnittentbindung, jedoch zum Zeitpunkt des gebotenen ärztlichen Eingreifens schon bestehende Vorschädigung des Kindes]).
- Die Umkehr der Beweislast ***scheidet*** schließlich dann ***aus***, wenn der ***Patient*** durch sein ***Verhalten*** eine selbstständige Komponente für den Heilungserfolg vereitelt und dadurch (in gleicher Weise wie der „grobe" Behandlungsfehler) ***selbst*** dazu beigetragen hat, dass der (ursächliche) Verlauf des Behandlungsgeschehens nicht mehr aufgeklärt werden kann (BGH, Az. VI ZR

34/03 vom 24. Juli 2004 [Tz. 16]; Gehrlein, Grundwissen, Abschn. B. Rn. 80a).

28 Für die ***Feststellung*** derjenigen Behandlungsumstände, die die Wertung eines ***Fehlers*** als ***„grob“*** begründen, trägt der ***Patient*** die ***Beweislast*** (Großkopf/Klein, S. 168; Weirich, S. 139): gelingt ihm dieser Nachweis, so wird die ***Ursächlichkeit*** des Fehlers für den an den Rechtsgütern Leben, Körper oder Gesundheit eingetretenen ***Primärschaden*** kraft Gesetzes (widerleglich) ***vermutet*** (vgl. OLG Hamm, Az. 26 U 63/15 vom 27. Oktober 2015 [Tz. 61]; Karmasin/Schlesiger BÄBl. 2018, S. 178 [Primärschaden ist die Gesundheitsverletzung/die gesundheitliche Befindlichkeit in ihrer durch den Behandlungsfehler herbeigeführten konkreten Ausprägung]; Olzen/Kaya JURA 2013, 661, 670); die Vermutung gilt indes ***nicht*** für die Auslösung/Hervorrufung von solchen ***Sekundär-/Folgeschäden*** (also weiteren Schäden), die ***nicht*** als ***typische Folgen*** des ***Primärschadens*** gelten können (BGH, Az. VI ZR 554/12 vom 02. Juli 2013 [Tz. 18]; Schneider JuS 2013, 104, 108) – für typischerweise mit der Primärverletzung korrelierende Folgeschäden kann auch die Beweiserleichterung gemäß *§ 287 ZPO* Platz greifen, so dass nicht auf die Regeln der Beweislast rekurriert werden muss (BGH, Az. VI ZR 81/77 vom 09. Mai 1978 [Entscheidungsgründe Abschn. II. 2.b, aa]; Rieger, Rn. 446).

29 Greift die beschriebene ***Kausalitätsvermutung***, so verbleibt dem ***Arzt*** allein die ***Möglichkeit*** des Beweises des ***Gegenteils*** (Olzen/Kaya JURA 2013, 670): dem ***Arzt*** steht es frei nachzuweisen (*§ 292 ZPO* [dazu unter **oben** Rn. 19]), dass der eingetretene Primärschaden ***nicht*** auf den “***groben*” *Fehler*** zurückzuführen sei.

Abs. 5 S. 2

30 Die in dieser Bestimmung enthaltene ***Beweisregel*** verknüpft eine ***reale*** Erstunterlassung mit einer ***fiktiven*** Zweitunterlassung, die dem behandelnden Arzt als die Folge seines Realfehlers zugerechnet wird (Glanzmann/Schiltenwolf in DÄBl. 2017, A-21, 23).

31 Die ***Vermutung*** nach ***S. 1*** kann ***auch*** dann gelten, wenn der Behandler es (nicht ohnehin bereits ***„grob“*** fehlerhaft) ***unterlassen*** hat, einen me-

dizinisch gebotenen ***Befund*** (zur rechten Zeit) zu ***erheben*** oder zu ***sichern*** (dazu BGH, Az. VI ZR 554/12 vom 02. Juli 2013 [Tz. 11, 18]; Palandt/Weidenkaff, § 630h Rn. 9): vorausgesetzt ist dabei jedoch, ***dass***

- sich bei der gebotenen Abklärung der Symptome im Zuge der Erhebung des (faktisch freilich nicht erhobenen) Befundes mit ***hinreichender Wahrscheinlichkeit*** (d.h. einer solchen von >50 Prozent [OLG Dresden MedR 2003, 628 [[LS]]; OLG Köln, Az. 5 U 77/01 vom 18. Mai 2003]) ein gravierender Befund geoffenbart haben ***würde***, dessen Verkennung ein ***fundamentaler*** Fehler gewesen ***wäre*** – ***oder*** der Anlaß zu weiteren medizinischen Maßnahmen gegeben ***hätte***, deren (fiktive) Unterlassung wiederum als ***„grob"*** fehlerhaft ***hätte*** gewürdigt werden müssen (s. BGH MDR 2016, 208, 209; Ramm GesR 2011, 513; RAin M. Winkhart-Martis b. rpmed. de/ newsletter v. 29. Juni 2012 [sub II. 6.] – zu *Bspen.* der ***versäumten Befunderhebung*** s. Fn.[89]);

  und ***dass***

- der Fehler ***generell*** dazu ***geeignet*** ist, letztlich den (ansonsten vermeidbaren) tatsächlich eingetretenen ***Gesundheitsschaden*** des Patienten zu ***verursachen***: wahrscheinlich braucht der Eintritt eines solchen Erfolges nicht zu sein (BGH, Az. VI ZR 106/84 vom 03. Dezember 1985 [Tz. 13 – zu einem Fall der nach operativer Versorgung eines OA-Trümmerbruches angeordneten Bewegungsübung, die jedoch vor Beseitigung der überstehenden Kirschnerdrähte kontraindiziert gewesen ist und schließlich nach einem notwendigen weiteren Eingriff zu einer Schultergelenks-Versteifung geführt hatte]; Fenger/Holznagel/Neuroth/Gesenhues, S. 49; Palandt/Weidenkaff, § 630h Rn. 12).

Nicht Voraussetzung für die Beweislastumkehr zugunsten des Patien- 32
ten ist es, dass die Verkennung des Befundes ***und*** das Unterlassen der gebotenen Therapie völlig unverständlich sind/wären – es ***reicht*** vielmehr aus, wenn dies hinsichtlich des einen ***oder*** hinsichtlich des anderen der Fall ist (BGH, Az. VI ZR 87/10 vom 07. Juni 2011[Tz. 8]; aerztezeitung.de/ vom 03. August 2011).

IF des zur ***Beweislastumkehr*** führenden ***Befunderhebungsfehlers*** 33
muss der ***Beklagte*** beweisen, dass der Kausalzusammenhang zwischen dem Behandlungsfehler und dem eingetretenen Gesundheitsschaden

ausgeschlossen ***oder*** zumindest äußerst unwahrscheinlich sei: liegt die Wahrscheinlichkeit eines anderen Kausalverlaufes bei fünf Prozent oder weniger, dann ist äußerste Unwahrscheinlichkeit eines Ursachenzusammenhanges zwischen dem Behandlungsfehler und dem Gesundheitsschaden anzunehmen (OLG Köln, Az. 5 U 194/14 vom 27. Mai 2015).

34 Der ***einfache Fehler*** im Rahmen der ***therapeutischen Aufklärung*** begründet ***keine Beweislastumkehr*** unter dem Gesichtspunkt der unterlassenen Befunderhebung: der ***Schwerpunkt*** der Vorwerfbarkeit bezieht sich nämlich nicht auf eine unterlassene Befunderhebung, sondern auf das Unterlassen weiterer Warnhinweise zum Zwecke der Sicherstellung des Behandlungserfolges (BGH MDR 2016, 208, 209 [Informationen über die Dringlichkeit der zutreffend empfohlenen medizinischen Maßnahmen und Warnung vor den Gefahren im Falle deren Unterbleibens]).

****

Anmerkungen

1 (1) (a) Der sich auf ***ärztliche Behandlungsleistungen*** beziehende Vertrag wird auch ***Arztvertrag*** genannt (Häberle in Model/Creifelds, Ordnungs-Nr. 330; Schneider JuS 2013, 104). (b) Zu den ***vertraglichen Kommunikationspflichten*** des Arztes (Information, Aufklärung, Maßnahmenkonsens, einsichtsoffene Dokumentation) gibt der Info-Kasten in DÄBl. 2012, A-129 Auskunft. (2) (a) Die ***§§ 630a ff BGB*** erfassen nur den humanmedizinischen, ***nicht*** auch den ***tierärztlichen*** Behandlungsvertrag (BT-Drucks. 17/10488, S. 18; Spickhoff VersR 2013, 267, 269). (b) (aa) Den Vertragsparteien steht es ***frei*** zu vereinbaren (*§ 311 Abs. 1 BGB*), ob zwischen ihnen das ***Dienst***- oder das ***Werksvertragsrecht*** gelten solle: ob also ein medizinisches Behandlungsbemühen oder aber ein medizinischer Erfolg (ein „Gelingen") geschuldet sein solle (Brox/Walker, § 22 Rn. 3; Jauernig/Mansel, Vor § 630a Rn. 2). (bb) Wird zwischen den Beteiligten schuldvertraglich der ***Erfolg*** einer bestimmten Behandlung (also ein konkret geschuldetes „Arbeitsergebnis" der Behandlung [*§§ 631 ff BGB*]) vereinbart, dann ist der Anwendungsbereich der ***§§ 630a ff BGB*** von vorneherein ***nicht*** eröffnet (RA J. Heynemann in Stellungnahme BT-Ausschuss-Drucks. 17[14] 0326 [30]/ S. 4 zu dem *PatRG-E*): *bspw.* ist der Vertrag mit einem ***ZA*** über die Herstellung einer Frontzahnbrücke ein Dienstvertrag (weil es im Wesentlichen um eine medizinische Heilbehandlung geht), während der Vertrag über die Herstellung einer herausnehmbaren Zahnprothese ein Werkvertrag ist (OLG Koblenz, Az. 5 U 1289/92 vom 07. Januar 1993; OLG Koblenz MDR 2008, 211 [Werkvertrag, wenn die Rechtsbeziehungen zwischen Zahnarzt und Patient durch prothetische Arbeiten geprägt werden – im Falle einer fehlerhaften prothetischen Leistung stehen dem Patienten die Gewährleistungsrechte des *§ 634 BGB* zu]). (3) Definitionsgemäß (*§ 310 Abs. 3 BGB*) ist der ***Behandlungsvertrag*** ein ***Verbrauchervertrag*** (vgl. auch *§ 312 Abs. 2 Nr. 7 BGB*): ein vertragliches Rechtsgeschäft zwischen dem ***Unternehmer*** (*§ 14 BGB*) und dem ***Verbraucher*** (*§ 13 BGB*) über eine entgeltliche Leistung (*§ 312 Abs. 1 BGB*). (b) Zum ***Schutze*** des Verbrauchers gelten allgemein besondere Grundsätze und Pflichten (*§§ 312 ff BGB*): im Bereich des ***Behandlungsvertrages*** wird der notwendige ***Patientenschutz*** indes durch die speziellen Aufklärungs-, Informations- und Dokumentationsvorschriften der ***§§ 630a ff BGB*** gewährleistet (Palandt/Grüneberg, § 312 Rn. 15): die ***Patientenrechte*** stellen eine besondere Form des Verbraucherschutzes dar (Ballhausen, S. 213). (c) Wegen der rein privaten Zwecke einer medizinischen Behandlung kommt dem ***Patienten*** im Rahmen des ärztlichen Behandlungsvertrages

die Eigenschaft eines ***Verbrauchers*** zu (RAin K. Krocker in VuR 2013, 243, 246 [niemand ist beruflich/gewerblich "Patient"]): **(aa)** bei Rechtsstreitigkeiten aus Behandlungsverträgen mit ***EU-Auslandsbezug*** (wie *z.B.* bei der Behandlung eines in Deutschland wohnhaften Patienten durch einen in einem anderen EU-Mitgliedsstaat praktizierenden Arzt) sind die Sonderregelungen der *Artt. 15 ff EuGVVO* über die ***Gerichtsstände*** (die örtliche und damit auch die internationale Zuständigkeit) in ***Verbrauchersachen*** zu beachten (Hay/Krätzschmar, S. 30 ff); **(bb) (aaa)** sofern die Parteien ***keine Rechtswahl*** (*Artt. 3, 6 Abs. 2 Rom I-VO*) getroffen haben, ist auf den Behandlungsvertrag (gemäß *Art. 4 Abs. 1 lit. b Rom I-VO*) das ***Sachrecht*** desjenigen Staates anzuwenden, in welchem der ***Dienstleister*** (der Behandler) seinen gewöhnlichen Aufenthalt (*Art. 19 Rom I-VO*), d.h. seinen Praxissitz/seine Betriebsstätte hat (Deutsch/Spickhoff, Rn. 1165; Nordmeier GesR 2013, 513, 514); **(bbb)** ***diese Rechtslage*** gilt (nach *Art. 6 Abs. 4 lt. a Rom I-VO*) ***auch*** bei einem Behandlungsvertrag als ***Verbrauchergeschäft***, sofern die ärztlichen Dienstleistungen ***ausschließlich außerhalb*** des Aufenthaltsstaates des Verbrauchers (des Patienten) zu erbringen sind (OGH, Az. 4 Ob 65/09a vom 09. Juni 2009 [zu einem Fall der zahnärztlichen Behandlung einer in Österreich wohnhaften Patientin durch einen in Deutschland niedergelassenen ZA]; Deutsch/Spickhoff, Rn. 1165; Nordmeier GesR 2013, 513, 514 f).

2 **(1)** Von einem Abdruck der Normentexte wird hier abgesehen. **(2)** Als ***Basisquellen*** berücksichtigen die gegenständlichen Erläuterungen die *PatRG*-Begründungen des Referentenentwurfes der BMJ/BMG (vom 22. Dezember 2011) und des Gesetzentwurfes der BReg in BT-Drucks. 17/10488 (vom 15. August 2012).

3 **(1)** Allgemein bedeutet die ***Approbation*** die ***staatliche Erlaubnis*** zur Ausübung eines Heilberufes (Quaas/Zuck, § 12 Rn. 20). **(2) (a) (aa)** Die Erteilung der ***ärztlichen Approbation*** berechtigt dazu (*§ 2 BÄO*), unter der Berufsbezeichnung „Arzt"/„Ärztin" uneingeschränkt und zeitlich unbegrenzt in Deutschland die ***Heilkunde*** (die praktizierte Medizin) auszuüben (BVerfG, Az. 1 BvR 518/62 vom 09. Mai 1972 [Einheit des Arztberufes auf Basis der Approbation]; bundesaerztekammer.de/aerzte [Tätigkeit in Deutschland - 2017]). **(bb) (aaa)** Die Promotion zum „Dr. med." ist zur Berufsausübung nicht erforderlich (Bäuml b. Heberer, S. 25). **(bbb)** Der an der medizinischen Fakultät einer ausländischen Hochschule erworbene Prof./Dr.-Titel darf nach den *BO-en* der LÄK/*Hochschulgesetzen* der deutschen Bundesländer im Inland nur in der verliehenen Form sowie teilweise nur mit Angabe der verleihenden Institution geführt werden (vgl. BayVerfGH b. Berner in DÄBl. 2004, A-446 [„Prof. h. c. Univ. Skopje"]; OVG Münster, Az. 14 B 1408/16 vm 06. März 2017 [„Grad Tip Doktoru"]; VG Mainz, Az. 3 K 1538/15 vom 16. November 2016 [„Docteur en Médicine"]). **(b) (aa)** Die ***Approbation*** stellt einen ***VA*** (*§ 35 VwVfG*) dar, dessen Erlass bei Vorliegen der nötigen Voraussetzungen (u.a auch die für die Berufsausübung erforderlichen Kenntnisse der deutschen Sprache auf Ni-

veaustufe C1 nach GER [§§ *3 Abs. 1 Nr. 5 BÄO*, *2 Abs. 1 Nr. f ZHG*, GMK-Beschluss TOP 7.3 vom 26./27. Juni 2014]) im Rechtswege mittels einer Verpflichtungsklage (*§ 42 VwGO*) vor dem VG erzwungen werden kann (Deutsch/Spickhoff, Rn. 28); **(bb)** die ***Approbation*** kann (durch aufhebenden VA) mit Wirkung ex tunc zurückgenommen (*§ 5 Abs. 1 BÄO*), sie kann (durch aufhebenden VA) mit Wirkung es nunc widerrufen (*§ 5 Abs. 2 BÄO*) werden – und es kann (wenn die Ungeeignetheit des Approbierten zur Berufsausübung noch nicht endgültig feststeht) ihr Ruhen (*§ 6 Abs. 1 BÄO*) angeordnet werden (Bäuml b. Heberer, S. 15 ff – zu einem Fall der sofortigen Anordnung des Ruhens der Approbation wegen [aufgrund der staatsanwaltschaftlichen Ermittlungen] hochwahrscheinlich begangener Sexualdelikte des ausbildenden FAes gegenüber MFA-Auszubildenen s. VG Ansbach, Az. AN 4 S 18/00492 vom 27. März 2018). **(c)** Die in einem ***EU-Mitgliedstaat*** (oder einem Vertragsstaat des ***EWR***) abgeschlossene ***ärztliche Ausbildung*** gilt (nach *§ 3 Abs. 1 S. 2 BÄO* iVm der *RL 2005/36/EG* vom 07. September 2005 über die Anerkennung von Berufsqualifikationen) als Ausbildung iSd des deutschen Medizinstudiums an einer wissenschaftlichen Hochschule, wenn sie durch die Vorlage eines ärztlichen Ausbildungs- oder Befähigungsnachweises (etwa eines EU-Diploms) nachgewiesen wird: damit ist für einen EU/EWR-Ausländer der ***Zugang*** zum ärztlichen Beruf und zu dessen Ausübung unter den ***gleichen*** Voraussetzungen möglich wie für einen Inländer (dazu Bäuml b. Heberer, S. 8 f) – für eine ***dauerhafte*** ärztliche Tätigkeit in Deutschland bedarf es der ***Approbation*** (RA A. Staufer in DÄBl. v. 21. April 2017, Ärztestellen, S. 2), deren Erteilung nicht an die deutsche Staatsangehörigkeit des Antragstellers gebunden ist (LdA/Hespeler, Kza 160 Rn. 2 ff); nach *§ 3 Abs. 1 S. 1 Nr. 5 BÄO* setzt die Approbation aber die für die Berufsausübung erforderlichen Kenntnisse der deutschen Sprache voraus (**vorstehend (aa)** – zu der entsprechenden Fachsprachenprüfung auf Sprachniveau C1 s. auch Info-Kasten in BÄBl. 2018, S. 30).

4 D.h., dass Verträge über ***reine Pflege- oder Betreuungsleistungen nicht*** in den Anwendungsbereich der ***§§ 630a ff BGB*** fallen (Stellungnahme des AOK-Bundesverbandes vom 17. Oktober 2012 zum *PatRG-E*, S. 6 – zur „Abgrenzung von Medizin und Pflege“ s. Pflege Heute/Kommerell, S. 17 f).

5 **(1)** ***Garantenstellung*** heißt jene Position, zufolge welcher sich für eine Person die ***rechtliche Pflicht*** zur ***Abwendung*** eines tatbestandlichen ***Verletzungserfolges*** ergibt (Wessels/Beulke/Satzger, Rn. 1004; Lilie/Radke, S. 67): die ***Garantenstellung entsteht*** (u.a.) mit der faktischen ***Übernahme*** der Behandlung durch den Arzt – sie ***endet*** mit dem ***Abschluss*** der Behandlung oder mit der Übernahme der derselben durch einen ***anderen*** Arzt (Lipp in Laufs/Katzenmeier/Lipp, IV. Rn. 4, 5). **(2)** ***Deliktisch haftet jeder*** an der ärztlichen Behandlung ***Beteiligte*** für diejenigen ***eigenen*** Fehler, die in rechtswidriger Weise einen Deliktstatbestand (§ 823 BGB) erfüllen (Gehrlein NJ 2016, 89, 90).

6 **(1)** **(a)** Unter einem ***Behandlungsfehler*** versteht man ***potentiell jedes*** nach dem jeweiligen Stand der Medizin (patientenbezogen) ***unsachgemäße Verhal-***

ten des behandelnden Arztes: als aktives ***Tun*** oder als ***Unterlassen*** in einem konkreten Behandlungsfall – bei der Anamnese, der Diagnostik, der Diagnose- oder der Indikationsstellung, der Therapiedurchführung, der Prophylaxe oder der Nachsorge (Katzenmeier in Laufs/Katzenmeier/Lipp, X. Rn. 4; Rehborn, S. 153 ff; Butzmann b. Heberer, S. 176, 178 [ein der berufsfachlich gebotenen Sorgfalt nicht genügendes ärztliches Vorgehen]); das ***Absehen*** von einer ärztlichen Maßnahme ist bereits dann ***behandlungsfehlerhaft***, wenn ihr Unterbleiben dem zur Behandlungszeit bestehenden medizinischen ***Standard zuwiderläuft*** (BGH NJ 2016, 155 [LS]). **(b)** Jeder ***Behandlungsfehler*** begründet einen ***Sorgfaltspflichtverstoß*** (vgl. Münch-KommBGB/Grundmann, § 276 Rn. 111; Ulsenheimer, Rn. 38). **(2)** Das Vorliegen eines ***Behandlungsfehlers*** ist *bspw.* ***zu verneinen*** : **(a)** wenn die zu einer Armlähmung führende Nachbestrahlung eines operierten Brustkrebsrezidivs die einzig erfolgversprechende Behandlungsmöglichkeit überhaupt gewesen ist – so dass sich die Lähmung als ***schicksalhafter Verlauf*** darstellen muss (OLG Koblenz, Az. 7 U 237/78 vom 17. Dezember 1980; Deutsch/Spickhoff, Rn. 381 [der schicksalhafte Verlauf bezeichnet eine besondere Ausprägung des allgemeinen Lebensrisikos]); **(b)** wenn der behandelnde Arzt unter Anwendung der zur Verfügung stehenden medizinischen Kenntnisse und Erfahrungen in dem konkreten Fall ***vertretbare*** Entscheidungen über die diagnostischen/therapeutischen Maßnahmen getroffen und diese ***sorgfältig*** durchgeführt hat (BGH NJW 1987, 2291, 2292; Ulsenheimer, Rn. 38 [kein Fehler insoweit, als die vorgenommene Behandlung angesichts des Wissensstandes in Lehre und Praxis nicht unvertretbar war]); **(c)** wenn bei einer Schilddrüsen-OP der Nervus recurrens (der Stimmnerv) ***nicht dargestellt*** wird (BGH, Az. VI ZR 57/07 vom 28. März 2008 [es ist nämlich erfahrungsunsicher, ob der Nerv – im Vergleich zu der herkömmlichen Chirurgie – weniger verletzt werde, wenn er dargestellt ist]; Deutsch/Spickhoff, Rn. 382 [zu dem der Entscheidung OLG Koblenz VersR 1988, 297 zugrunde liegenden Fall, bei welchem nach einer Strumektomie eine Stimmbandlähmung aufgetreten war]); **(d)** wenn im Rahmen einer ***Blutstillung*** als mögliche Komplikation Nachbarorgane thermisch verletzt werden (KG, Az. 20 U 246/13 vom Dezember 2014 [zu einem Fall der Teil-Milzentfernung]).

7 **(1)** Die ***unterlassene/unzureichende Aufklärung*** wirkt (wie ein faktischer Behandlungsfehler) über die *§§ 280 Abs. 1, 823 Abs. 1 BGB* hinsichtlich ***aller negativen Folgen*** des Eingriffes grundsätzlich ***haftungsbegründend*** (Weirich, S. 140 [per se]; Emmerich, § 9 Rn. 38, 39, § 21 Rn. 10 [Ersatzpflicht selbst bei einer Behandlungsdurchführung lege artis]; Prof. K. Beckemper in ZJS 2012, 132, 134 [der Eingriff als rechtswidrige Körperverletzung]): denn bei mangelhafter Aufklärung ist der ärztliche Eingriff ***nicht*** von einer wirksamen Einwilligung des Patienten gedeckt und daher als solcher ***eigenmächtig*** vorgenommen worden; ist der Aufklärungsfehler ***verschuldet***, so haftet der Arzt grundsätzlich für alle ***behandlungskausal*** verursachten ***Schäden***; die Einstandspflicht des Arztes kann nur ***ausnahmsweise*** mit Blick auf den ***Schutzbereich*** der verletz-

ten Verhaltensnorm ***begrenzt*** sein – nämlich dann, wenn bei wertender Betrachtung der erforderliche ***Zurechnungszusammenhang*** zwischen der ärztlichen Pflichtverletzung und einer konkreten Schadensfolge ***verneint*** werden kann/muss, etwa deswegen, weil lediglich eine nicht aufklärungsbedürftige Schadensgefahr Wirklichkeit geworden ist (vgl. BGH- Z 106, 391, 396 ff; Giesen, Rn. 294; Wussow/Bremenkamp, Kap. 29 Rn. 59): für einen Zurechnungszusammenhang muss der dem Schädiger vorzuwerfende Normwiderspruch in dem verursachten Schaden aufscheinen (Steffen in Medicus-FS, S. 637, 638). **(2)** ***Fehlt*** es indessen schon an der gebotenen ***Grundaufklärung*** über die ***Art*** und den ***Schweregrad*** des Eingriffes, d.h. über das schwerwiegendste in Betracht kommende Risiko sowie über die Art der Belastungen, die für seine Integrität und Lebensführung auf den Patienten zukommen könnten, so ist das ***Selbstbestimmungsrecht*** des Patienten in seinem Kern genauso tangiert, wie wenn der Arzt den Eingriff überhaupt ohne das Einverständnis des Patienten vorgenommen hätte: der Behandler hat für das Aufklärungsversäumnis ***auch*** dann einzustehen, ***wenn*** sich nur dasjenige Risiko verwirklicht hat, über welches er ***nicht*** zu informieren brauchte (BGH NJW 1991, 2346, 2347 [nicht aufklärungspflichtige psychogene Lähmung nach Bandscheiben-OP bei Nichtaufklärung über das unverwirklichte Risiko einer Caudalähmung]); BGH VersR 1996, 195, 197 [nicht aufklärungspflichtiger Krampfanfall nach Myelographie bei Nichtaufklärung über das unverwirklichte Risiko einer Querschnittslähmung]); RA H. Seel unter jurion.de vom 13. November 2017 zu dem Beitrag von Prof. P. Gödicke in MedR 2017, 770 ff [medizinische Grundaufklärung bei Neulandmethoden]).

8 Dem krankenversicherten Patienten wegen einer ***arztfehlerbedingten Folgebehandlung*** entstandene ***Schadensersatzansprüche*** gehen kraft Gesetzes (im Zeitpunkt des Schadensereignisses) auf die ***GKV*** (*§ 116 SGB X*) bzw. (mit der Leistung an den VN) auf die ***PKV*** (*§ 86 VVG*) ***über*** (*§ 412 BGB*): **(1)** Voraussetzung ist eine (sachliche und zeitliche) ***Kongruenz*** zwischen dem Ersatzanspruch des Patienten und der Leistungspflicht/der Leistung des Versicherers (Waltermann, Rn. 681, 683 ff; Römer/Langheid, § 86 Rn. 2, 8 ff); **(2)** bei dessen (vermutetem) Einverständnis gehen die zur Durchsetzung des Anspruches nötigen ***Hilfsrechte*** des Geschädigten (*z.B.* auf Herausgabe von Kopien der Behandlungsdokumentation) gemäß *§ 401 BGB anal.* mit auf den Versicherungsträger (als Zessionar) ***über*** (BGH, Az. VI ZR 359/11 vom 26. Februar 2013; Palandt/Grüneberg, § 401 Rn. 4); bezgl. der für den ***Verjährungsbeginn*** maßgeblichen Kenntnis (*§ 199 Abs. 1 Nr. 2 BGB*) ist auf das Wissen der Regressabteilung (der für Regresse zuständigen Organisationseinheit) des Zessionars abzustellen (BGH, Az. VI ZR 108 /11 vom 17. April 2012 [LS]).

9 **(1)** Unter einem ***Schaden*** versteht man (dazu auch **oben** Vorbem. Abschn. ***A.***) die materiellen/immateriellen ***Einbußen***, die ein Rechtssubjekt an seinen Lebensgütern (wie *z.B.* der körperlichen Integrität, der Gesundheit oder an bestimmten Vermögensgütern) erleidet (Larenz, SchR I, § 27 II. a; StudK-BGB/

Jacoby/v. Hinden, Vor §§ 249-253 Rn. 3). Als haftungsbegründendes Merkmal ist die Rechtsgutsverletzung selbst kein Schadensposten: derartige Posten sind vielmehr die ***adäquat*** (also nicht außerhalb aller Wahrscheinlichkeit liegend [BGHZ 3, 261, 267]) hervorgerufenen ***Einbußen an*** dem verletzten Rechtsgut, seien sie solche der ***primären*** oder solche der ***folgeweisen*** Art (Schapp/Schur, Rn. 210, 238; MünchKommBGB/Oetker, § 249 Rn. 99 ff). **(2)** **(a)** Der erforderliche ***Zurechnungszusammenhang*** zwischen einer Schadensposition und dem Verhalten des Schädigers (**oben** 7) ergibt sich regelmäßig aus der ***kausalen*** Verbindung (Hk-BGB/Schulze, Vor §§ 249 - 253 Rn. 13): **(aa)** als ***kausal*** gilt ein Verhalten, wenn es iSd conditio-sine-qua-non-Formel eine ***Bedingung*** für den eingetretenen Nachteil darstellt (Schapp/Schur, Rn. 207); Deutsch, Haftungsrecht, S. 135 ff); darüber hinaus muss der Zusammenhang ein ***adäquater*** sein, so dass gänzlich unwahrscheinliche Kausalverläufe dem Schädiger nicht zugerechnet werden (BGHZ 57, 137, 141; BGH, Az. II ZR 126/93 vom 04. Juli 1994 [sog. Filterfunktion der Adäquanz]; Palandt/Grüneberg, Vorb v § 249 Rn. 26); **(bb)** die Ersatzpflicht des für einen Körper-/Gesundheitsschaden einstandspflichtigen Schädigers erstreckt sich grundsätzlich auch auf ***psychisch bedingte Folgewirkungen*** des haftungsbegründenden Ereignisses (BGH NJW 2000, 862 [LS]; Hk-BGB/Staudinger, § 823 Rn. 85); dem Schädiger werden jedoch solche Folgeschäden nicht zugerechnet, die wesentlich durch eine neurotische Begehrenshaltung des Geschädigten (durch eine sog. Begehrens-/Rentenneurose) geprägt sind (BGH, Az. VI ZR 127/11 vom 10. Juli 2012). **(b)** Bei einem ***Behandlungsfehler*** kommt es ***nicht*** darauf an, dass/ob er die „ausschließliche" oder die „alleinige" Ursache einer gesundheitlichen Beeinträchtigung ist: ***haftungsrechtlich*** steht grundsätzlich nämlich eine ***Mitursächlichkeit*** der Alleinursächlichkeit in vollem Umfange ***gleich*** (BGH, Az. VI ZR 201/99 vom 27. Juni 2000 [Tz. 24]); eine Ausnahme gilt aber dann, wenn ***feststeht***, dass ein Behandlungsfehler nur zu einem ***abgrenzbaren Teil*** des Schadens geführt hat (BGH, Az. VI ZR 187/13 vom 20. Mai 2014 [Tz. 31 f - abgrenzbare ***Teilkausalität***]; RAin S. Kunz-Schmidt in NJ 2016, S. 16, 21 [Aufteilung eines an sich einheitlichen medizinischen Versorgungsvorganges in abgrenzbar verschieden bedingte Schadensfolgen - *bspw.* die eine ursächlich im Zusammenhang mit der vorgeburtlichen und die andere ursächlich erst im Zuge der nachgeburtlichen Behandlungsphase]). **(c)** Ein ***Fehler des Nachbehandlers*** unterbricht regelmäßig ***nicht*** den Zurechnungszusammenhang zwischen dem Fehler des Erstbehandlers und der Schadensfolge (BGH NJW 1989, 767, 768 [die Einstandspflicht des Erstbehandlers umfasst auch die Schadensfolgen der ihrerseits fehlerhaften Behandlung des Nachbehandlers]): der ***kausale*** Zusammenhang ist ***nur*** dann zu ***verneinen***, wenn ein späteres Ereignis die Fortwirkung der ursprünglichen Bedingung beseitigt und seinerseits unter Eröffnung einer ***neuen Ursachenreihe*** den Erfolg herbeigeführt hat (BGH MDR 1994, 82; Deutsch NJW 1989, 769 [das Risiko eines Ersteingriffes ist zur Gänze abgeklungen, so dass zu einem Zweitergebnis eine lediglich zufällige Beziehung besteht]); der Zurechnungszusammenhang wird jedoch ***unterbrochen***, wenn der zweitbehandelnde Arzt die ärztliche Sorgfaltspflicht in außergewöhnlich hohem Maße (iSe besonders „groben" Behandlungsfehlers) verletzt (OLG Hamm, Az. 26 U 37/14 vom 15. November 2016). **(3)** ***Ansprüche*** unterliegen der ***Verjährung*** (*§ 194 Abs. 1 BGB*) – das Institut der Verjährung begrenzt die Durchsetzbarkeit von Ansprüchen durch Zeitablauf (Rüthers/Stadler, § 9 Rn. 5): wenn die Verjährung vollendet ist, erlischt der Anspruch zwar nicht; jedoch darf der Schuldner die Leistung verweigern (*§ 214 Abs. 1 BGB*), wenn er sich (ausdrücklich oder konkludent) auf die Verjährung beruft (BGH, Az. V ZB 22/03 vom 02. Oktober 2003 [Tz. 10 – Erhebung der ***Verjährungseinrede***]; Musielak/Hau, BGB, Rn. 204). **(a)** Vertragliche wie deliktische ***Schadensersatzansprüche*** aus der Arzthaftung ***verjähren*** binnen ***drei Jahren*** nach Maßgabe der *§§ 195, 199 BGB* (Deutsch/Spickhoff, Rn. 686 ff; Weirich, S. 142): dabei können mit Blick auf die subjektiven Voraussetzungen des Verjährungsbeginnes Ansprüche aus Behandlungsfehlern zu anderer Zeit verjähren als solche aus Aufklärungsversäumnissen (BGH MDR 2017, 86; OLG Hamm, Az. 3 U 75/09 vom 07. Dezember 2009 [Tz. 48 ff]). **(b)** Schwebende ***Verhandlungen*** zwischen dem Patienten und dem Arzt/dem Krankenhausträger (oder deren Haftpflichtversicherer) über den Anspruch oder über die diesen begründenden Umstände ***hemmen*** die Verjährung (*§ 203 S. 1, 209 BGB*): die Hemmung endet, sobald eine Seite das Scheitern der Verhandlungen deutlich zu erkennen gibt (Fenger/Holznagel/Neuroth/Gesenhues, S. 16); die Verjährung tritt sodann ***frühestens*** drei Monate nach dem Ende der Verhandlungen ein (*§ 203 S. 2 BGB*).

10 **(1)** Die theoretisch auch für das ***Krankenhaus*** geltende ***Vertragsabschlussfreiheit*** besteht in der Praxis vor allem dann ***nicht*** mehr, wenn die Klinik faktisch eine ***„Monopolstellung"*** einnimmt: wie es für das einzige Allgemeinkrankenhaus in einer ländlichen Region der Fall ist; oder dann, wenn ein Unfallverletzter Aufnahme im nächsterreichbaren Krankenhaus begehrt; oder auch dann, wenn es sich um eine Spezialklinik handelt (vgl. Rieger, Rn. 1032). **(2)** Das sich aus den *§§ 903, 1004 Abs. 1 BGB* ableitende (hierzu allgemein BGH, Az. V ZR 115/11 vom 09. März 2012) ***Hausrecht des Klinikträgers*** ist als Ermessensbefugnis durch die Zweckbestimmung/Widmung der Einrichtung gebunden: die ***Ermessensausübung*** muss daher immer zwischen der Hausmacht auf der einen und den Belangen der Patienten/der Besucher auf der anderen Seite abwägen (OLG Düsseldorf, Az. 5 U 279/90 vom 28. Februar 1991 [zum Hausverbot in einem Altenheim]; Prof. W. Höfling [in dem Rechtsgutachten „Hausrecht in Heimen", September 2004, S. 24]; Prof. G. Schulze in JZ 2015, 381, 385 [als Sicherungs- und Ordnungsrecht soll das Hausrecht lediglich den bestimmungsgemäßen Raumgebrauch sichern und schützen]).

11 **(1)** **(a)** Jedoch muss ***vor*** der Inanspruchnahme sog. ***IGeL*** (also ***vor*** dem Beginn der auf solche [außerhalb der vertragsärztlichen Versorgung liegenden] Leistungen gerichteten Behandlung) zwischen dem Arzt und dem gesetzlich kran-

kenversicherten Patienten (hierüber) ein ***Behandlungsvertrag*** in ***schriftlicher Form*** (*§ 126 BGB*) abgeschlossen werden: sonst ist die privatärztliche Liquidation unwirksam – eine mündliche Zusage vor Behandlungsbeginn oder die Abgabe eines Anerkenntnisses nach der Behandlung sind unbeachtlich (LG Mannheim VersR 2008, 823 f). **(b)** Die ***Selbstbestimmungsaufklärung*** (***§ 630c Abs. 1 BGB***) erstreckt sich bei ***IGeL*** (neben Sinnhaftigkeit, Eignung und Konkretnutzen) auf gegebenenfalls nicht auszuschließende unbekannte Risiken sowie (textgebunden [***§ 630c Abs. 3 BGB***]) auch auf die private Kostentragungspflicht des Patienten (Franzki, Behandlungsvertrag, S. 105, 106). **(2)** **(a)** ***Vor*** der jeweiligen Leistungserbringung muss auch die Vereinbarung über ***krankenhausärztliche Wahlleistungen*** in ***Schriftform*** abgeschlossen worden sein (*§ 17 Abs. 2 KHEntgG*).
Ist die ***Wahlleistungsabrede*** wegen Nichteinhaltung der Schriftform ***nichtig*** (*§ 125 BGB*), so gilt: **(aa)** es besteht ***weder*** ein Vergütungsanspruch des Wahlarztes gegen den behandelten Patienten ***noch*** ein Erstattungsanspruch des Patienten gegen seinen privaten Krankenversicherer (BGH, Az. III ZR 58/02 vom 17. Oktober 2002); **(bb)** indessen ***haftet*** der ***Wahlarzt*** zufolge der tatsächlichen Übernahme der Behandlung dem Patienten gegenüber für ihm unterlaufene ***Behandlungsfehler*** (Frahm/Nixdorf/Walter, Rn. 29, 31 [weil nämlich eine ***vertragsähnliche*** Sonderverbindung mit Erhaltungs- und Schutzpflichten entstanden ist]).

12 **(1)** **(a)** **(aa)** Die (der allgemeinen Krankenhausleistung gemäß *§ 2 KHEntgG* mit der Behandlung durch die diensthabenden Ärzte gegenüberstehende) ***Wahlleistung*** (Behandlung durch bestimmte leitende oder besonders qualifizierte Ärzte persönlich) stellt eine ***Krankenhausleistung*** dar, die ***gesondert berechnet*** werden darf (*§ 17 Abs. 1 S. 1 KHEntgG*): die für die Ausübung des privatärztlichen Liquidationsrechtes erforderliche (Prof. B. Halbe DÄBl. 2017, A-1332) vorherige ***schriftliche*** (*§ 126 BGB*) ***Vereinbarung*** (*§ 17 Abs. 2 KHEntgG* [mitsamt Angabe der Entgelthöhe, Charakterisierung der Wahlleistung und dem Hinweis auf den Kreis der liquidationsberechtigten Wahlärzte]) wird zwischen dem ***Krankenhausträger*** und dem ***Patienten*** abgeschlossen – eine Beteiligung des Wahlarztes an dieser Vereinbarung ist ***nicht*** vorgesehen (BGH, Az. III ZR 107/15 vom 14. Januar 2016 [Tz. 34]); **(bb)** zwischen der ***Wahlleistungsabrede*** (mit dem Krankenhausträger) und dem ***Arzt-Zusatzvertrag*** (mit dem in Anspruch genommenen jeweiligen Wahlarzt [*z.B.* dem CHA] über die Wahlleistung selbst) besteht objektiv ein derart enger ***Sach- und Sinnzusammenhang*** (eine gewollte Einheitlichkeit iSd *§ 139 BGB* [Weirich, S. 57]), dass iF einer unwirksamen Wahlleistungsvereinbarung dem behandelnden liquidationsberechtigten Arzt aus dem ***Zusatzvertrag kein*** Vergütungsanspruch zusteht (BGH NJW-RR 1998, 1346 [LS]; Prof. B. Halbe aaO); **(cc)** sowohl beim totalen Krankenhausaufnahmevertrag mit Arztzusatzvertrag als auch beim gespaltenen Arzt-Krankenhaus-Vertrag gilt (je nach der Vertragsgestaltung im Einzelfall): der zwischen Patient und Wahlarzt geschlossene ***gesonderte Be-***

handlungsvertrag kann im Wege des Vertretergeschäftes (der Krankenhausträger vertritt beim Vertragsschluss den Wahlarzt) ***bereits*** Gegenstand der zwischen dem Krankenhaus und dem Patienten abgeschlossenen Wahlleistungsvereinbarung sein – es kann aber auch einer ***weiteren*** Abrede zwischen Arzt und Patient bedürfen, die ausdrücklich oder in konkludenter Weise zustande kommen kann (BGH, Az. III ZR 107/15 vom 14. Januar 2016 [Tz. 28 ff]); **(b)** **(aa)** die Vereinbarung über wahlärztliche Leistungen erstreckt sich (gemäß *§ 17 Abs. 3 KHEntgG*) iSe ***Wahlarztkette*** automatisch auf ***alle*** an der Behandlung beteiligten liquidationsberechtigten Ärzte des Krankenhauses und auch auf diejenigen Ärzte außerhalb der Klinik, die auf Veranlassung der liquidationsbefugten Krankenhausärzte Behandlungsleistungen für den Patienten erbringen (Münzel/Zeiler, S. 29): der ***Kreis*** der liquidationsberechtigten Wahlärzte (***nur*** angestellte/beamtete Krankenhausärzte sowie auf Veranlassung der Genannten tätig werdende externe Ärzte) ist in *§ 17 Abs. 3 S. 1 KHEntgG* iSe (dem Schutze des Privatpatienten dienenden) zwingenden preisrechtlichen Norm ***abschließend*** festgelegt, so dass eine hiervon ***abweichende*** Wahlleistungsvereinbarung (*z.B.* die gesonderte Vergütungsabrede mit einem behandelnden Honorararzt) nach *§ 134 BGB* ***nichtig*** ist (BGH-PM Nr. 145/2014 vom 16. Oktober 2014 [zu Az. III ZR 85/14] – der ***Honorararzt*** wird von einem Krankenhausträger im Rahmen seines [des Krankenhauses] Versorgungsauftrages als insofern selbständig unternehmerischer Dritter zur Leistungserbringung herangezogen [*§ 2 Abs. 2 S. 2 Nr. 2 KHEntgG*], wobei er auf eigene Rechnung arbeitet und seine Vergütung gemäß den in einem Kooperationsvertrag getroffenen Absprachen von dem Krankenhaus erhält [Frank/Schmid, S. 141; Butzmann b. Heberer, S. 114 f]); **(bb)** die von einem niedergelassenen ***externen*** FA auf Veranlassung eines Krankenhausarztes für einen stationären ***Wahlleistungs-Patienten*** in seiner Praxis erbrachten Leistungen (im entschiedenen Fall eine Angiographie mit anschließender Dilatation) stellen ***keine*** allgemeinen Krankenhaus-Leistungen dar und sind daher ***nicht*** Gegenstand des Entgeltes nach *§ 7 KHEntgG* (BGH, Az. III ZR 323/09 vom 04. November 2010 [nach jurion.de/urteile/bgh]); hält demgegenüber eine Klinik bestimmte medizinische Leistungen (*z.B.* die radiologischen) schon gar nicht selbst vor, sondern hat sie diese im Rahmen eines allgemeinen ***Kooperationsvertrages*** auf einen ***externen*** FA ausgelagert, so handelt es sich insoweit (nicht um wahlärztliche, sondern) um ***allgemeine Krankenhaus-Leistungen***, die der Patient dem externen Arzt ***nicht*** nach *§ 17 KHEntgG* vergüten muss (LG Stade b. Hübner in DÄBl. 2016, A-1456). **(2)** ***Stellvertreterklauseln*** in der formularmäßigen Vereinbarung sind nur ***wirksam***, wenn sie sich auf Fälle beschränken, bei denen die Verhinderung des Wahlarztes im Zeitpunkt des Vertragsabschlusses nicht bereits feststeht ***und*** wenn als Vertreter der namentlich benannte ständige Vertreter iSv *§§ 4 Abs. 2, S. 3, 5 Abs. 5 GOÄ* bestimmt ist (BGH, Az. III ZR 144/07 vom 20. Dezember 2007 [LS]); für verschiedene Aufgaben-/Zuständigkeitsbereiche des Wahlarztes kann indes jeweils ein anderer aufgaben-/zuständigkeitsbezogener ständiger Vertreter bestellt sein (OLG Celle, Az. 1 U 97/14 vom 15. Juni 2015). Wegen ***Verstoßes*** gegen *§ 308 Nr. 4 BGB* bzw. gegen *§ 307 Abs. 2 Nr. 2 BGB* ***unwirksam*** ist eine ***Formularvereinbarung***, die dem Krankenhausträger als AGB-Verwender die Möglichkeit eröffnet, dem Patienten den Wahlarzt unter mehreren namentlich genannten Ärzten frei zuzuweisen bzw. nach welcher der Wahlarzt frei ist, jeden beliebigen Arzt innerhalb/außerhalb des Krankenhauses an seiner Stelle die Leistung erbringen zu lassen (christmann-law.de/medizinrecht [m. Verweis auf LG Heidelberg, Az. 3 S 16/12 vom 21. Dezember 2012]). **(3)** Der ***Wahlarzt*** muss die seine Disziplin kennzeichnende ***Kernleistung in persona*** selbst erbringen (*§ 613 S. 1 BGB*): er hat der Behandlung durch persönliches Befassen mit dem Patienten am Beginn, während und zum Abschluss des Behandlungsaufenthaltes sein Gepräge zu geben; lediglich einfache ärztliche und sonstige medizinische Ausführungsverrichtungen darf er delegieren (OLG Celle, Az. 1 U 98/14 vom 15. Juni 2015 [zu einem Behandlungsfall in der psychosomatischen Medizin]; LG Heidelberg wie **vorstehend (2)** [Übertragung der Kernleistungen auf einen Stellvertreter nur bei einer entsprechenden Vereinbarung mit dem Patienten, für deren Wirksamkeit besondere Anforderungen erfüllt sein müssen]); ist der Eingriff durch den ***CHA*** persönlich zugesagt, so erfüllt dieser die Wahlleistungsabrede ***nicht***, wenn er bloß in der Funktion des Anästesisten während der durch einen anderen Arzt durchgeführten OP präsent ist (OLG Hamm, Az. 26 U 74/17 vom 15. Dezember 2017 [der Eingriff ist mangels wirksamer Patienteneinwilligung rechtswidrig]).

13 **(1)** Die ***Gesamtschuld*** ist ein Fall der ***Schuldnermehrheit*** (*§§ 421 ff BGB*): der Gläubiger darf von einem der mehreren Schuldner (den er sich aussuchen kann) die ganze Leistung fordern, ist aber natürlich nur einmal zur Einforderung der Leistung berechtigt (StudK-BGB/Jacoby/v. Hinden, Vor § 420 Rn. 9, § 421 Rn. 1). **(2) (a)** In der ***Rspr.*** aus der Zeit ***vor*** Inkrafttreten des *SMG* (am 01. Januar 2002) ist eine vorformulierte krankenhausvertragliche ***Haftungsspaltungsklausel*** („Der Krankenhausträger haftet nicht für Schäden, die durch liquidationsberechtigte Ärzte sowie deren Erfüllungsgehilfen bei der Erbringung gesondert berechenbarer Leistungen verursacht werden") dann für wirksam angesehen worden, wenn dem Patienten (etwa durch einen Hinweis in dem von ihm unterzeichneten Vertragstext) hinreichend verdeutlicht worden war, dass der Träger der Klinik nicht Schuldner der ärztlichen Leistungen ist und für etwaige ärztliche Fehlleistungen dem Patienten nicht haftet (BGH, Az. VI ZR 341/91 vom 22. Dezember 1992; Gehrlein, Abschn. A. Rn. 34 [alleiniger vertraglicher Schuldner des Patienten im ärztlichen Bereich wäre bei dieser Konstellation der selbstliquidierende Behandlungsarzt]). **(b)** ***Seit 2002*** ist eine solche ***Spaltungsklausel*** wegen Verstoßes gegen die Bestimmung des den (Schutz von Schadensersatzansprüchen wegen Körper-/Gesundheitsverletzung bezweckenden) *§ 309 Nr. 7 lit. a BGB* ***unwirksam*** (Deutsch/Spickhoff, Rn. 613 aE; Franzki, Behandlungsvertrag, S. 67; vgl. schon OLG Bamberg VersR 1994,

813, 815 [Überraschungsklausel, die gemäß *§ 305 c Abs. 1 BGB* nicht Vertragsbestandteil wird]).

14 (1) Die ***Krankenhausbehandlung*** umfasst im Rahmen des ***Versorgungsauftrages*** des Krankenhauses ***alle*** Leistungen, die im Einzelfall nach Art und Schwere der Erkrankung für die medizinische Versorgung des Versicherten im Krankenhaus notwendig sind (Waltermann, Rn. 206): der ***Versorgungsauftrag*** ergibt sich bei den Hochschulkliniken aus der landesrechtlichen Anerkennung der Anstalt, bei den Plankrankenhäusern aus den Festlegungen des Krankenhausplanes des jeweiligen Bundeslandes und bei den Vertragskrankenhäusern aus dem durch die Kassenverbände abgeschlossenen Versorgungsvertrag (dazu Stollmann in FS für Franz-Josef Dahm, 2017, S. 495). **(2)** Der ***Versicherte*** hat ***Anspruch*** auf ***vollstationäre Krankenhausbehandlung***, wenn die Aufnahme zur Erreichung des Behandlungszieles ***erforderlich*** ist: für die Erforderlichkeit genügt es, dass eine medizinisch notwendige Versorgung aus Gründen der Rechtsordnung nur stationär erbracht werden darf (BSG b. Berner in DÄBl. 2016, A-306 [für die Radiojodtherapie im Hinblick auf *Ziff. 6.7.2.* der *RL* zur *Str/SchV*]). **(3)** Für die stationäre Behandlung des Kassenpatienten hat der ***Krankenhausträger*** einen ***Vergütungsanspruch*** gegen die GKV: irren die Vertragsparteien bei der Krankenhausaufnahme gemeinschaftlich über das Bestehen eines gesetzlichen Versicherungsschutzes, so fehlt dem privatrechtlichen Behandlungsverhältnis die Geschäftsgrundlage (*§ 313 Abs. 2 BGB*) – mit der Folge, dass wegen der gebotenen Anpassung des Vertragsinhaltes das Krankenhaus die Vergütung von seinem Vertragspartner fordern kann (BGH-PM Nr. 67/2005 vom 28. April 2005 [zu Az. III ZR 251/04]).

15 Die ***ASV*** ist ein sektorenverbindender Versorgungsbereich: sie wird durch interdisziplinäre Teams erbracht, denen Krankenhausärzte und niedergelassene FÄe angehören (DÄBl. 2016, A-587).

16 Verlustausgleichszahlungen eines Landkreises an eine (Dienstleistungen zur bedarfsgerechten medizinischenVersorgung der Bevölkerung erbringende) ***Kreisklinik*** sind von der Pflicht zur Vorab-Notifizierung bei der EU-Kommission (*Art. 108 Abs. 3 AEUV*) befreit, wenn sie die Voraussetzungen nach Art. 4 der Freistellungs-Entscheidung *2005/842/EG* vom 28. November 2005 bzw. nach *Art. 4* des Freistellungs-Beschlusses *2012 - 21/EU* vom 20. Dezember 2011 erfüllen (BGH-PM Nr. 63/2016 [zu Az. I ZR 263/14 vom 24. März 2016]).

17 ***Kündigt*** der Patient ***trotz*** fehlsamen Arztvorgehens den Behandlungsvertrag ***nicht***, so gibt er damit zu erkennen, dass er seinem Arzt weiterhin vertraue: eine rechtmäßige (dem Dienstvertragsrecht an sich fremde) „Nacherfüllung“ durch den Arzt setzt freilich die ***erneuerte Einwilligung*** des Patienten in den nunmehr ***zusätzlichen*** körperlichen Eingriff voraus (M. Schwab JuS 2013, 256, 258 [zu OLG Jena Az: 4 U 549/11]).

18 **(1) (a)** Unter einem ***Konsil*** versteht man die patientenbezogene Beratung des einen Arztes durch einen anderen; der mit dem Konsil beauftragte Arzt ist der

Konsiliar/Konsiliararzt (DocCheck Flexikon [2017]). **(b)** Die konsiliarische Tätigkeit umfasst (im ***Unterschied*** zu einer ***Mitbehandlung*** als der gemeinsamen Patientenbetreuung durch den Erstbehandler und einen weiteren FA aufgrund jeweils selbstständiger Vertragsbasis [Schmid, S. 63]) ***lediglich*** Diagnose und Beratschlagung über diese (Lipp in Laufs/Katzenmeier/Lipp, III. Rn. 3). **(2)** **(a)** Je nach der konkret gegebenen Konstellation können ***vertragliche Rechtsbeziehungen*** bestehen – entweder in Gestalt eines Raterteilungsvertrages zwischen den beteiligten Ärzten (wenn eine verbindliche Stellungnahme erbeten wird [vgl. Schmid, S. 62]) ***oder*** als weiterer selbstständiger Behandlungsvertrag zwischen dem Konsiliar und dem Patienten (wenn der Behandler den Konsiliararzt mit Zustimmung des Patienten hinzuzieht [vgl. Rieger, Rn. 983]). **(b)** Wird der Konsiliararzt in Kooperation mit dem behandelnden ***Krankenhausträger*** für diesen tätig, so ist er dessen ***Erfüllungsgehilfe*** (*§ 278 BGB*), ***wenn*** er durch seine Tätigkeit eine fachliche Lücke der Krankenhausbehandlung schließt und seine Honorierung durch den Krankenhausträger erfolgt (BGH, Az. VI ZR 78/13 [LS] vom 21. Januar 2014; Frank/Schmid, S. 141).

19 **(1)** **(a)** Eine ***medizinische Behandlung*** hat auch der mit dem Arzt geschlossene Vertrag der ***Wunscheltern*** über die Durchführung einer ***heterologen Insemination*** (vgl. *§ 8b TPG*) zum Gegenstand (s. näher dazu Lipp in Laufs/Katzenmeier/Lipp, VIII. Rn. 36 ff): **(aa)** der Arzt darf die Kinderwunschbehandlung nur mit Zustimmung aller Reproduktionsbeteiligten durchführen (LG Hamburg, Az. 316 O 318/15 vom 04. August 2016); **(bb)** der Behandlungsvertrag kann u.a. dadurch verletzt werden, dass die Insemination abredewidrig nicht mit dem Sperma des Vaters eines früher zur Welt gekommenen Kindes durchgeführt wird, so dass die Kinder nicht (wie gewünscht) voll-, sondern nur halbbürtige Geschwister sind (OLG Hamm, Az. 3 U 66/16 vom 19. Februar 2018).

(b) Soweit die Befruchtung am oder nach dem ***01. Juli 2018*** erfolgte, ist (gemäß *§ 1600d Abs. 4 BGB nF*) die gerichtliche Feststellung des Samenspenders als rechtlicher Vater ausgeschlossen (Prof. N. Dethloff in NJW-Informationen zum 71. DJT, S. 25); ab dem gleichen Zeitpunkt hat das mittels Samenspende gezeugte Kind (aus *§ 10 SaRegG*) einen gesetzlichen Anspruch auf Auskunft aus dem Samenspenderregister über die Identität des Samenspenders (Prof. N. Dethloff aaO). **(2)** Der Typus ***Behandlungsvertrag*** setzt ***nicht notwendig*** eine ***medizinische Indikation*** voraus – ***medizinische Behandlung*** ist nicht allein die Heilbehandlung (Palandt/Weidenkaff, Vorb v § 630a Rn. 2; Weirich, S. 47): **(a)** Es gibt auch (arztethisch nicht verwerfliche) ***ärztliche Behandlungen ohne*** einen ***Krankheitsbezug*** (ästhetische Chirurgie, Verbesserung der Konzentrationsleistungen, Anti-Aging, Lifestyle-Medizin u. ähnl.): diese müssen allerdings denselben berufsethischen Anforderungen genügen (Dienstleistungs-/Werkauftrag des Klienten/Nachfragers, Aufklärung [insbesondere über die fehlende medizinische Indikation und die erwünschten/nicht erwünschten Resultatswahrscheinlichkeiten], Beratung [über die in Betracht kommenden Maßnahmen], Auswahl der schonendsten Methoden zur Erreichung des verabredeten Behandlungszieles, informed consent, fach- und sachgerechte Durchführung der Zielmaßnahmen etc.) wie die Behandlungen mit Krankheitsbezug (vgl. ZEKO-Stellungnahme in DÄBl. 2012, A-2000 f, 2003 f). **(b)** **(aa)** Insbesondere kann auch die sog. ***Schönheits-OP*** Gegenstand eines Behandlungsvertrages iSv ***§ 630a Abs. 1 BGB*** sein (Palandt/Weidenkaff, Vorb v § 630a Rn. 2; Jauernig/Mansel, § 630a Rn. 5). **(bb)** Eine ***ästhetisch-chirurgische*** Maßnahme kann im Einzelfall aber auch einmal ***kontraindiziert*** sein, was *bspw.* bei der Verdachtsdiagnose Dysmorphophobie angenommen worden ist (BGH MDR 2016, 327, 328 [angezeigt erschien hier zunächst u.a. eine kognitive Verhaltenstherapie]) oder bei Minderjährigen mit körperdysmorphen Störungen der Fall sein kann (Damm GesR 2010, 641, 650). **(c)** **(aa)** Auch auf die Transplantatentnahme beim ***lebenden Spender***, die einen medizinisch nicht indizierten (Ulsenheimer, Rn. 301a) Eingriff in dessen körperliche Integrität darstellt und deren Zulässigkeit in den *§§ 8 ff TPG* detailliert geregelt ist (dazu BVerfG, Az. 1 BvR 2181/98), sind die Vorschriften über den ***Behandlungsvertrag*** anzuwenden (Lipp in Laufs/Katzenmeier/Lipp, III. Rn. 30 [wobei allerdings bedacht sein mag, dass die ***§§ 630a ff BGB*** nicht auf fremdnützige Eingriffe, sondern auf das medizinische Interesse des Behandelten zugeschnitten sind]). **(bb)** In Deutschland werden bereits ca. 20 Prozent aller ***Nierentransplantationen*** mit ***Lebendspenden*** durchgeführt (P. L. Pleiss in WamS 17. Juli 2016, S. 20) – zu den strengen Anforderungen an die Gesundheitsfolgen-Aufklärung des Nierenlebendspenders vgl. Wittke VersR 2017, 1181 ff). **(3)** Eine besondere Ausgestaltung des ***Arztvertrages*** stellt der ***Diagnosevertrag*** (s. dazu **unten** Fn.[28]).

20 **(1)** Seit jeher war/ist der ***Kassenpatient*** nicht gehindert, unter Verzicht auf sein gesetzliches Versorgungsrecht eine ***privatärztliche Behandlung*** des ***Vertragsarztes*** in Anspruch zu nehmen, die er allerdings ***selbst honorieren*** muss (vgl. etwa den Fall OLG Köln VersR 1988, 1248 [zu einer Honorarvereinbarung zwischen dem Versicherten und dem behandelnden ZA]). **(a)** Zwei ***Fallgruppen*** sind insoweit zu unterscheiden: **(aa)** Der ***Vertragsarzt*** hat gegen den behandelten Versicherten ***nur*** dann einen ***privaten Vergütungsanspruch*** nach ***GOÄ***, ***wenn*** (und soweit) der Versicherte ***vor*** Beginn der Behandlung ausdrücklich verlangt, auf ***eigene*** Kosten behandelt zu werden – und dieses Verlangen dem Vertragsarzt auch ***schriftlich*** (*§§ 125, 127 BGB*) bestätigt (*§§ 18 Abs. 8 BMV-Ä, 21 Abs. 8 EKV*): es muss klar verabredet sein, dass der Versicherte ***trotz*** des bestehenden ***Versicherungsschutzes*** im Rahmen der GKV ausdrücklich eine privatärztliche Behandlung wünsche; eine Honorarvereinbarung iSv *§ 2 GOÄ* genügt diesen Anforderungen noch nicht (LG Mannheim, Az. 1 S 99/07 vom 18. Januar 2008; LG München I, Az. 31 S 10595/10 vom 31. Mai 2011 [das gilt selbst dann, wenn der gesetzlich Versicherte eine private Zusatzversicherung besitzt]; LG Regensburg, Az. 2 S 118/12 vom 11. Dezem-

ber 2012; AG München, Az. 163 C 34297/09 vom 28. April 2010 [mangels wirksamer Privatbehandlungs-Abrede besteht kein Rechtsgrund für eine Honorarleistung des Versicherten]). **(bb)** Seit Ende der 1990er Jahre werden ***Selbstzahler-Behandlungen*** als sog. ***IGe-Leistungen*** des Arztes praktiziert: sie betreffen ***nur*** Leistungen, die ***nicht*** Bestandteil der ***vertragsärztlichen Versorgung*** sind; und der Vertragsarzt darf von dem Versicherten ***nur*** dann eine (sich nach den Regeln der ***GOÄ*** bemessende) ***Vergütung*** (eine Pauschalkosten-Rechnung ist ohnehin unzulässig) fordern, ***wenn*** und soweit der Versicherte eine bestimmte Behandlung auf eigene Kosten ausdrücklich ***verlangt*** und dies dem Vertragsarzt ***vor*** Behandlungsbeginn auch ***schriftlich*** bestätigt hat (*§§ 3 Abs. 1 S. 3* [schriftlicher Behandlungsvertrag über Leistungen außerhalb des GKV-Leistungskataloges], *18 Abs. 8 S. 3 Nr. 2 BMV-Ä, 21 Abs. 8 Nr. 2 EKV*); erforderlich sind also eine ***schriftliche IGeL-Vereinbarung*** und eine ***IGeL-GOÄ-Rechnung*** (IGeL-Ratgeber des BMELV mit Stand April 2013, S. 08, 09; kvhb.de/sites/sonderheft – Selbstzahlerleistungen in der Praxis, 2. Aufl., 2015, S. 11, 12 – vgl. auch **oben** Fn.[11 (1)]). **(2)** Der ***private Krankheitskostenversicherungsvertrag*** (*§ 193 VVG*) definiert den Versicherungsfall als die medizinisch notwendige Heilbehandlung wegen ***Krankheit*** (*§ 1 Abs. 2 MB/KK 2009*): eine bedingungsgemäße Krankheit liegt auch bei einer behandlungs-/korrekturbedürftigen Fehlsichtigkeit vor (BGH, Az. IV ZR 533/15 vom 29. März 2017 [Tz. 14 ff, 23 ff; Groß VuR 2017, 391 – das Tragen von Sehhilfen stellt eine Kompensation dar, ist aber nicht Inhalt einer Heilbehandlung]).

21 **(1)** Der ***Behandlungsvertrag*** ist in eine ***Vierer-Beziehung*** (das sog. ***GKV-Viereck***) eingebettet (Weirich, S. 51): GKV – Versicherter (Patient) – Vertragsarzt – KV (Honorarverteilerin). **(2)** Für die Leistungen der ***GKV*** gilt das gesetzliche ***Wirtschaftlichkeitsgebot*** (*§ 12 SGB V*): der Versicherte kann unnötige, unzweckmäßige oder unwirtschaftliche Leistungen nicht beanspruchen, der Vertragsarzt darf solche Maßnahmen nicht treffen und die Krankenkasse darf sie nicht bewilligen (Waltermann, Rn. 189). **(3)** Die ***Rechtsbeziehungen*** zwischen den ***GKV*** und den zugelassenen ***Leistungserbringern*** sowie die professionellen Beziehungen zwischen den ***Leistungserbringern untereinander*** sind abschließend durch das *4. Kap.* des *SGB V* geregelt (BSG b. Berner in DÄBl. 2017, A-1996 [das Wettbewerbsrecht nach *UWG/BGB* gilt daher unter Vertragsärzten nicht in entsprechender Weise]).

22 **(1)** Ohne selber Arzt und ohne bestallt zu sein, übt der (zur Niederlassung verpflichtete) ***Heilpraktiker*** mit (u.U. sektoral auf das Behandlungsspektrum der Physiotherapie beschränkter [BVerwG, Az. 3 C 19.08 vom 26. August 2009]) staatlicher ***Erlaubnis*** in eigener Verantwortung berufsmäßig die ***Heilkunde*** aus (*§§ 1, 3 HPG*) – nur heilkundliche Verrichtungen, die keine nennenswerten (unmittelbaren/mittelbaren) Gesundheitsgefahren zur Folge haben können, bedürfen keiner Erlaubnis nach *§ 1 Abs. 1 HPG* (OVG Lüneburg, Az. 8 LC 185/04 vom 20. Juli 2006); wenn *bspw.* ein Heilpraktiker faktengestützt als sittlich unzuverlässig (*§ 2 Abs. 1 lit f HPGDV*) anzusehen ist, kann die Erlaubnis

auch im Rahmen eines vorläufigen Rechtsschutzverfahrens ***widerrufen*** (*§ 7 Abs. 1 HPGDV*) werden (VG Gelsenkirchen, Az. 7 L 261/18 vom 09. Mai 2018 [Aufforderung an Hypnose-Patientin, sexuelle Handlungen an dem behandelnden Psychotherapeuten vorzunehmen]). **(a)** Der Heilpraktikervertrag ist ein ***Behandlungsvertrag*** gemäß den *§§ 611 ff*, ***630a ff BGB*** (incl. der Pflicht zur Aufklärung, zur Dokumentation, zur Gewährung der Einsicht in die Behandlungsunterlagen, zur Verschwiegenheit etc.), in dessen Rahmen der Therapeut grundsätzlich alle (abgesehen von den gesetzlichen Ausnahmen u.a. nach dem *AMG*, dem *BtMG*, dem *GeschlKG*, dem *HebG* und dem *IfSG*) Untersuchungs- und Behandlungsverfahren anwenden darf, die er tatsächlich beherrscht (BÄK-Bek. in DÄBl. 1999, A-2325 ff, Abschn. VII. 1.c); die ***Grenze*** der Therapiefreiheit bilden Behandlungsmethoden, für deren patientennützliche Wirksamkeit es keine Anhalte gibt (OLG München, Az. 27 U 68/88 vom 26. April 1989; VG Oldenburg, Az. 7 A 1324/08 vom 18. Dezember 2008); die ***Behandlungssorgfalt*** (*§§ 276 Abs. 2, 280 Abs. 1 BGB*) bestimmt sich einerseits nach Art und Größe der zur Behandlung übernommenen Gesundheitsgefahr auf Seiten des Patienten und andererseits nach den auf die typischen Kenntnisse/Fähigkeiten eines Naturheilkundlers ausgerichteten Erwartungen des Verkehrs (OLG Bamberg, Az. 4 U 106/99 vom 27. November 2000; Deutsch/Spickhoff, Rn. 590): die Behandlungsmethoden ***müssen*** (der Vorstellung der Patienten entsprechend) so gut wie risikolos und zudem wenig belastend sein (BT-Drucks. 17/10488, S. 19); wendet der Heilpraktiker eine ***invasive*** Methode an (in dem entschiedenen Fall die i.v.-Injektion eines Ozon-Sauerstoff-Gemischs), so hat er dieselbe Sorgfalt zu beachten wie ein Allgemeinarzt, der sich der gleichen Therapieart bedient (BGH NJW 1991, 1535 [LS]; Deutsch/Spickhoff, Rn. 590); wenn und soweit der Heilpraktiker angesichts der Erkrankung seines Patienten objektiv/subjektiv an die ***Grenzen*** seiner Behandlungskompetenz stößt, muss er den Patienten an einen Arzt/an einen Spezialisten verweisen (Ulusal, Recht in der Naturheilpraxis, 2011, S. 9). **(b)** **(aa)** Ein Arzt kann ***nicht zugleich*** auch als Heilpraktiker tätig sein (BayVGH MedR 2011, 295, 296); **(bb)** den Ärzten ist eine Kooperation mit Heilpraktikern verwehrt (Frank/Schmid, S. 144). **(2)** Die ***behandlungsvertraglichen*** Grundsätze und die Bestimmungen der ***§§ 630a ff BGB*** (Vertragsschluss, Aufklärung, Einwilligung, Dokumentation, Fehlerhaftung) sind (mit Ausnahme des nach *GoA*-Regeln [*§§ 677, 683 BGB*] zu beurteilenden Falles eines bewusstlosen Patienten) auch auf das ***Rettungswesen*** anzuwenden: der ***Vertrag*** kommt mit dem ***Träger*** des Rettungsdienstes zustande, die (ärztlichen oder nichtärztlichen) Rettungspersonen fungieren als dessen Erfüllungsgehilfen (Lippert/Gliwitzki, Notfall+Rettungsmedizin 2013, 590 ff); ***anderes*** gilt für die Rechtslage nach dem *RDG-BW* (OLG Karlsruhe b. Berner in DÄBl. 2016, A-2076 [die ärztliche Versorgung ist nicht Aufgabe der Rettungsdienstorganisation, so dass der Notarzt weder deren Erfüllungsnoch deren Verrichtungsgehilfe sein kann]). **(b)** **(aa)** Ein ***vertraglicher*** Behandlungsfall kann daher auch dann vorliegen, wenn der ***Notfallsanitäter*** im Rahmen der Notfallrettung/im Notfalleinsatz (das bedeutet v.a. die Durchführung lebenserhaltender Maßnahmen, die Abwendung weiterer schwerer Gesundheitsschäden und die Herstellung der Transportfähigkeit) auf der Grundlage einer anhand der Lagebeurteilung getroffenen Arbeitsdiagnose ***bis*** zum Eintreffen des Notarztes oder ***bis*** zum Beginn einer weiteren ärztlichen Versorgung (in Wahrnehmung der Kompetenzen gemäß *§ 4 Abs. 2 Nr. 1 lit. c NotSanG*) eigenverantwortlich über unverzichtbare ***medizinische*** (auch invasive) ***Maßnahmen*** der ***Erstversorgung*** entscheidet und diese durchführt: der ***Behandlungsvertrag*** kommt gegebenenfalls in konkludenter Weise zwischen dem Notfallpatienten und dem Dienstgeber des Sanitäters zustande (RA D. Lentz in retten! 2014, S. 78 f). **(bb)** Der eine erlaubsnislose ***Ausübung der Heilkunde*** darstellende medizinische Eingriff durch den ***Notfallsanitäter*** geschieht in Wahrnehmung der bestehenden Notkompetenz im Rahmen eines rechtfertigenden ***Notstandes*** (BT-Drucks. 17/11689, S. 21; BayStMI in BayLT-Drucks. 17/12075 vom 09. September 2016, sub Ziff. 1.).

23 Die (von den Ärztlichen Psychotherapeuten [*MWBO*, Abschn. C/Zusatz-Weiterbildungen] zu unterscheidenden) ***Psychologischen Psychotherapeuten*** sind Psychologen, die als ***approbierte Heilkundler*** (*§§ 1 ff Psych-ThG*) zur eigenständigen Durchführung von Psychotherapien berechtigt sind (F. Osterloh in DÄBl. Studieren. de|Heft 1/2013).

24 Der ***Logopäde*** bedarf der (im Unterschied zur Heilpraktikererlaubnis sektoral nicht teilbaren [BVerwG, Az. 3 C 22.09 vom 28. April 2010]) ***Berufserlaubnis*** (*§ 1 LogopG*): als Stimm- und Sprechtherapeut ist er Angehöriger eines medizinischen Hilfsberufes, der mit Ärzten verschiedener Fachrichtungen (HNO, Pädiatrie, Neurologie u.a.) zusammenarbeitet, die ihrerseits eine logopädische Behandlung als Dienstleistungs-Heilmittel (*§ 124 Abs. 1 SGB V*) verordnen können (LdA/Hespeler, Kza 3430 Rn. 1).

25 **(1)** ***Hebamme*** (oder ***Entbindungspfleger***) ist eine Berufsbezeichnung (*§ 1 Abs. 1 HebG*): die Profession beschreibt nicht lediglich einen Heilhilfsberuf, sondern einen ***eigenständigen Heilberuf***, dem ein limitierter Kompetenzbereich zugewiesen ist (Knehe, Sl. 9, 10). **(a)** Führung der Berufsbezeichnung und Ausübung der Tätigkeit bedürfen der behördlichen ***Erlaubnis*** (*§ 1 Abs. 1 HebG*). **(b)** ***Geburtshilfe*** (*§ 4 Abs. 2 HebG*) darf ausschließlich von Ärzten und behördlich lizenzierten Hebammen/Entbindungspflegern geleistet werden: während die Hebamme/der Entbindungspfleger die normal verlaufende Geburt alleine betreuen darf, muss der Arzt bei der Geburtsleitung stets eine Hebamme/einen Entbindungspfleger beiziehen (*§ 4 Abs. 1 S. 2 HebG*). **(2)** Der ***Hebammen-/Entbindungsvertrag*** stellt einen ***Behandlungsvertrag*** iSd *§§ 611 ff*, ***630a ff BGB*** dar (Deutsch/Spickhoff, Rn. 139): **(a)** Die Hebamme/der Entbindungspfleger muss nach den ***Regeln der Entbindungskunst*** tätig sein – also ein Übernahmeverschulden (**unten 87** (2) (c) (aa)) vermeiden, nach dem medizinischen ***Geburts-Standard*** vorgehen und den Geburtsverlauf sorgfältig dokumentieren (Dettmeyer, S. 298, 299). **(b)** Bei jeder auftretenden physiolo-

gischen Regelwidrigkeit muss der ***Arzt*** hinzugezogen werden, dessen Anordnungen die Hebamme/der Entbindungspfleger sodann zu befolgen hat (Rieger, Rn. 800). **(3)** Die zivilrechtliche ***Haftung*** der Hebamme/des Entbindungspflegers bestimmt sich nach den ***allgemeinen Vorschriften*** des *BGB* (Knehe, S. 11). **(a)** Bei einer ***Hausgeburt*** ist die Gebärende darüber ***aufzuklären***, dass unvorhergesehene Komplikationen auftreten können und auch darüber, welche diagnostischen/therapeutischen Möglichkeiten im Unterschied zur Geburt in einer Klinik nicht zur Verfügung stehen (Dettmeyer, S. 298); des Weiteren bedarf es der ***Unterrichtung*** der Kindesmutter dahin, dass die bis zu einem notwendigen Erreichen der Klinik verstreichende Zeit ein erhöhtes Gesundheitsrisiko für Mutter und Kind mit sich bringen kann (EGMR, Beschwerde-Nr. 28.859/11 vom 11. Dezember 2014). **(b)** **(aa)** ***Nach*** der ***Übernahme*** der Geburtsleitung durch den ***Arzt*** ist die ***freiberuflich*** tätige Hebamme ***Erfüllungs- und Verrichtungsgehilfin*** (*§§ 278, 831 BGB*) des ***Belegarztes***, zu dem die Patientin in vertraglicher Beziehung steht: sie ist nunmehr den Weisungen des Arztes unterworfen und darf grundsätzlich auf deren Richtigkeit vertrauen (Bergmann/Wever, S. 59) – lediglich bei einem offensichtlich schwer fehlerhaften Vorgehen des Geburtsarztes kann die Hebamme eine Pflicht zur Remonstration treffen (OLG Düsseldorf, Az. 8 U 37/05 vom 26. April 2007); die eigene Vertragsbeziehung der Hebamme zu der Gebärenden hindert nicht ihre Position als Erfüllungs- und Verrichtungsgehilfin des Arztes (Gehrlein, Grundwissen, Abschn. A. Rn. 31); **(bb)** solange der ***Belegarzt*** die Geburtsleitung ***noch nicht*** übernommen hat, sind ***Fehler*** einer im Krankenhaus ***angestellten*** Hebamme, welcher ***bis*** zur Geburtsleitung durch den Arzt die ***Betreuung*** der Schwangeren oblag, über die *§§ 278, 831 BGB* dem ***Träger*** der Klinik ***zuzurechnen*** (BGH NJW-RR 2001, 665 [LS]; Gehrlein, Grundwissen, Abschn. A Rn. 31); **(cc)** dagegen ist die ***Beleghebamme alleine*** haftbar, wenn sie ***vor*** dem Eintreffen des geburtsleitenden Arztes der Kindesmutter (angesichts der registrierten regelmäßigen Wehentätigkeit und noch dazu bei auffälliger fetaler Herzfrequenz) ein ***absolut kontraindiziertes*** wehenstimulierendes Nasenspray verabreicht (OLG Koblenz, Az. 5 U 854/08 vom 02. Februar 2009).

26 **(1)** **(a)** **(aa)** Rechtsgrundlage für die Tätigkeit des ***Physiotherapeuten*** ist das *MphG* (der Physiotherapeut kann indes eine auf das Gebiet der Physiotherapie begrenzte Heilpraktiker-Erlaubnis erwerben [BVerwG b. Berner in DÄBl. 2011, A-919]): der ***Physiotherapeut*** behandelt nach entsprechender ärztlicher Diagnose und aufgrund ärztlicher Verordnung; für die Anwendung osteopathischer Verfahren ist eine zusätzliche Qualifikation („Manuelle Therapie") erforderlich, wobei aber wegen der potentiell höheren Risiken die Delegation von Techniken iSe Manipulation mit ***Impulsen an der Wirbelsäule*** an ***Nichtärzte ausgeschlossen*** ist (BÄK-Bek. in DÄBl. 2009, A-2325 ff, Abschn. V., VI., VII. 1. b); **(bb)** ***abw.*** **(aaa)** KG, Az. 20 U 183/06 vom 14. April 2008: zu Impulstechniken kann auch der nichtärztliche ***Chiropraktor/Chiropraktiker*** befugt sein, eine Ausbildung als Krankengymnast reicht dafür aber nicht; **(bbb)**

OLG Oldenburg VersR 2015, 1514f: die ***chiropraktische Tätigkeit*** unterfällt dem Anwendungsbereich des *HPG*, so dass eine entsprechende Behandlung ohne die dafür erforderliche Erlaubnis nach *§ 1 HPG* unrechtmäßig ist (zu einem Fall, in dem ein Reiki-Meister, der die nötige Erlaubnis nicht besaß, durch ruckartiges Einrenken des Kopfes Gefäßläsionen im Gehirn verursacht und auf diese Weise bei dem Behandelten letztlich mehrere Schlaganfälle ausgelöst hatte). **(b)** **(aa)** ***Physiotherapeuten*** bedürfen als Angehörige eines Heilhilfsberufes zur Ausübung ihrer Tätigkeit der Anordnung/Verordnung eines Arztes oder Heilpraktikers: daher liegt kein Verstoß gegen die Bestimmung des *§ 5 HPG* vor, wenn ein Physiotherapeut aufgrund ärztlicher/heilpraktischer Anordnung/Verordnung einen Patienten osteopathisch behandelt (VGH Kassel, Az. 3 C 2604/08 N vom 18. Juni 2009 [Tz. 34]). **(bb)** ***Anders*** OLG Düsseldorf, Az. 20 U 236/13 vom 08. September 2015 (b. Berner DÄBl. 2016, B-808): Osteopathie darf als Heilkunde nur von approbierten Ärzten und von Heilpraktikern mit der Erlaubnis nach *§ 1 HPG* ausgeübt werden; auch der ***Physiotherapeut***, der auf ärztliche Verordnung hin osteopathisch tätig wird, bedarf der Heilpraktiker-Erlaubnis – die Erlaubnis gemäß *§ 1 Abs. 1 MphG* reicht nicht. **(2)** **(a)** Der freiberuflich tätige ***Masseur und medizinische Bademeister*** schließt mit dem Patienten bisweilen einen eigenen Behandlungsvertrag ab (vgl. Deutsch/Spickhoff, Rn. 620). **(b)** **(aa)** Die Heilhilfstätigkeit des Masseurs und medizinischen Bademeisters besteht hauptsächlich in der Durchführung von Massagen, der Anwendung der Reizstromtherapie und in der Ermöglichung von Bädern zur Heilung/Linderung von Beschwerden: Leistungen der ***manuellen Therapie*** (Gelenksmobilisierung und -manipulation) kann er (im Unterschied zu dem entsprechend weitergebildeten ***Physiotherapeuten***) gegenüber der GKV ***nicht*** abrechnen (*§ 125 Abs. 2 S. 1 SGB V* iVm dem einschlägigen *Rahmenvertrag*) – auf die Erteilung der entsprechenden Abrechnungsbefugnis hat er keinen Anspruch (BSG, Terminsbericht 8/17 vom 16. März 2017; LSG Berlin-Brandenburg, Az. 1 KR 206/13 WA vom 08. Juli 2016). **(bb)** Die ***ärztliche Zusatzbezeichnung „Manuelle Medizin/Chirotherapie"*** umfasst (in Ergänzung der FA-Kompetenz) die Erkennung und Behandlung reversibler Funktionsstörungen des Bewegungssystems mittels manueller Untersuchungs- und Behandlungsmethoden (*WBO* für die Ärzte Bayerns, Abschn. C Nr. 20): als unselbstständiger diagnostischer Zwischenschritt ***muss*** der manuell-medizinischen Behandlung/der Chirotherapie ein vorsichtiger Probezug/eine vorsichtige Probemobilisation vorausgehen, bei deren positivem Ergebnis (Auftreten von Verspannungen/Schmerzen) eine Kontraindikation für die vorgesehene Behandlung anzunehmen ist (LG Baden-Baden VersR 2014, 1506f; Jungbecker VersR 2014, 1507).

27 **(1)** **(a)** ***Erfüllungsgehilfe*** ist, wer nach den tatsächlichen Verhältnissen des gegebenen Falles mit dem Willen des Schuldners bei der Erfüllung der diesem obliegenden Verbindlichkeit als seine Hilfsperson tätig ist (BGHZ 13, 111, 113; Musielak/Hau, BGB, Rn. 1223). **(b)** **(aa)** Soweit die Erfüllungsgehilfen ***AN***

sind, gelten für sie (ausgenommen sind Leitende Angestellte, die Organisationsverantwortung tragen) die etablierten Grundsätze über die ***beschränkte AN-Haftung***: der ***CHA-Vertrag*** ist normalerweise ein Arbeitsvertrag, der ***CHA*** daher im Allgemeinen AN – Leitender Angestellter [*§§ 5 Abs. 3 BetrVG, 18 Abs. 1 Nr. 1 ArbZG*] ist der ***CHA*** nur, wenn er Mitglied der Klinikleitung ist (BAG, Az. 7 ABR 61/06; Schaub/Koch, S. 123); das *ArbZG* findet auf ihn keine Anwendung (Prof. B. Halbe DÄBl. 2017, A-1496). **(bb)** Seit der Entscheidung des BAG-GS vom 27. September 1994 (NJW 1995, 210 ff) haftet der ***AN*** (abweichend von der allgemeinen gesetzlichen Regel des *§ 276 BGB*) dem ***AG gegenüber*** für Schäden, die er in Ausübung einer betrieblich veranlassten und aufgrund des Arbeitsverhältnisses geleisteten Tätigkeit verursacht hat, (nur) nach dem ***Grad*** seines ***Verschuldens***: Vollhaftung bei vorsätzlich und grob fahrlässig verursachten Schäden (bei letzteren aber je nach Einzelfall mit der Möglichkeit einer Schadensteilung), anteilige Haftung in Fällen mittlerer Fahrlässigkeit (als Ergebnis einer Abwägung der Gesamtumstände) und schließlich Nichthaftung, sofern der Schaden auf leichteste Fahrlässigkeit zurückzuführen ist (Brox/Rüthers/Henssler, Rn. 250 ff). **(c)** ***Dritten gegenüber*** haftet der ***AN*** nach den ***allgemeinen*** Vorschriften; die ***Einschränkung*** der AN-Haftung wirkt sich jedoch im ***Innenverhältnis*** zwischen AG und AN derart aus, dass dem ***AN*** ein ***Freistellungsanspruch*** (*§ 257 BGB*) gegen den ***AG*** insoweit zuerkannt wird, als er diesem gegenüber (wäre er geschädigt) nicht haften würde (Löwisch/Caspers/Klumpp, Rn. 545, 546). **(d)** Diese ***arbeitsrechtliche Haftungssystematik*** ist auch in dem Verhältnis zwischen ***Krankenhaus-***/Praxis-/MVZ-Träger und ***angestelltem Arzt anzuwenden*** (RAin M. Maicher-Byell in DÄBl. vom 23. September 2016, Ärztestellen S. 2, 4). **(3) (a)** Der (vom ***AG*** als AN oder als externer Dienstleister bestellte [LAG Köln MDR 2000, 26]) ***Betriebsarzt*** (*§§ 1 ff, 8 ff AsiG*) wird ***nicht heilbehandelnd***, sondern gefahrenvorbeugend und gesundheitsberatend tätig (Rieger, Rn. 420); ***fachkundliche Leistungen*** (*bspw.* arbeitsmedizinische Untersuchungen/Vorsorgeuntersuchungen oder Beratungen im Hinblick auf arbeitsbedingt drohende Gesundheitsgefahren [Frank/Schmid, S. 27]) erbringt er ***nur*** im Verhältnis zu den ***Betriebsangehörigen*** (BGH JR 2016, 11, 12 f): ***mangels*** vertraglicher Beziehung zu diesem haftet der Betriebsarzt etwa bei einer vorwerfbar fehlerhaften arbeitsmedizinischen Beurteilung dem ***AN*** gegenüber nur aus ***Delikt*** (Schaub/Koch, S. 194); neben der Haftung des Betriebsarztes kann bei dessen Fehlleistungen dem AN gegenüber u.U. auch der ***AG*** (gemäß den Bestimmungen der *§§ 278, 831 BGB*) einstehen müssen – bezgl. Personenschäden gilt sowohl für den Betriebsarzt wie für den AG die Haftungsprivilegierung nach *§ 105 SGB VII* (Rieger, Rn. 437, 438). **(b)** Führt der selbstständig tätige ***Betriebsarzt*** in dem Betrieb eine (nicht zu seinen Aufgaben gemäß *§ 3 AsiG* zählende) ***Grippeschutzimpfung*** als Maßnahme der allgemeinen Gesundheitsvorsorge durch, so haftet der ***AG nicht*** für etwaige Impfschäden, die bei geimpften Betriebsangehörigen auftreten: der auf die Durchführung einer allgemeinmedizinischen Maßnahme gerichtete ***Be-***

handlungsvertrag kommt nicht zwischen dem AN und dem AG, sondern zwischen dem ***AN*** und dem approbierten ***Betriebsarzt*** zustande (LAG Stuttgart, Az. 9 Sa 11/16 vom 06. Juni 2016 [bestätigt durch BAG, Az. 8 AZR 853/16 vom 21. Dezember 2017]). **(4)** Als ***AG*** hat der ***Praxisinhaber*** die zugunsten seiner Helferinnen bestehenden ***Arbeitsschutzbestimmungen*** zu beachten: iF eines zum Schadensersatz verpflichtenden Arbeitsunfalles greift die Haftungsprivilegierung nach *§ 104 SGB VII* dann nicht, wenn der AG die Schutznorm vorsätzlich verletzt und bezgl. des Schadenseintrittes bedingt vorsätzlich gehandelt hat (LAG Nürnberg b. Berner in DÄBl. 2017, A-1824 [Verwendung alter Blutentnahme-Kanülen ohne Sicherheitsklappe – anstelle der seit 2008 vorgeschriebenen Sicherheitskanülen]).

28 **(1)** ***Diagnostik*** bezeichnet alle auf die ***Diagnosegewinnung*** gerichteten Maßnahmen (Hexal-Taschenlexikon, S. 156); die ***Diagnose*** selber ist die bewertende Zusammenfassung aller diagnostischen Bemühungen incl. der systematischen Benennung der festgestellten Erkrankung (DocCheck Flexikon [2017]). **(2)** **(a)** Die ***Diagnosestellung*** kann (als die Einholung einer ärztlichen/einer „second opinion") der alleinige Gegenstand einer ***Sonderabrede*** zwischen Arzt und Patient sein (s. **oben 19** (2)): dieser ***Diagnosevertrag*** verpflichtet den Arzt, den Patienten nach den Regeln der Wissenschaft zu untersuchen, ihm (unter Einbeziehung der selbst- und/oder der fremderhobenen Befunde) das Ergebnis der Untersuchung mitzuteilen und ihn über die daraus resultierende ***Diagnose aufzuklären*** (Deutsch/Spickhoff, Rn. 4, 21, 140, 159, 436; Quaas/Zuck, § 13 Rn. 89; s. auch Fischer JR 1981, 502 [zu dem vergleichbaren Fall der ***therapeutischen Aufklärung*** als selbstständig versprochene ärztliche Leistung]). **(b)** Der gesetzlich versicherte Patient hat (gemäß *§ 27b SGB V* iVm einer entsprechenden *RL* des G-BA) bei der Indikation zu bestimmten elektiven Eingriffen einen ***Rechtsanspruch*** auf die Einholung einer unabhängigen ärztlichen Zweitmeinung (DÄBl. 2017, A-1733).

29 **(1)** ***Indikation*** heißt Anzeige/Heilanzeige: das ist der Grund/der Umstand, warum eine bestimmte ärztliche Maßnahme durchgeführt wird, die nach Abschätzung des möglichen Nutzens und des Risikos für den Patienten sinnvoll erscheint/ist (Roche-Lexikon, S. 918). **(2)** **(a)** **(aa)** Die ***Indikation*** zeigt mithin (medizinisch begründet) an, was (bezogen auf das Patientenwohl) fachlich getan werden kann/muss (Prof. F. Anschütz, Indikationen zum ärztlichen Handeln, 1982, S. 6): das ergibt sich aber nicht etwa schon von selbst aus der Diagnosestellung; vielmehr muss die ***Indikation*** als der ärztliche Entschluss zu einem ***bestimmten Handeln*** mit Bezug auf die ***konkrete Situation*** des Patienten und mit Bedacht auf ein ***bestimmtes Behandlungsziel aktiv*** gestellt werden (BLÄK-Präs. M. Kaplan in BÄBl. 2016, S. 67) – die Indikation ist also relational, konkret und individuell (Lipp in Laufs/Katzenmeier/Lipp, VI. Rn. 95). **(bb)** Die verchiedenen ***Indikationsarten*** (vital, absolut, relativ, elektiv) ergeben sich aufgrund der höchsten bis hohen bis niedrigen oder fehlenden ***Dringlichkeit*** einerseits und der möglicherweise bestehenden ***Alternativen*** des medizi-

nischen Vorgehens andererseits (vgl. Heberer/Köle/Tscherne, Chirurgie, 4. Aufl., 1983, S. 109). **(b)** **(aa)** Eine ***Indikation*** zu stellen ist ***Bestandteil*** des medizinischen Behandlungsvorganges: für ihre ***Beurteilung*** gelten daher die Grundsätze der Prüfung zum Vorliegen eines Behandlungsfehlers (BGH, Az. VI ZA 9/08 vom 25. März 2009; RA B. Schwarz b. bld.de vom 06. Mai 2009). **(bb)** Bei Vorliegen einer ***relativen Indikation*** für das operative Vorgehen scheidet ein Behandlungsfehler wegen der Vornahme der OP aus: eine klare relative Indikation ist gegenüber einer absoluten Indikation ***nicht geringerwertig*** - sie beinhaltet lediglich, dass auch noch andere Vorgehensweisen in Betracht kämen (OLG Köln, Az. 5 U 63/03 vom 16. März 2005).

30 **(1)** Bei dem durch einen ***Ehepartner*** im eigenen Namen abgeschlossenen Behandlungsvertrag tritt unter den Voraussetzungen des *§ 1357 Abs. 1 BGB* („Schlüsselgewalt") die ***Mithaftung*** des (nicht getrennt lebenden) ***Ehegatten*** für die ***Behandlungskosten*** ein: die Vorschrift begründet eine gesetzliche ***Ermächtigung*** des handelnden Ehegatten zur Mitverpflichtung (*§ 421 BGB*) des anderen bei Schuldverträgen zur angemessenen Deckung des familiären Lebensbedarfes (Schwab, Rn. 154, 165); als der Gesundheit dienend zählen ärztliche Behandlungen (besonders auch der gemeinsamen minderjährigen Kinder [BGH-PM Nr. 67/2005]) grundsätzlich zum (primären) Lebensbedarf der Familie (BGH, Az. IVb ZR 72/83 vom 13. Februar 1985 [Tz. 16]). Übersteigen die Behandlungskosten den Rahmen des wirtschaftlichen Zuschnittes der Familie, dann scheidet allerdings eine Inanspruchnahme des Ehepartners nach den Grundsätzen der *GOA* (*§§ 670, 683 BGB*) aus, weil die Haftungseinschränkungen des *§ 1357 Abs. 1 BGB* nicht zu Lasten des anderen Ehegatten überspielt werden dürfen (BGH, Az. III ZR 351/04 vom 28. April 2005 [Tz. 47]). **(2)** **(a)** Unter bestimmten Umständen kann ein ***Vergütungsanspruch*** des behandelnden Arztes/ZAes auch ***entfallen***: das kommt in Betracht entweder **(aa)** wegen gegen *§ 242 BGB* verstoßender Inanspruchnahme einer Rechtsposition, sofern sich die ärztliche Bemühung nach Behandlungsabschluss als völlig untauglich herausstellt und für den Patienten zur Gänze ebenso nutzwie wertlos ist (idS wohl Weirich, S. 80 – zur treuwidrigen Geltendmachung eines Rechtes allgemein s. Münch-KommBGB/Roth, § 242 Rn. 178, 197); oder **(bb)** nach *§§ 628 Abs. 1 S. 2 zweite Alt., 630b BGB*, wenn der Patient vor Behandlungsende wegen schuldhaft (nicht lediglich geringfügig) vertragswidrigen Verhaltens des Behandlers (welches u.a. in der vorsätzlichen Begehung eines Behandlungsfehlers bestehen kann) gekündigt hatte (vgl. BGH, Az. VI ZR 133/10 vom 29. März 2001 [LS]; OLG Koblenz, Az. 5 U 1289/92 vom 07. Januar 1993 [kein Honoraranspruch des ZAes bei vollständig erneuerungsbedürftiger Frontzahnbrücke als insgesamt unbrauchbarer Heilbehandlungsleistung]; OLG Düsseldorf, Az. 18 U 15/15 vom 13. Juli 2016). **(b)** Bei der ***Eingliederung*** von ***Zahnersatz*** muss der Patient dem behandelnden ZA die bestehende Möglichkeit der zumutbaren ***Nachbesserung/Neuanfertigung*** gewähren: sonst ist ein Schadensersatzanspruch ausgeschlossen (BSG, Az. B 6 KA 15/16 R vom

10. Mai 2017 [zur Frage des Schadensregresses der Krankenkasse nach den *§§ 23ff BMV-Z* gegen einen Vertrags-ZA]; OLG Köln, Az. 5 U 161/15 vom 23. Mai 2016 [Nichtgewährung einer zumutbaren Nachbesserungsmöglichkeit schließt Schadensersatzanspruch gegen den ZA aus]; LG Köln, Az. 3 O 310/13 vom 20. Oktober 2015 [dem behandelnden ZA muss Gelegenheit gegeben werden, seine Arbeit fertigzustellen, da das prothetische Werkstück nicht immer schon auf Anhieb beschwerdefrei sitzen kann/muss]).

31 **(1)** Ein ***Krankenhausbehandlungsvertrg*** mit ***privatrechtlichem Vergütungsanspruch*** des Krankenhausträgers kann durch ***konkludentes*** Verhalten zustande kommen, wenn der Patient weiterhin im Krankenhaus verbleibt, obgleich er über das Ende der Kostenübernahme seitens der GKV unterrichtet worden ist (BGH NJW 2000, 3429, 3431). **(2)** ***Abtretung*** ist die vertraglich vorgenommene Übertragung eine Forderung von dem bisherigen auf einen neuen Gläubiger: der Schuldner der Forderung ist an diesem Geschäft nicht beteiligt (Musielak/Hau, BGB, Rn. 1284).

32 **(1)** ***Neulandmethoden*** sind neue Verfahren, bei denen (auch) unbekannte Komplikationen und Risiken auftreten können (vgl. OLG Hamm, Az. 26 U 76/17 vom 23. Januar 2018). **(2)** **(a)** Der (gesetzlich nicht definierte) ***Heilversuch*** verfolgt (im Unterschied zum klinischen Experiment, bei welchem ein allgemeines wissenschaftliches Interesse im Vordergrund steht [Ehlers, S. 49]) therapeutische Absichten in einem ***konkreten Behandlungsfall*** (Laufs, Rn. 677): dem an einer ***Krankheit*** (einem gestörten Lebensvorgang in einem Organ/im Organismus [Pschyrembel, S. 983]) leidenden (arg. *§ 41 Abs. 1 AMG*) ***Patienten*** soll (mangels vorhandener oder erfolgversprechender Alternativen [Lührs da Silva/Universitätsklinikum Ulm, Curriculum vom 25. September 2010]) gerade durch das ***Verlassen*** des ärztlichen ***Standards*** geholfen werden (MDS, Arzneimittel in der Erprobung, 01. Juli 2003, S. 15, 17 [m. Bezug auf BAnz vom 29. April 1998, S. 40]). **(b)** Der (als Gegenstück zur Standardbehandlung definierte [Helle/Frölich/Haindl NJW 2002, 860]) ***Heilversuch*** ist also eine ***Versuchsbehandlung*** jenseits des medizinischen ***Standards***: im Vordergrund steht zwar die ***Heilabsicht*** – hinsichtlich der Auswirkungen der eingesetzten Heilmethode ***fehlt*** es aber an der praktischen Erfahrung (Deutsch/Spickhoff, Rn. 651, 652; Lilie/Radke, S. 83); für evtl. ***Rechtsgutsverletzungen*** und deren Folgen trägt der den ***Heilversuch*** durchführende Arzt die zivil- und die strafrechtliche ***Verantwortung*** (Koenig/Müller in MedR 2008, 190, 199): speziell bei dem ***Heilversuch*** mit einem noch nicht zugelassenen neuen Medikament gilt ein ***erhöhter Sorgfaltsmaßstab***, weil in besonderem Maße mit unbekannten Risiken und Nebenwirkungen gerechnet werden muss (BGH, Az. VI ZR 55/05 vom 27. März 2007 [Tz. 18, 26]). **(c)** **(aa)** Die als mögliche Alternative zu einem Einsatz von Antibiotika (*z.B.* bei einer bakteriellen Durchfallerkrankung, einer Pneumokokkeninfektion der Lunge oder bei einer Wundinfektion) in Betracht kommende Phagentherapie kann nur als individueller ***Heilversuch*** (s. *Nrn. 25ff* der *Deklaration von Helsinki*) zur Anwendung gelan-

gen (S. Sütterlin in BZ vom 07. April 2014; Kl. Fleck in WamS-Beilage „Gesund" vom 07. Dezember 2014, S. 20): zur Bakteriophagen-Forschung in Deutschland s. P. Leiner in aerztezeitung.de/ vom 09. Oktober 2017. **(bb)** Als in einem gastroenterologischen Zentrum durchzuführender individueller ***Heilversuch*** bei strenger Indikationsstellung ist auch die Stuhltransplantation zur Therapie einer CDI aufzufassen (Lübbert et al. in DÄBl. vom 24. Oktober 2014, Medizin, S. 723, 729): Studienergebnisse zeigen, dass mit einer Stuhltransplantation den meisten CDI-Patienten geholfen werden kann (P. Heinemann in WELT vom 02. Mai 2016, S. 20 [m. Verweis auf die Forschergruppe um Prof. Bork in Heidelberg]). **(3)** Eine nicht interventionelle Studie (*§ 4 Abs. 23 S. 3 AMG*) stellt die sog. ***Anwendungsbeobachtung*** dar: mit ihr sollen aufgrund der Anwendung zugelassener Arzneimittel in der ärztlichen Alltagspraxis Erkenntnisse über Nebenwirkungen gewonnen werden, die im Zulassungsverfahren wegen der dort begrenzten Teilnehmerzahl so nicht ermittelt werden können – es bedarf dazu eines schriftlichen Leistungserbringungsvertrages zwischen dem Pharmaunternehmen und dem beobachtenden Arzt sowie einer Aufklärung und schriftlichen Einwilligung der teilnehmenden Patienten; der Arzt muss seine Behandlung in einem Beobachtungsplan dokumentieren – außerdem treffen ihn (gemäß *§ 67 Abs. 6 AMG*) umfangreiche Mitteilungspflichten (Frank/Schmid, S. 24; RA O. Pramann in DÄBl. vom 25. Dezember 2017, Ärztestellen, S. 2, 4).

33 ***Standard*** bedeutet ganz allgemein so viel wie: ***Norm***, Richtschnur oder Vorbild; das Wort kommt aus dem englischen ***„standard"***: (ursprünglich für die) Königsfahne als Sammelpunkt des Heeres (Etymologisches Wörterbuch des Deutschen, 7. Aufl., 2004, S. 1342).

34 **(1)** **(a)** Im ***Arzthaftungsprozess*** ist das Tatgericht gehalten, den medizinischen Sachverhalt ***von Amts wegen*** zu ermitteln und aufzuklären (BGH, Az. VI ZR 557/15 vom 15. Dezember 2015; Beck'sches Richterhandbuch/ Schlund, B I Rn. 14). **(b)** **(aa)** Da der von dem behandelnden Arzt zu beachtende ***Sorgfaltsmaßstab*** von der medizinischen Wissenschaft und Praxis ***selbst aufgestellt*** wird, ist im Rechtsstreit das Gericht zur Ermittlung des im Entscheidungsfalle ***gültigen Standards*** auf die Darlegungen des ***medizinischen Sachverständigen*** angewiesen (Weirich, S. 111; Rehborn GesR 2013, 257, 259) – der (je nachdem) bestimmte Eigenerfahrungen besitzen oder nicht besitzen und/oder bestimmten „Schulen" anhängen kann oder nicht (idS ***krit.*** zu der Kodifizierung in ***§ 630a Abs. 2*** VorsROLG P. Thurn auf dem 4. Kölner Medizinrechtstag am 30. November 2012 [mitgeteilt durch den Tagungsbericht in RhÄBl. Ausgabe 1/2013, S. 12 ff]). **(bb)** Im ***Behandlungsfehlerprozess*** ist es die ***Aufgabe*** des ***ärztlichen Sachverständigen***, im Rahmen der auftragsgegenständlichen ***Beweisfragen*** (*§§ 404, 404a ZPO*) auf der Grundlage der vorhandenen Anknüpfungsfakten und -umstände medizinfachlich-beurteilend darzutun, ***ob*** Diagnose- und Indikationsstellung zutreffend/vertretbar waren und ob die gewählte Behandlungsmethode sowie deren Durchführung der ***standardisierten***

Sorgfalt entsprochen haben (vgl. Deutsch/Spickhoff, Rn. 817; Frank/Schmid, S. 106). **(cc)** Jede Partei kann die ***Anhörung*** des bestellten ***Sachverständigen*** vor Gericht verlangen, damit sie dem Gutachter die Sachaufklärung betr. Fragen zur ***mündlichen Beantwortung*** (*§§ 397, 402 ZPO*) vorlegen kann (BGH b. Berner DÄBl. 2017, A-2116). **(c)** Der Tatrichter darf den medizinischen ***Standard nicht ohne*** die entsprechende Grundlage in einem ***Sachverständigengutachten oder*** gar ***gegen*** die Ausführungen des ***Sachverständigen*** aus eigener Beurteilung heraus bestimmen/festlegen (BGH, Az. VI ZR 106/13 vom 24. Februar 2015 [LS]; RA Chr. Osmialowski in DÄBl. vom 11. April 2016, Ärztestellen, S. 2, 4). **(2) (a) (aa)** ***Behandlungs-LL*** verstehen sich ***als Handlungsempfehlungen*** mit einem gewissen „Abweichungskorridor“: sie sind ***nicht konstitutiv*** für den ***Standard***, wenngleich ihnen bei dessen Ermittlung eine erhebliche Bedeutung zukommen kann (Lilie/Radke, S. 102; Hart MedR 1998, 8, 11; Rehborn GesR 2013, 257, 259). **(bb)** Weicht die Beurteilung des Sachverständigen von einer (sich als Wegweiser für den betreffenden medizinischen ***Standard*** darstellenden) einschlägigen ***LL*** ab, so bedarf dies einer nachvollziehbaren Begründung (OLG Hamm, Az. 3 U 66/14 vom 18. Juni 2014 [LS]). **(b)** ***Handlungsanweisungen*** in den ***LL*** ärztlicher Fachgremien dürfen ***nicht*** ohne Weiteres mit dem medizinischen ***Standard*** gleichgesetzt werden (zumal dann nicht, wenn sie erst nach der zu beurteilenden Behandlung veröffentlicht worden sind): sie können im Einzelfall den geltenden medizinischen ***Standard*** zutreffend beschreiben, sie können aber auch veraltet sein oder einen Behandlungsstandard erst für die Zukunft entwickeln; jedenfalls ***ersetzen LL nicht*** ein Sachverständigengutachten (BGH NJW-RR 2014, 1053 [LS]; OLG Braunschweig, Az. 1 U 1/04 vom 12. Juli 2012 [LS gemäß Entscheidungsdatenbank des Niedersächsischen Landesjustizportals [[2015]]]; RAin S. Kunz-Schmidt in NJ 2016, 16, 17 [bestehende ***LL*** sind aber mit dem Sachverständigen zu ***erörtern***]).

35 Mehr als ein Viertel der ärztlichen Arbeitszeit entfällt auf das ***Management***/die ***Verarbeitung*** von Informationen zur ***Organisation der Patientenversorgung*** und zur medizinischen ***Dokumentation*** (s. hierzu Prof. M. Dugas in DÄBl. 2013, A-243 f).

36 **(1)** ***Behandlungsfehler*** können v.a. in der ***Diagnostik*** und/oder in der ***Therapie*** vorkommen (Rehborn, S. 154). **(2) (a)** Da der Arzt/Behandler nicht die objektiv richtige Diagnose schuldet, ist ein ***Diagnoseirrtum*** (bei dem aus den vollständig erhobenen/vorhandenen Befunden ein ***falscher Schluss*** gezogen worden ist) für sich alleine ***noch nicht*** haftungsbegründend (OLG Hamm, Az. 26 U 2/13 vom 20. Mai 2015 [Tz. 30]; Frank/Schmid, S 42 f): in der Tat sind die meisten (objektiven) ***Fehldiagnosen*** auf derartige (für sich betrachtet rechtlich unbeachtliche) ***Diagnoseirrtümer*** zurückzuführen (Bergmann/Wever, S. 46). Als ein vorwerfbarer ***Diagnosefehler*** (mithin als ***Behandlungsfehler***) stellt sich der Diagnoseirrtum ***erst*** dann dar, wenn ***Befunde*** aus der Sicht eines gewissenhaften Arztes ex ante in medizinisch ***nicht mehr vertretba-***

rer Weise ***fehlgedeutet*** worden sind (vgl. OLG Hamm, aaO [verneint bei einem Gynäkologen, der die wegen schwerlich erkennbar individualanatomischen Anomalien mangelnde Verhütungseignung einer eingesetzten Spirale verkannt hatte]; LG Heilbronn b. Berner in DÄBl. 2016, A-1734 [kein Fehler iSe nicht mehr zu vertretenden Diagnose durch die KJP-Behandler bei einem späteren Amokläufer]; Fenger/Holznagel/Neuroth/Gesenhues, S. 27). **(b)** Der Vorwurf des ***Behandlungsfehlers*** trifft den Arzt/Behandler mithin für einen ***Dignosefehler***: ein solcher kann allerdings ***auch*** dann vorliegen, wenn ***nicht alle*** diagnostischen Maßnahmen ergriffen worden waren, die in dem konkreten Behandlungsfall (ohne neue ernstliche Gefährdungen für den Patienten) medizinisch ***zu Gebote*** gestanden hätten, so dass deswegen fahrlässig eine ***Fehldiagnose*** gestellt worden ist (Lilie/Radke, S. 43 [Nichtvornahme einer Gewebsuntersuchung vor der Entfernung einer Brustdrüse/Unterlassen eines Gewebeabstrichs trotz krebserkrankungstypischer Beschwerden]; Rieger, Rn. 311 [zu den ärztlichen Sorgfaltspflichten bei der Diagnosestellung]) – ***oder*** wenn Symptome ***verkannt*** wurden, die für eine bestimmte Erkrankung ***charakteristisch*** sind (Gehrlein, Grundwissen, Abschn. B Rn. 16 [Fehl-/Missdeutung eines Krebstumors als gutartige Geschwulst – Nichterkennen einer in der Röntgenaufnahme abgebildeten Fraktur]; Jaeger VersR 2006, 1548; Ramm GesR 2011, 513, 515). **(3) (a)** ***Therapiefehler*** (***Behandlungsfehler in der Therapie***) können u.a. (allgemeinarzt-online.de/behandlungsfehler vom 04. April 2014) bestehen in: einem ***Unterschreiten*** des anerkannten FA-Standards, dem ***Unterlassen*** medizinisch erforderlicher Befunderhebungen, dem ***Nichterheben*** elementarer Kontrollbefunde, dem ***Unterlassen*** der Überprüfung der Erstdiagnose oder in der ***mangelnden Sicherungsaufklärung*** des Patienten (*z.B.* über die Medikamentendosierung oder über die Notwendigkeit der Wiedervorstellung binnen einer bestimmten Frist); **(b)** einen ***Behandlungsfehler*** begeht auch derjenige Arzt, der einen ***nichtindizierten*** (oder einen sogar ***kontraindizierten***) Eingriff durchführt (Palandt/Weidenkaff, § 630a Rn. 19, 25; Laufs, Rn. 29; Gehrlein, Abschn. B. Rn. 4a) – ***keine indikative*** Bindung iSe Heilanzeige gilt allerdings für nicht kurative ästhetisch-chirurgische Eingriffe (Quaas/Zuck, § 13 Rn. 32; Rieger, Rn. 999); **(c) (aa)** der ***Behandlungsfehler*** kann *z.B.* darin bestehen, dass ***nicht*** der ***„Golden Standard“***, sondern eine Therapie der zweiten Wahl angewendet worden ist, die nicht durch Besonderheiten des konkreten Falles gerechtfertigt und damit nicht indiziert war (OLG Hamm, Az. 26 U 157/12 vom 25. Februar 2014 [zu einem Fall, in dem der Hautarzt ein Basalzellkarzinom an der Wange [[wegen der höheren Rezidivrate]] fehlerhaft fotodynamisch anstatt gemäß dem bewährten ***Standard*** chirurgisch behandelt hatte – der Fehler ist sogar als nicht mehr nachvollziehbar und daher als "grob" eingestuft worden, weil der Arzt den zur Durchführung der Erstwahl-Therapie entschlossenen Patienten nicht auf die praktizierte ***Abweichung*** vom ***„Golden Standard“*** hingewiesen hatte]); **(bb) (aaa)** ***kontraindiziert*** wäre *z.B.* die Durchführung des (mit einer Komplettunterbrechung der Blutzufuhr einhergehenden) Pringle-Manövers in einem Fall der schweren chronischen Lebererkrankung/der Leberzirrhose (OLG Saarbrücken, Az. 1 U 27/13 vom 04. Februar 2015 [Gründe Abschn. II.3.a]); **(bbb)** einen Fall, in welchem dem behandelnden Arzt durch Nichtbeachtung einer (angesichts des befundeten Gesundheitszustandes des Patienten) bestehenden ***Gegenanzeige*** (bzgl. der Applikation eines pharmakologischen Stressauslösers [sog. Stressampulle] im Zusammenhang mit der an sich indizierten Myokardszintigrafie) ein (wegen der daraus folgenden Krisenzustände des Patienten) den Tatbestand der fahrlässigen Körperverletzung verwirklichender ***Fehler*** unterlaufen ist, hatte die Strafsache Cs 13 Js 7145/13 AG Passau zum Gegenstand. **(4)** **(a)** Ein ***Befunderhebungsfehler*** liegt vor, wenn die Erhebung medizinisch gebotener Befunde ***unterlassen*** wird (BGH, Az. VI ZR 146/14 vom 26. Januar 2016 [Tz. 6]; Frank/Schmid, S. 43). **(b)** ***Befunderhebungsmängel*** treten nicht selten in ***Kombination*** mit ***Diagnosefehlern*** auf: für die Anknüpfung einer ***Haftung*** ist darauf abzustellen, ***ob*** im Rahmen einer Schwerpunktbetrachtung der ***Schwerpunkt*** des vorwerfbaren Verhaltens in der fehlerhaften Diagnose ***oder*** in der unterlassenen Erhebung weiterer Befunde (zur Absicherung der Diagnose) liegt (OLG Schleswig, Az. 4 U 34/07 vom 28. März 2008 [Tz. 43]; Ramm GesR 2011, 513, 517 [liegt der Schwerpunkt beim Diagnosefehler, so entfaltet dieser eine Sperrwirkung]); ***beruht*** die fehlerhafte Diagnose darauf, dass der Arzt eindeutig gebotene Befunde ***nicht erhoben*** hat, dann richtet sich die ***Haftung*** nach den Regeln zum ***Befunderhebungsmangel*** (OLG Naumburg, Az. 1 U 53/10 vom 09. Dezember 2010 [LS]); die ***Unterlassung*** von Befunderhebungen hingegen, die ihrerseits auf eine ***nicht unvertretbar irrige Diagnose*** zurückzuführen ist, scheidet als ***Haftungsgrund aus*** (LG Regensburg MedR 2015, 524, 525 [statt des zutreffenden Teilabrisses der Sehne die fehlerhafte, jedoch nach den Umständen medizinisch vertretbare Diagnose eines Teilabrisses des Muskels – mit der Folge, dass eine weitere Befunderhebung mittels Bildgebung nicht veranlasst gewesen ist]).

37 **(1)** Der mit dem Abschluss des Behandlungsvertrages latent entstehende ***Vergütungsanspruch*** des ***Privatarztes*** wird (erst) mit dem Zugang der (nach Maßgabe des *§ 12 GOÄ*) ***formell korrekt*** erstellten Honorarrechnung ***fällig*** – die Fälligkeit wird nicht davon tangiert, dass eine in Rechnung gestellte Position mit dem materiellen Gebührenrecht kollidiert (BGH, Az. III ZR 117/06 vom 21. Dezember 2006 [LS]); die ***Fälligkeit fehlt*** nur bezgl. solcher Einzelpositionen, deren Abrechnung den formellen Anforderungen nicht genügt (LG Hamburg, Az. 332 S 61/14 vom 29. Juni 2016 [Tz. 28]; GOÄ-Ratgeber in DÄBl. 2017, A 1136). **(2)** Die dreijährige ***Verjährungsfrist*** (*§ 195 BGB*) ***beginnt*** mit dem Schluss (31. Dezember – 24 Uhr) desjenigen Jahres (*§ 199 Abs. 1 BGB*), in welchem die ***Forderung entstanden*** und ***fällig*** geworden ist (BGH, Az. III ZR 117/06 vom 21. Dezember 2006 [Tz. 20 ff]; LG Krefeld NJW-RR 2008, 502 [Tz. 19, 20]; wird keine Rechnung erteilt, so ist die Forderung praktisch unverjährbar (Palandt/Ellenberger, § 199 Rn. 6).

38 (1) Die sog. ***Fernbehandlung*** wird in *§ 9 HWG* legaldefiniert (die Vorschrift verbietet nur die Werbung für die Fernbehandlung, nicht auch deren Durchführung): es handelt sich um Diagnosestellungen und/oder Therapie-Entscheidungen, die ***nicht*** auf unmittelbaren Eigenwahrnehmungen des Arztes an dem Patienten beruhen (vgl. etwa OLG Köln, Az. 6 U 235/11 [zu einem Fall der fachärztlichen Beratung unter einer Internet-Domain]; SG München, Az. S 28 KA 94/17 ER vom 17. Juli 2017 [zu einem Telefon-Service betr. ein Verfahren zur Priorisierung von medizinischen Hilfsleistungen]). **(2) (a)** ***Berufsrechtlich*** ist die Fernbehandlung bislang (lediglich) als ***ausschließliche Form*** der individuellen ärztlichen Behandlung ***unzulässig*** (*§ 7 Abs. 4 MBO-Ä*): rechtlich ***nicht zu beanstanden*** ist sie als ***Ergänzung*** einer herkömmlichen Behandlung durch Einsatz von Kommunikationsmedien, sofern und soweit der erforderliche persönliche Kontakt zwischen Arzt und Patient sichergestellt ist (Hinweise und Erläuterungen der BÄK zu § 7 Abs. 4 MBO-Ä vom 11. Dezember 2015, S. 2 f; Frank/Schmid, S. 93 [möglich sind *z.B.* eine Behandlungsfortsetzung nach persönlicher Vergewisserung vom Gesundheitszustand des Patienten, die fernmündliche Anfrage des behandelnden Arztes bei einem Konsiliar oder die Ausstellung eines Folgerezeptes durch den behandelnden Arzt auf Online-Anforderung hin]); **(b)** seit dem ***01. April 2017*** gibt es die mit schriftlicher Zustimmung des Patienten terminsvereinbarte ***Videosprechstunde*** des Vertragsarztes als eine telemedizinische Leistung der GKV (*§ 291g Abs. 4 SGGB V, Anlage 31b BMV-Ä*): sie soll eine persönliche Wiedervorstellung des dem Arzt bereits bekannten Patienten in der Praxis ersetzen und dient allein der Verlaufskontrolle durch bestimmte FA-Gruppen (Allgemeinmediziner, Pädiater, Gynäkologen, Orthopäden und Dermatologen) in Bezug auf bestimmte Indikationen wie OP-Wunden, Bewegungseinschränkungen/-störungen oder Dermatosen (Überblicks-Info in DÄBl. 2018, A-213); **(c)** eine erste fachärztliche Einschätzung der Gesundheitssituation eines Nutzers der jeweiligen Plattform per Videochat ist Geschäftsgegenstand der sog. ***Telekliniken*** (Online-Ambulanzen): die berufsrechtlichen Rahmenregeln besitzen indes auch auf diesem Tätigkeitsfeld ihre Geltung (Deutsch/Spickhoff, Rn. 25); **(d)** nach *§ 7 Abs. 4 BO LÄK/**BW*** ist seit ***Sommer 2016*** in bestimmten Regionen die ***ausschließliche*** ärztliche Fernbehandlung (über Kommunikationsnetze) im Rahmen von genehmigten ***Modellprojekten*** möglich (aerztekammer-bw.de>Fernbehandlung mit Stand 27. Februar 2018); **(e)** der ***121. DÄT*** 2018 hat (unter TO-Thema IV.) eine ***Änderung*** des *§ 7 Abs. 4 MBO-Ä* beschlossen: hiernach soll im ***Einzelfall*** eine ***ausschließliche*** Beratung und Behandlung über Kommunikationsmedien (ohne vorherigen persönlich-physischen Arzt-Patienten-Kontakt) ***erlaubt*** sein, ***wenn*** dies ***ärztlich vertretbar*** ist, die erforderliche Sorgfalt (insbesondere betr. Befunderhebung, Beratung und Dokumentation) gewahrt wird und der Patient über die Besonderheiten dieser Art von Beratung/Behandlung aufgeklärt worden ist (DAZ-online/news vom 11. Mai 2018). **(3) (a)** ***Haftungsrechtlich*** ist zu beachten, dass eine ***Fernbehandlung*** (je nach Inhalt und Umfang) den Anfor-

derungen der ***ärztlichen Sorgfalt*** zuwiderlaufen, diese daher ***verletzen*** (Laufs/Uhlenbruck/Uhlenbruck, § 50 Rn. 17, § 52 Rn. 16) sowie im Einzelfall auch „grob" ***fehlerhaft*** (Kern MedR 2001, 495, 498) sein ***kann***: so darf der Arzt bei einer offensichtlich schwereren Erkrankung/Störung in aller Regel die Diagnose ***nicht alleine*** aufgrund von Fern-Angaben ***dritter*** Personen (*bspw.* Angehöriger des Betroffenen) stellen (AG Jever VersR 1992, 330; Ulsenheimer, Rn. 259); **(b)** bei ***medizinischen Notfällen*** sind indessen telefonische ärztliche Anweisungen/Informationen seit jeher notwendigerweise gestattet (Rieger, Rn. 623); **(c)** **(aa)** rechtlich unbedenklich war es zudem immer, dass der in der Behandlung des betreffenden Arztes stehende Patient fernkommunikativ ein ***Rezept*** zur Erneuerung der nach wie vor indizierten Arznei anfordert und auch erhält (Weimar, S. 24); **(bb)** als rechtlich zulässig wird ferner auch eine ärztliche ***Fernsteuerung*** für ***einzelne*** Schritte der laufenden Behandlung angesehen; Entsprechendes gilt für ***einzelne*** Ärzte, ***sofern*** der Patient gleichzeitig mit einem anderen Arzt/einer anderen Praxis in direktem Arzt-Patienten-Kontakt steht (Prof. Chr. Dierks gemäß Zit. in DÄBl. 2014, A-1846).

39 **(1)** Der Grundgedanke der Bestimmung des ***§ 254 BGB*** besteht in einer ***Schadensteilung***: der ***Ersatzanspruch*** des Geschädigten gegen den Schädiger wird quotal ***beschränkt***, indem eine Abwägung der beiderseitigen Verursachungsbeiträge bei der Entstehung/Ausweitung des Schadens stattfindet (MünchKommBGB/Oetker, § 254 Rn. 1, 2; Hk-BGB/Schulze, § 254 Rn. 1). **(2)** Wegen ***Eigenverschuldens*** kann sogar ein ***Haftungsausschluss*** in Betracht kommen, wenn der Patient trotz sachgerechter ärztlicher Aufklärung und Empfehlung die indizierte adäquate Weiterbehandlung ablehnt (OLG Koblenz, Az. 5 U 1510/11 vom 27. August 2012).

40 **(1)** ***Anders*** als in den ***§§ 630d, 630e BGB*** verwendet das Gesetz in ***§ 630c Abs. 2 BGB*** nicht den Ausdruck „aufklären": es spricht vielmehr von „erläutern/informieren". **(2)** **(a)** Daraus ist zu folgern, dass ***„Information"*** und ***„Aufklärung"*** grundsätzlich ***verschiedene Funktionen*** besitzen (vgl. bereits BGH NJW 1981, 630, 631 [vertraglich geschuldete Beratungsinformationen sind nicht gleichzusetzen mit jenen „Aufklärung" genannten obligatorischen Informationen, welche die Voraussetzung für eine wirksame Patienteneinwilligung bilden]): **(aa)** ***erstere*** hat die notwendige Behandlungs-Kommunikation zwischen Arzt und Patient sowie insbesondere jene ***Hinweise*** und ***Instruktionen*** zum Gegenstand, die der Behandelnde bei Meidung eines Behandlungsfehlers dem Patienten zur Sicherung des Therapieerfolges zu erteilen hat; ***letztere*** betrifft die ***Selbstbestimmung*** des Patienten im Hinblick auf konkrete ärztliche Behandlungseingriffe (BT-Drucks. 17/10488, S. 21; Schneider JuS 2013, 104, 106; Spickhoff VersR 2013, 267, 272 [die Informationspflichten sind zu unterscheiden von der Selbstbestimmungsaufklärung]; Rehborn MDR 2013, 497, 499 [ein gerechtfertigtes Schweigen zur Diagnose kann nur dann in Betracht kommen, wenn die entsprechende Eröffnung auf Seiten des Patienten das Risiko schwerster Schäden bis hin zur wirklichen Suizidgefahr mit sich brächte];

Katzenmeier NJW 2013, 817, 818 [die Erläuterungen zur Diagnose und zur Therapie sind Bestandteil der Selbstbestimmungsaufklärung – die ***§§ 630c Abs. 2 und 630e Abs. 2 BGB*** enthalten eine ***Doppelregelung*** von identischen Pflichten]; RiLG M. Kellermann-Schröder unter jura.uni-konstanz.de/arbeitsgemeinschaft-anschauung-der-praxis/arztvertrag [2013], S. 6 [die Erörterung der Diagnose gehört zur Selbstbestimmungsaufklärung nach ***§ 630e BGB***]); **(bb)** die ***Informationspflichten*** sind nicht bloße Obliegenheiten, sondern vielmehr ***sekundäre Leistungspflichten***, deren Verletzung als Behandlungsfehler (Prof. B. Halbe DÄBl. 2017, A-963) über *§ 280 Abs. 1 BGB* relevant werden kann (Jauernig/Mansel, § 630c Rn. 6; Spickhoff VersR 2013, 267, 271 f; Olzen/Kaya JURA 2013, 661, 664). **(cc)** ***Kritiker*** wenden ein: die Trennung von Informations- und Aufklärungspflichten sei nicht nachvollziehbar (115. DÄT 2012/Doku TOP 1 in DÄBl. 2012, A-1166); die Abgrenzung der Informations- von der Aufklärungspflicht sei unklar: jedenfalls existiere nunmehr ein eigenständiger Haftungstatbestand (*§ 280 Abs. 1 BGB*) der „Informationspflichtverletzung" (RA T. Neelmeier in DÄBl. 2012, A-1866); **(b)** ***schadensersatzpflichtig*** ist der Arzt bei einer Verletzung der Informationspflicht (unabhängig davon, wie sie im Einzelnen inhaltlich definiert ist) aber ***nur***, wenn der Patient ***infolge*** dieser Pflichtverletzung einen Körper-/Gesundheitsschaden erleidet (Wagner VersR 2012, 789, 791). **(3)** Dass für „diagnostische Leistungen" (körperliche Untersuchungen, Einsatz bildgebender Verfahren, EEG, EKG usw.) „keine Aufklärungspflicht" bestehe (so vzbv-Referentin I. Köster-Steinebach lt. DÄBl. 2012, A-2114), kann dem *PatRG* nicht entnommen werden.

41 ***Rspr.-Bspe.***: **(1)** OLG Koblenz b. Berner in DÄBl. 2010, A-1654: Wenn die Gynäkologin bei einem abklärungsbedürftigen Befund der Brust die Patientin auf die ***Notwendigkeit*** weiterer Untersuchungsmaßnahmen/einer erneuten Vorsorgeuntersuchung ***hinweist*** und ihr dafür einen Zeitkorridor (Wiedervorstellung in vier bis sechs Wochen) nennt, dann besteht regelmäßig ***keine*** Rechtspflicht, die Patientin an die Terminswahrnehmung zu erinnern. **(2)** OLG Hamm, Az. 26 U 112/13 vom 17. Juni 2014: Auch bei fachgerechter Durchführung der Sterilisation-OP verbleibt das Risiko einer Versagerquote von vier Promillen – darüber muss die Patientin ***therapeutisch aufgeklärt*** werden, damit sie gegebenenfalls weitere Verhütungsmaßnahmen ergreifen kann, sofern sie einen 100-prozentigen Sicherheitsstandard anstrebt. **(3)** OLG Köln, Az. 5 U 137/13 vom 06. August 2014 [Tz. 26 ff]: Es zählt zu den Behandlungspflichten des Arztes, dem Patienten die notwendigen ***therapeutischen Sicherheitshinweise*** zu geben: das können Schutz- und Warnhinweise, Hinweise zur Vermeidung einer Selbstgefährdung sowie Hinweise auf erforderliche/empfehlenswerte Vorsorgeuntersuchungen sein – wenn die Krebsvorsorge (zumindest auch) Gegenstand des Behandlungsvertrages ist, dann muss der Patient auf die Vorsorgekoloskopie (als ***standardmäßige*** Empfehlung gemäß der *S3-LL* Kolorektales Karzinom – AWMF-Registrier-Nr. 021/007OL zur Abklärung des Darmkrebsrisikos) hingewiesen und ihm erläutert werden, welche Risiken bestehen,

falls diese Maßnahme unterbleibt – wird der Hinweis versäumt, so liegt ein Behandlungsfehler in Gestalt der ***verletzten Sicherheitsaufklärung*** vor. **(4)** BGH MDR 2016, 208, 209 (Az. VI ZR 476/14): Unterlässt es ein Arzt, den Patienten über die Dringlichkeit der (zutreffend angeratenen) medizinisch gebotenen diagnostischen Maßnahmen (*z.B.* zur Abklärung einer KHK) zu informieren und ihn vor Gefahren zu warnen, die im Falle eines Unterbleibens entstehen können, dann liegt ein Verstoß gegen die ***Pflicht zur therapeutischen Beratung*** des Patienten vor – das Unterlassen ist kein ***Befunderhebungsfehler*** (***anders*** OLG Koblenz in der Sache Az. 5 U 66/15 für einen Fall der versäumten Überweisung des Patienten zum FA), sondern ein (einfacher oder je nach den Umständen sogar „grober") ***Fehler*** im Rahmen der ***therapeutischen Aufklärung*** – der ***Schwerpunkt der Vorwerfbarkeit*** liegt nicht in der unterbliebenen Befunderhebung, sondern in dem Fehlen des Warnhinweises zum Zwecke der Sicherstellung des Behandlungserfolges (***Abgrenzung*** zwischen einem ärztlichen Befunderhebungsfehler und einem Fehler bei der therapeutischen Aufklärung); die ***Kausalität*** dieses Fehlers für den gegebenenfalls eingetretenen Tod des Patienten sowie die Verteilung der ***Beweislast*** für das Vorliegen des Ursachenzusammenhanges sind ein anderes Thema. **(5)** OLG Hamm b. Berner in DÄBl. 2016, A-742: Der durch Blindheit gehandicapte Dialysepatient muss zwingend darüber ***sicherungsaufgeklärt*** werden, dass es in seltenen Fällen zu einer ***Dislokation*** der venösen Nadel und in der Konsequenz zu einem tödlichen Blutverlust kommen könne – und dass dieses Risiko durch die Fixierung des Armes nahezu ausschließbar sei (im Entscheidungsfall hatte sich während der in einer nephrologischen Praxis durchgeführten Dialyse die Nadel gelöst, was der blinde Patient nicht bemerkte – er verstarb später an den Folgen des Zwischenfalles in einem Krankenhaus). **(6)** OLG Frankfurt, Az. 8 U 119/15 vom 24. Januar 2017: den nur wenige Minuten lang einen Notfall versorgenden Klinikarzt trifft ***nicht*** der Vorwurf der ***unterlassenen Sicherungsaufklärung*** (über die Folgen der Ablehnung einer Krankenhausbehandlung), wenn die wegen eines Verdachtes auf Herzinfarkt (durch den Bereitschaftsarzt) eingewiesene Patientin in dieser Zeit entgegen der Absprache (die Rückkehr des Arztes abzuwarten) das Haus verlässt, bevor über ihre stationäre Aufnahme (der sie an sich widerstrebt hatte) entschieden worden ist (die Patientin ist noch am selben Tag zu Hause verstorben). **(7)** OLG Oldenburg VersR 2017, 1084, 1085: Die ***Abgrenzung*** zwischen einer ***unterlassenen Befunderhebung*** und dem ***Unterlassen von Warnhinweisen*** zur Sicherstellung des Behandlungserfolges hat sich daran zu orientieren, wo der ***Schwerpunkt der Vorwerfbarkeit*** des ärztlichen Fehlverhaltens liegt (im Entscheidungsfall wurde der Vorwurf auf die nicht rechtzeitig in die Wege geleitete medizinisch gebotene PSA-Messung akzentuiert).

42 Das Kollegialitätsgebot aus *§ 29 Abs. 1 MBO-Ä* steht ***nicht*** entgegen (Rehborn GesR 2013, 257, 260).

43 (1) Das Recht der ***OWi*** zählt zum „Strafrecht“ iSd *Art. 74 Abs. 1 Nr. 1 GG*: zwischen einer OWi und einer Straftat besteht jedoch ein „quantitativer“ Unterschied – die OWi weist regelmäßig einen geringeren Unrechtsgehalt auf als die Straftat (Prof. W. Mitsch in JA 2008, 241). (2) Das Prinzip ***„nemo tenetur se ipsum prodere“*** („niemand ist gehalten/verpflichtet, sich selbst zu verraten“) ist Bestandteil des Rechtes auf ein faires Verfahren gemäß *Art. 6 Abs. 1 EMRK* (Schroeder/Verrel, Rn. 373). (3) Ein mit einem zivilrechtlichen Selbstbelastungsgebot verknüpftes strafprozessuales Beweisverwertungsverbot kennt auch das Insolvenzverfahren (*§ 97 InsO* [Offenbarungspflichten des Schuldners]): fraglich ist die Reichweite dieses Verbotes, insbesondere, ob eine sog. Fernwirkung eintritt, die das Verbot auch auf die nur mittelbar erlangten Anschluss-Beweismittel erstreckt (vgl. Reischl, Rn. 181; RA T. Neelmeier in DÄBl. 2012, A-1866 [ein fernwirkendes Pauschalverbot würde dem aufgrund ***Strafantrags des Patienten*** eingeleiteten Ermittlungs-/Strafverfahren die Behandlungsunterlagen als Beweismittel entziehen]; zur Reichweite der strafprozessualen Beweisverwertungsverbote s. etwa Roxin/Schünemann, § 24 Rn. 59, 60).

44 (1) Eine vergleichbare Regelung trifft *§ 12 Abs. 4 MBO-Ä* für Leistungen, deren ***Kosten*** erkennbar nicht von einer Krankenversicherung erstattet werden (dazu M. Ulmer in DÄBl. 2013, A-1008). (2) Nach *§ 2 Abs. 3 GOZ* müssen über das zahnmedizinisch notwendige Maß hinausgehende Leistungen und ihre Vergütung in einem ***H- KP*** schriftlich vereinbart werden: diese auch der wirtschaftlichen Aufklärung des Patienten dienende Regelung (Wandrey et al. in MBZ 02/2016, S. 47) verlangt, dass der Plan von beiden Parteien eigenhändig unterschrieben wird (*§ 126 Abs. 2 S. 1 BGB*) – die Nichteinhaltung der vorgeschriebenen Form hat die Nichtigkeit (*§ 125 S. 1 BGB*) des Rechtsgeschäftes zur Folge (BGH, Az. III ZR 286/15 vom 03. November 2016 [zu einem Fall, in dem die Geltendmachung des Formmangels seitens der ihren Eigenanteil an den zahnärztlichen Behandlungskosten schuldenden GKV-Patientin jedoch als rechtsmissbräuchlich angesehen worden ist]).

45 Die ***Textform-Erklärung*** ist ein lesbares ***Dokument***, das (im Unterschied zur Schriftform gemäß *§ 126 BGB*) keine eigenhändige Unterschrift des Erklärenden trägt: in der Erklärung muss die Person des Ausstellers genannt sein; der Erklärungsabschluss kann durch eine Nachbildung der Namensunterschrift (Faksimile) oder auf andere Weise (*z.B.* den Hinweis, dass „die Erklärung maschinell gefertigt und ohne Unterschrift gültig“ sei) kenntlich gemacht werden (vgl. Palandt/Ellenberger, § 126 b Rn. 1, 2 ff; Hk-BGB/Dörner, § 226 b Rn. 4 ff).

46 Die nach Voraussetzungen und Rechtswirkung in den *§§ 387 ff BGB* geregelte ***Aufrechnung*** ist die wechselseitige ***Tilgung*** gegenseitiger, gleichartiger, einredefreier und fälliger/erfüllbarer Forderungen durch einseitige empfangsbedürftige Gestaltungserklärung: aufgerechnet wird mit der Gegenforderung ge-

gen die Hauptforderung (StudK-BGB/Lüderitz, § 387 Anm. I.1., 2.; Musielak/Hau, BGB, Rn. 259 ff).

47 (1) (a) Approbation, Fachkompetenz und heilkundliche Indikation verleihen als solche dem Arzt ***keinerlei Befugnisse*** über den Körper des Patienten (Gallwas NJW 1976, 1134; Schaffer VersR 1993, 1458) – die ärztliche Kompetenz kann und darf nicht einfach am Patienten vollstreckt werden (Prof. O. Seewald in Einführungsvortrag „14. Deutsch-Österreichische Sozialgespräche" am 24. Januar 2013 in Passau; RA V. Burgert in JA 2016, 246). **(b)** Die ***Legitimation*** des ärztlichen Handelns beruht vielmehr auf der ***Trias*** „Indikation – informierte Patientenzustimmung – Standardsorgfalt bei der Behandlungsdurchführung" (Prof. J. Damm in GesR 2010, 642). **(2)** Die grundrechtlich geschützte Freiheit (*Art. 2 GG*) schließt auch die ***Freiheit zur*** (unbehandelten) ***Krankheit*** und damit das Recht ein, einen auf Heilung zielenden Eingriff abzulehnen, selbst wenn die Maßnahme nach dem Stand der medizinischen Wissenschaft dringend angezeigt wäre (BVerfG, Az. 2 BvR 882/09 vom 23. März 2011 [Tz. 46]; Giesen, Rn. 228, 229): denn nicht das medizinische Vernunftwohl, sondern der ***Wille des Patienten*** steht an erster Stelle (Pflanz in DÄBl. 2004, A-2446; Parzeller et al. in DÄBl. 2007, A-576, 577).

48 Die ***Behandlungsverweigerung*** seitens des Patienten ist eine der Erscheinungsformen des ***therapeutischen Nihilismus***; die anderen Formen treten auf der ärztlichen Seite in die Erscheinung – nämlich der medizinisch begründete Verzicht auf (weitere) Behandlung oder die medizinisch bedingte Verneinung der Sinnhaftigkeit einer (weiteren) Behandlung (D. Jorke in Verhandlungen der Deutschen Gesellschaft für Innere Medizin 1990, S. 653 ff; PD B. Langguth et al. in BÄBl. 2015, S. 565 [m. Verweis auf die ärztliche *Bsp.*-Aussage „da kann man nichts [[mehr]] machen"]; Prof. E. Gouzoulis-Mayfrank et al. in DÄBl. vom 09. Oktober 2015, „Medizin", S. 683 [für DD-Patienten, die wegen schlechter Compliance oftmals schwer behandelbar sind]).

49 **(1)** Als Präfixbildung zu „holen" (Duden, S. 288) bedeutet ***„einholen"*** soviel wie: sich die Erlaubnis/Zustimmung ***geben lassen*** (vgl. dtv-Wörterbuch der deutschen Sprache, 1979, S. 233, 234). **(2)** Die ***„Einholung"*** beinhaltet die ***Pflicht*** des Behandlers, den Patienten (nach vorausgegangener Aufklärung) entsprechend (ausdrücklich und unmissverständlich) zu ***befragen*** (Hk-BGB/Schreiber, § 630d Rn. 2; Rehborn GesR 2013, 257, 262). **(3)** Eine ***nachträgliche Einwilligung*** in den ohne Zustimmung des Patienten durchgeführten Eingriff (eine „Genehmigung" desselben iSd *§ 184 Abs. 1 BGB*) entfaltet keine Rückwirkung – sie ist insoweit rechtlich ***wirkungslos***: eine derartige Genehmigung kann die Rechtswidrigkeit der ohne wirksame Einwilligung erfolgten Körperverletzung nicht mehr beseitigen – sie kann u.U. aber als Verzicht auf die Geltendmachung von Schadensersatzansprüchen ausgelegt werden (Hüttl b. Heberer, S. 156).

50 **(1)** ***Grundsätzlich*** kann sich (nach dem normativen Vorbild der *§§ 831 Abs. 1 S. 2, 832 Abs. 1 S. 2, 833 S. 2, 834 S. 2 BGB*) ein Schädiger darauf ***berufen***, dass

der ***gleiche*** Schaden effektiv auch dann eingetreten wäre, wenn er sich ***rechtmäßig*** verhalten hätte (Hk-BGB/Schulze, vor §§ 249-253 Rn. 24): der Einwand zielt auf die Nicht-Zurechenbarkeit des realen Schadenserfolges ab – seine Erheblichkeit in dem jeweiligen Fall richtet sich nach dem Schutzzweck der konkret verletzten Norm/Verhaltenspflicht/Vertragspflicht (BGH, Az. V ZR 156/11 vom 09. März 2012 [Tz. 22, 23, 25]). **(2)** ***Ausnahmsweise*** ist die Berufung auf ein rechtmäßiges Alternativverhalten ***ausgeschlossen***: das gilt insbesondere dann, wenn die verletzte Norm/Pflicht die Einhaltung bestimmter Verfahrensweisen garantieren oder die Freiheit gewisser Entscheidungsmöglichkeiten sichern soll (Palandt/Grüneberg, Vorb v § 249 Rn. 65 [*z.B.* bei der verfahrenswidrigen Unterbringung eines psychisch Kranken]; MünchKommBGB/Oetker, § 249 Rn. 215).

51 Das ***Einwilligungssurrogat*** der ***mutmaßlichen Einwilligung*** bedeutet das (aus den Einzelfallumständen, den subjektiven Interessen und den Wertvorstellungen des Betroffenen abgeleitete) ***wahrscheinliche Einverständnis*** des Patienten mit der konkreten Behandlung, sofern der vorhabliche Eingriff objektiv angezeigt ist, ohne seine Vornahme eine erhebliche Gefahr für das Leben/die Gesundheit des Betroffenen bestünde und die reale/tatsächliche Einwilligung nicht mehr rechtzeitig eingeholt werden kann (BGHSt 45, 219, 223; OLG Koblenz, Az. 5 U 290/06 vom 13. Juli 2006): es handelt sich um die Ergründung und Feststellung des wahren Willens des Rechtsgutsträgers aus ex-ante-Sicht auf ***Wahrscheinlichkeitsbasis*** (Wessels/Beulke/Satzger, Rn. 571; SSW-StGB/Rosenau, Vor §§ 32 ff. StGB, Rn. 46); idR sind jene (in Notfallsituationen auch lebensrettenden) Maßnahmen von der ***mutmaßlichen Einwilligung*** gedeckt, die medizinisch absolut indiziert sind (RAin S. Kunz-Schmidt NJ 2010, 441, 442).

52 **(1)** Nur bei einem ***lege artis*** durchgeführten Eingriff besteht überhaupt Raum für den Einwand einer ***hypothetischen*** Zustimmung (Bosch JA 2008, 70, 72). **(2)** **(a)** ***Hypothetisch*** bedeutet: empirisch zwar unerwiesen, aber dennoch als wahr annehmbar. **(b)** Der Einwand der ***„hypothetischen Einwilligung"*** soll den wegen Aufklärungspflichtverletzung auf Schadensersatz in Anspruch genommenen Behandler von dem Vorwurf des rechtswidrigen Vorgehens entlasten (Katzenmeier in Laufs/Katzenmeier/Lipp, V. Rn. 58; Eisele JA 2005, 252, 253; Sickor JA 2008, 11, 14): Gegenstand des ***Einwandes*** ist nämlich die Behauptung, dass der Patient auch bei ordnungsgemäß erfolgter Aufklärung in den konkreten Eingriff ***eingewilligt hätte***; an den (gegenüber der plausiblen Replik des Patienten, bei korrekter Aufklärung wäre er jedenfalls in einen ernsthaften Entscheidungskonflikt geraten) nötigen ***Nachweis*** des rechtmäßigen Alternativverhaltens (mithin an den Bestätigungsbeweis der hypothetischen Annahme) sind strenge Anforderungen zu stellen (BGH MDR 1984, 1089; BGH VersR 1991, 811, 814) – besonders streng sind die Maßstäbe bei der Anwendung einer experimentellen Behandlungsmethode (LG Essen, Au. 1 O 241/12 vom 09. Februar 2015); der ***Beweis*** lässt sich nicht auf den Stand-

punkt eines sog. „vernünftigen" Patienten stützen, sondern nur auf solche ***Umstände***, die die persönliche ***Willenslage*** des betroffenen Patienten in der damaligen konkreten Situation widerspiegeln (Katzenmeier in Laufs/Katzenmeier/Lipp, V., Rn. 59; vgl. auch Erl. zu ***§ 630h Abs. 2 S. 2 BGB***). **(c)** Die ***„hypothetische Einwilligung"*** ist auch in der Form denkbar, dass es (nicht bereits an der ordnungsgemäßen Aufklärung, sondern erst) an der faktischen Einwilligungserklärung mangelt – etwa deswegen, weil der Patient nach erfolgter Aufklärung nicht mehr erklärungsfähig war, oder deswegen, weil ein real zustande gekommener Konsens zwischen Arzt und Patient nicht nachweisbar ist (vgl. BGH MDR 1991, 948, 949).

53 **(1)** Die ***Einwilligungsfähigkeit*** geht über die bloße natürliche Handlungs- und Äußerungsfähigkeit eines Patienten hinaus (Deutsch/Spickhoff, Rn. 507; Böhm/Marburger/Spanl, S. 132). **(2)** Bei ***minderjährigen Patienten*** ist zu differenzieren: **(a)** ***Kinder*** (noch keine vollendeten 14 Jahre alte Personen [*§ 1 Abs. 1 Nr. 1 JuSchG*]) sind generell als nicht einwilligungsfähig zu betrachten (Kern NJW 1994, 753, 755); für sie handeln ihre (an die Beachtung des Kindeswohles gebundenen [*§ 1627 BGB*]) Sorgeberechtigten (Deutsch/Spickhoff, Rn. 566; Rothärmel/Wolfslast/Fegert MedR 1999, 293, 296). **(b)** Bei ***Jugendlichen*** (Personen, die 14, aber noch nicht 18 Jahre alt sind [*§ 1 Abs. 1 Nr. 2 JuSchG*]) kommt es im Prinzip stets auf den ***Einzelfall*** an (Fenger/Holznagel/Neuroth/Gesenhues, S. 28): der ***Arzt*** befindet im Behandlungsfalle zunächst nach eigenem ***Pflicht-Ermessen*** darüber, ob die für die Einwilligung in den konkreten Eingriff nötige Reife des Patienten gegeben ist – neben dem Entwicklungsstand spielt hierbei auch die Tragweite des vorhablichen Eingriffes eine bedeutende Rolle (Rehborn, S. 258; LdA/Laufs, Kza 1570 Rn. 3).

54 **(1)** Regelmäßig beinhaltet eine ***Patientenverfügung*** (*§ 1901a BGB*) die ***Untersagung*** bestimmter Behandlungsmaßnahmen in bestimmten Erkrankungsstadien/-zuständen; die Verfügung kann aber auch das Gegenteil festlegen, nämlich die explizite ***Einwilligung*** in eine konkrete medizinische Maßnahme anlässlich einer definierten Befindlichkeit/Behandlungssituation (Zirngibl, S. 6 f; Würzburger Notarhandbuch/Müller Teil 3 Kap. 3 Rn. 77 [die evtl. Verbindlichkeit von Behandlungswünschen des Patienten ist allerdings auf medizinisch indizierte Maßnahmen begrenzt]). **(2)** **(a)** Die per Patientenverfügung vorab erklärte ***Einwilligung*** in eine konkretsituationsbezogene ärztliche ***Maßnahme*** ist als solche behandlungskommunikativ nur dann ***wirksam***, wenn entweder ein ***Aufklärungsverzicht*** ausgedrückt (***§ 630e Abs. 3 BGB***) worden ist ***oder*** wenn der Vorabzustimmung eine konkrete ärztliche ***Aufklärung*** des Verfügenden im einwilligungsfähigen Zustand vorausgegangen war; ***fehlt*** es an dieser Aufklärung und enthält die Verfügung ***keinen*** expliziten ***Aufklärungsverzicht***, dann ist sie nur als ***Indiz*** für den ***mutmaßlichen Willen*** des Patienten zu werten – es bedarf in diesem Falle stets einer Entscheidung des (nunmehr aufzuklärenden) Bevollmächtigten/Rechtsbetreuers über die Zulässigkeit des ärztlichen Eingriffes (BT-Drucks. 16/8442, S. 14; BT-Drucks. 17/10488, S. 23; Pa-

landt/Weidenkaff, § 630d Rn. 3; Jauernig/Mansel, § 630d Rn. 4); nach ***a.A.*** ist bei der Errichtung einer Patientenverfügung (eine krankheits-/behandlungsbezogene Aufklärung oftmals noch gar nicht möglich und deshalb) im ***Regelfall*** von einem (konkludenten) ***Verzicht*** auf die ärztliche Aufklärung auszugehen, ***ohne*** dass es auf eine ausdrückliche Verzichtserklärung anzukommen hat (Lipp in Laufs/Katzenmeier/Lipp, VI. Rn. 151; Reimer, S. 290). **(b)** Enthält die ***Patientenverfügung*** die ***Ablehnung*** einer bestimmten ärztlichen Behandlung/Behandlungsmaßnahme, so ist die Entscheidung des Patienten insoweit auch ***ohne*** vorherige Aufklärung ***wirksam*** (vgl. BT-Drucks. 17/10488, S. 23; Hk-BGB/Schreiber, § 630d Rn. 4; Würzburger Notarhandbuch/Müller, Teil 3 Kap. 3 Rn. 92). **(3)** **(a)** Ist der Patient ***aktuell einwilligungsfähig***, so hat sein aktuell geäußerter Behandlungswille den ***Geltungsvorrang***: auf einen vorhandenen Gesundheitsbevollmächtigten/-betreuer oder auf eine vorliegende Patientenverfügung kommt es bei dieser Sachlage ***nicht*** an (Diehn/Rebhan NJW 2010, 326, 328; Kutzer MedR 2010, 531). **(b)** ***Relevant*** wird die antezipierte Festlegung (Zustimmung/Ablehnung) ***erst***, ***wenn*** der sich vorab Erklärende in der aktuellen Krankheitssituation ***entscheidungsunfähig*** geworden ist – sich nicht mehr kompetent äußern kann/die Einwilligungskompetenz verloren hat (Deutsch/Spickhoff [5. Aufl.], Rn. 513). **(aa)** Der behandelnde ***Arzt entscheidet*** dann auf der Grundlage der ***Vorabverfügung*** des Patienten, ***sofern*** er keine Zweifel daran hat, dass eine wirksame Verfügung vorliege ***und*** dass diese auf die aktuelle Lebens- sowie Behandlungssituation des Patienten vollkommen zutreffe (BT-Drucks. 17/10488, S. 23 [in diesem Fall gelten die Festlegungen in der Patientenverfügung]; Gehrlein, Grundwissen, Abschn. C. Rn. 55): ***nur*** die bezgl. der ***konkreten*** Behandlungssituation ***sowie*** hinsichtlich der ***zugelassenen/abgelehnten*** ärztlichen Maßnahme ***eindeutige*** Patientenverfügung (BGH, Az. XII ZB 604/15 vom 08. Februar 2017 [es muss sich feststellen lassen, in ***welcher*** Behandlungssituation ***welche*** ärztliche Maßnahme durchgeführt werden bzw. unterbleiben solle – die schriftliche Aussage, dass „lebensverlängernde Maßnahmen unterbleiben“ sollen, enthält für sich genommen ***keine*** konkrete Behandlungsentscheidung des Betroffenen]) ***bindet*** also die Behandlungsseite ***unmittelbar*** (BÄK-ZEKO-Empfehlungen Nr. 2 c in DÄBl. 2010, A-877, 879; Lipp in Laufs/Katzenmeier/Lipp, VI. Rn. 152 [die ***Bindungswirkung*** der Patientenverfügung gegenüber dem Arzt ergibt sich seit dem Inkrafttreten des *PatRG* direkt aus ***§ 630d Abs. 1 S. 2 BGB***]). ***Erst*** im Falle der Bestellung eines Rechtsbetreuers (scil. oder der Beauftragung eines Vorsorgebevollmächtigten [vgl. *§ 1901a Abs. 5 BGB*]) können Arzt und Pflegepersonal ***nicht mehr*** unmittelbar auf den vorab bekundeten Willen des jetzt entscheidungsunfähigen Patienten durchgreifen: denn die mit Vertretungsmacht ausgestatteten Personen stellen aktuell die rechtliche Handlungsfähigkeit des Patienten wieder her (BGH, Az. XII ZB 2/03 vom 17. März 2003 [Tz. 23]). **(bb)** Nach ***a.A.*** (die sich allerdings auf die Rechtslage ***vor*** Inkrafttreten des *PatRG* bezieht) kann der Arzt grundsätzlich ***nicht unmittelbar*** auf die Patientenverfügung durchgreifen: mit Blick auf das in den *§§ 1901a, 1901b BGB* vorgesehene ***dialogische Verfahren*** zur Ermittlung des Patientenwillens soll der Arzt vielmehr (sofern ein Vorsorgebevollmächtigter nicht präsent ist) das Betreuungsgericht verständigen müssen, welches diese Information gegebenenfalls (sollte keine Vorsorgevollmacht erteilt worden sein) als Anregung zur Bestellung eines Betreuers behandeln werde (Diehn/Rebhan NJW 2010, 326, 330; Olzen/Metzmacher JR 2011, 318, 319). **(cc)** Existieren eine Patientenverfügung und eine positive schriftliche ***Organ-/Gewebespendeerklärung*** (*§ 3 Abs. 1 TPG*) nebeneinander (zu einer solchen Kombinationsmöglichkeit s. Zirngibl, S. 21), so impliziert Letztere sachlogisch die ***patientenseitige Bejahung*** der zur Bestimmung des Hirntodes und der für eine erfolgreiche Explantation nötigen organprotektiven intensivmedizinischen Maßnahmen (vgl. Prof. Th. Gutmann in „Schattenblick"-Interview vom 14. Oktober 2013; Prof. F. Erbguth/OÄin W. Dietrich in BÄBl. 2014, 116, 118); auf der betr. Jahrestagung der bayerischen Transplantationsbeauftragten (*§ 9b TPG, Art. 6 BayAGTPG*) sind Konfliktsituationen erörtert worden, die sich aus der rechtlichen Gleichwertigkeit von Patienten- und Organspendeverfügung ergeben können: der Konflikt solle bei vorsorglicher Fortsetzung der organprotektiven Maßnahmen durch Eruierung des mutmaßlichen Willens des Betroffenen im Wege des Gespräches mit den Angehörigen aufgelöst werden (vgl. Bericht in BÄBl. 2017, S. 419). **(3)** **(a)** Stehen die Behandlungsempfehlung des Arztes und die behandlungsbezogene Anordnung des Bevollmächtigten/Rechtsbetreuers zueinander im ***Widerstreit***, so ist im Rahmen seiner ***Kontrollzuständigkeit*** (*§§ 1837, 1908i Abs. 1 BGB*) das ***Betreuungsgericht*** einzuschalten: das Gericht trifft hinsichtlich der Entschließung des Patientenvertreters eine positive oder eine negative ***Genehmigungsentscheidung*** (BGH, Az. XII ZR 117/03 vom 08. Juni 2005 [Tz. 17]; Lipp BtPrax 2004, 18, 21 [gerichtliche Kontrolle in Konfliktsfällen]; Hahne in DRiZ 2005, 244, 247). **(b)** **(aa)** Unter dem ***gesetzlichen Vorbehalt*** der betreuungsgerichtlichen ***Genehmigung*** (*§ 1904 Abs. 1, S. 1, Abs. 2 BGB*) steht die ***Einwilligung*** (bei medizinischer Indikation auch die ***Nichteinwilligung***) des Bevollmächtigten/Rechtsbetreuers in eine ***gefährliche*** (mit Lebensgefahr oder drohendem schweren und länger andauerndem Gesundheitsschaden verbundene) ärztliche (Untersuchungs-/Heilbehandlungs-/Eingriffs-)Maßnahme; **(bb)** **(aaa)** die Genehmigung ist dann ***entbehrlich*** (*§ 1904 Abs. 1 S. 2 BGB*), wenn mit der einholungsbedingten ***Verzögerung*** eine Gefahr für Leib oder Leben des Betroffenen verbunden wäre (Hk-BGB/Kemper, § 1904 Rn. 12); **(bbb)** die Genehmigung ist auch dann ***nicht erforderlich*** (*§ 1904 Abse. 4, 5 BGB*), wenn der zuständige Arzt und der Bevollmächtigte/Betreuer in der Entscheidung zur Frage der Behandlung/Nichtbehandlung im Konsens mit dem festgestellten Willen des Betroffenen ***übereinstimmen*** (Spickhoff NJW 2007, 1628, 1637; Hüttl b. Heberer, S. 164).

55 **(1)** **(a)** Ist der ***Jugendliche*** (wie es zumeist der Fall sein wird – ausgenommen lediglich ganz geringfügige Eingriffe bzw. akut-dringliche Maßnahmen [Laufs,

Rn. 222]) ***nicht alleine*** entscheidungsbefugt, so bedarf es (gemäß *§ 1629 Abs. 1 S. 2 erster Hs. BGB*) für einen ärztlichen Eingriff grundsätzlich und in aller Regel (abgesehen von Eil- und Notfällen, in denen die Einwilligung eines erreichbaren Elternteils genügt [Gehrlein, Abschn. C. Rn. 60]) der ***Zustimmung beider Sorgeberechtigter*** (Katzenmeier in Laufs/Katzenmeier/Lipp, V. Rn. 42; Rehborn GesR 2013, 257, 264). **(b)** Sind die ***Eltern uneins*** über die Durchführung einer ***Schutzimpfung*** für ihr minderjähriges Kind, so kann das FamG gemäß *§ 1628 BGB* auf Antrag die Entscheidungsbefugnis demjenigen Teil übertragen, der den Empfehlungen der STIKO folgt (BGH b. Berner in DÄBl. 2017, A-1498). **(2)** Agiert (von zweien nur) ***ein Sorgeberechtigter***, so darf der Arzt in Routinesituationen (bis zum Vorliegen entgegenstehender Umstände) von dessen Ermächtigtsein durch den anderen zur Einwilligung in den Heileingriff ausgehen; bei Eingriffen schwererer Art mit nicht unbedeutenden Risiken muss der Arzt aktiv die Auskunft des erschienenen Sorgeberechtigten dazu erholen (und sich am besten unterschriftlich im Aufklärungsbogen bestätigen lassen), ob/dass dieser die Ermächtigung durch den anderen besitze und wie weit diese gegebenenfalls reicht (mangels entgegenstehender Umstände darf der Arzt von einer wahrheitsgemäßen Auskunft ausgehen); bei mit erheblichen Risiken verbundenen gravierenden Eingriffen muss der Arzt sich positive Gewissheit darüber verschaffen, dass auch der in der konkreten Situation nicht coagierende Sorgerechtsinhaber mit der vorgesehenen Behandlung einverstanden sei (OLG Hamm, Az. 26 U 1/15 vom 19. September 2015 und Az. 26 U 63/15 vom 27. Oktober 2015; Gehrlein, Abschn. C. Rn. 61ff.) **(3)** **(a)** Ist ein Eingriff ***nicht absolut*** (weil zur Schadensabwendung noch nicht zwingend geboten), sondern ***nur relativ*** (weil aufschiebbar und auch gegebenenfalls nicht ohne eine sinnvolle Alternative) indiziert, birgt die Maßnahme aber die ***Gefahr*** erheblicher Nachteilsfolgen für die weitere Lebensgestaltung in sich, so steht dem über eine ausreichende Urteilsfähigkeit verfügenden ***jugendlichen Patienten*** eine (logischerweise die Einwilligungszuständigkeit des Sorgeberechtigten implizierende/es [Spickhoff NJW 2008, 1636, 1640 f]) ***Vetobefugnis***/ein ***Widerspruchsrecht*** gegen die fremdbestimmende Einwilligung durch die Sorgeberechtigten zu (BGH NJW 2007, 217, 218 [die potentielle Vetoposition der in das Aufklärungsgespräch einbezogenen 15-jährigen Patientin war dadurch gewahrt worden, dass diese neben ihren Eltern dem Eingriff zugestimmt hat]; Gehrlein, Abschn. C. Rn. 64). **(b)** Im praktischen Ergebnis führt das beachtliche ***Veto*** des jugendlichen Patienten zu der Zurückstellung eines aufschiebbaren Eingriffes, dessen Risiken im Verwirklichungsfalle der Patient alleine zu tragen hätte (Schelling/Gaibel, DÄBl. 2012, A-467. 477).

56 Derjenige ***Arzt***, der es ***übernommen*** hat, den Patienten über eine ihm von einem ***anderen*** Arzt angeratene und durchzuführende OP ***aufzuklären***, hat dadurch einen ***Teil*** der ärztlichen ***Behandlung übernommen*** und deshalb seine ***Garantenstellung*** (**oben 5**) gegenüber dem sich ihm anvertrauenden Patienten begründet (derzufolge er rechtlich dafür ***einstehen*** muss, dass die erteilte Pati-

enteneinwilligung nicht unwirksam sei): ist die Aufklärung ***fehlerhaft/unzureichend***, so kann der Aufklärungsarzt daher gemäß *§ 823 BGB* aus ***Delikt*** zum Ersatze des durch die OP entstandenen Schadens verpflichtet sein; die Reichweite der ***Garantenstellung*** ist von dem Umfang des Vertrauens abhängig, das der Patient aufgrund des konkreten Auftretens des Arztes berechtigterweise fassen darf (BGH VersR 2007, 66, 68; BGH, Az. VI ZR 14/14 vom 21. Oktober 2014 [Tz. 15 ff]).

57 **(1)** ***Vor*** dem Inkrafttreten des *PatRG* lautete die ***Rspr.***: Über die ***Erfolgsaussichten*** einer Behandlung muss ***jedenfalls*** dann aufgeklärt werden, ***wenn*** das Misserfolgsrisiko hoch und die Indikationsstellung zweifelhaft ist (BGH, Az. VI ZR 14/14 vom 21. Oktober 2014 [Tz. 13]; OLG Köln, Az. 5 U 152/11 vom 12. September 2012 [zu dem Fall einer Wirbelsäulen-OP mit bloß elektiver Indikation, bei welcher zudem die Erfolgschancen in erheblichem Maße ungewiss waren]). **(2)** ***Seit*** dem Inkrafttreten des *PatRG* ist es der ***Regelfall***, dass der Patient auch über die ***Erfolgsaussichten*** der ins Auge gefassten (diagnostischen/therapeutischen) Maßnahme aufzuklären ist (BT-Drucks. 17/10488, S. 24; Katzenmeier NJW 2013, 817, 820 [m. Fn. 43 dort]).

58 **(1)** **(a)** Die ***Risiko-/Selbstbestimmungsaufklärung*** muss die selbst bei ordnungsgemäßer Anwendung der ärztlichen Kunst nicht sicher vermeidbaren, dem konkreten Eingriff eigentümlichen ***Schadensfolgen*** umfassen (Katzenmeier in Laufs/Katzenmeier/Lipp, V. Rn. 14; RAin S. Kunz-Schmidt NJ 2016, S. 16, 22); auch auf (sogar sehr) ***seltene Risiken*** muss hingewiesen werden, ***sofern*** sie nach dem jeweiligen Erfahrungsstand bekannt sind, nicht außerhalb jeder Wahrscheinlichkeit liegen, dem betreffenden Eingriff spezifisch anhaften und geeignet sind, im Falle ihrer Verwirklichung die Lebensführung des Patienten schwer zu belasten (BGH, Az. VI ZR 279/04 vom 14. März 2006 [Tz. 18]; Weirich, S. 72; Palandt/Weidenkaff, § 630e Rn. 3) – ***nicht*** zur Selbstbestimmungsaufklärung zählt die dem Patienten (nach *§ 241 Abs. 2 BGB*) geschuldete Information über die geplante Videoübertragung des operativen Heileingriffes in einen Schulungsraum mit Fachpublikum (OLG Bamberg b. Berner in DÄBl. 2017, A-2300 [fehlt die Einwilligung des Patienten, so ist die Frage eines rechtswidrigen Eingriffes in das allgemeine Persönlichkeitsrecht [[**unten** Fn.[68]]] zu prüfen]). **b)** ***Rspr.-Bspe.***: **(aa)** OLG Düsseldorf, Az. 8 U 18/02 vom 20. März 2003: bei einer Liposuktion muss dem Patienten das Für und das Wider eines solchen Eingriffes mit allen Konsequenzen vor Augen gestellt und er darüber aufgeklärt werden, welche Verbesserungen im günstigsten Falle erwartbar seien – und dass das Risiko eines unzulänglichen ästhetischen Ergebnisses mit der Gefahr postoperativer Entstellungen bestehe, zu deren Korrektur weitere operative Eingriffe erforderlich werden können. **(bb)** OLG Hamm, Az. 3 U 205/10 vom 30. Mai 2012: Der ZA muss den Patienten darüber aufklären, dass bei dem (zu medizinischen/kosmetischen Zwecken erfolgenden) Einsatz von Verblendungshaftschalen infolge der dabei notwendig durchzuführenden Beschleifungsmaßnahmen als typisches und spezifisches

Risiko eine Pulpitis auftreten könne. **(cc)** OLG Hamm, Az. 3 U 54/12 vom 02. September 2013: im Zusammenhang mit der Gabe von Heparin muss auf die Risiken der Bildung von Verhärtungen/Hämatomen und der Verletzung von Hautnerven an den Einstichstellen sowie insbesondere auf die komplikative Reaktion einer HIT hingewiesen werden; über das Risiko eines extrem seltenen Rektusscheidenhämatoms hingegen muss mangels dadurch verursachter schwerer Belastung der Lebensführung nicht aufgeklärt werden; die Auswahl zwischen unfraktioniertem und niedermolekularem Heparin ist eine in das Ermessen des Behandlers gestellte Therapieentscheidung. **(dd)** OLG Hamm, Az. 26 U 85/12 vom 03. September 2013 [LS]: Vor der Durchführung einer Koloskopie ist der Patient auch über die selten auftretende Komplikation einer Darmperforation konkret aufzuklären. **(ee)** OLG Köln, Az. 5 U 157/13 vom 04. August 2014: bezgl. der kathetergestützten Stromverödung der rhythmusstörenden Leitungsbahn bei einem Kleinkind muss über das Risiko eines AV-Blockes mit lebenslanger Herzschrittmacher-Notwendigkeit aufgeklärt werden. **(ff)** OLG Koblenz, Az. 5 U 732/14 vom 29. Oktober 2014: vor einer Lasik-OP muss der Augenarzt (außer über die häufigen Komplikationen wie Entzündungen, Über- oder Unterkorrektur und Narbenbildung) auch über das Risiko einer erheblichen und dauerhaften Verschlechterung des Sehvermögens bis hin zur Erblindung aufklären – und zwar in mündlicher Form. **(gg)** OLG Köln, Az. 5 U 8/14 vom 23. März 2016: bei einer Bandscheiben-OP mittels Laser-Nukleotomie muss (ebenso wie bei einer Versteifungs-OP) über das Risiko einer Querschnittslähmung aufgeklärt werden. **(hh)** OLG Karlsruhe, Az. 7 U 241/14 vom 20. April 2016 [Tz. 18 f]: bei einer Brustaugmentation mit Silikonimplantaten umfasst die ordnungsgemäße Aufklärung nicht nur die allgemeinen OP-Risiken (wie mögliche Blutungen, Infektionen und die Narbenbildung), sondern auch die Gefahren einer Asymmetrie, einer Kapselfibrose und des u.U. erforderlichen Implantataustausches, wobei die Patientin besonders darüber in Kenntnis zu setzen ist, dass Silikonimplantate durchschnittlich nur zehn bis fünfzehn Jahre haltbar sind und daher ab dem zehnten Jahr engmaschig kontrolliert sowie gegebenenfalls ausgetauscht werden müssen. **(ii)** OLG Hamm, Az. 26 U 187/15 vom 13. Mai 2016: bei einem rein ästhetischen (d.h. indikationslosen) Eingriff (im konkreten Fall eine Sklerosierungsbehandlung von Besenreisern) muss der Arzt das Behandlungsbedürfnis des Patienten und den potentiellen Vorteil der Maßnahme in Relation zu dem eingetauschten Risiko (Infektion, Gefäßschädigung, Paravasal-Injektion) sorgfältig ermitteln sowie im Gespräch mit dem Patienten eine Verschlechterungsmöglichkeit und ein evtl. Missverhältnis bei dem Tauschrisiko erörtern. **(jj)** BGH, Az. VI ZR 462/15 vom 11. Oktober 2016: bei der Implantation einer Hüftgelenks-TEP muss der Patient auch über das Risiko der (nervenverletzungsbedingt dauerhaften) Lähmung des Beines/Fußes aufgeklärt werden. **(2)** Eine bestehende ***Gefahr*** darf bei der Aufklärung des Patienten ***nicht verharmlost*** werden: **(a)** der bloße Hinweis auf „unvermeidbar nachteilige Folgen“ wirkt in höchstem

Maße verharmlosend gegenüber dem mit der Durchführung einer Koloskopie verbundenen Risiko einer Darmperforation, die zwar selten auftritt, gegebenenfalls aber (via einer Peritonitis) potentiell lebensbedrohliche Konsequenzen hat (OLG Hamm, Az. 26 U 85/12 vom 03. September 2013 [s. **vorstehend (1) (b)(dd)**]); **(b)** bei der Bezeichnung der Eintrittswahrscheinlichkeit einer Nervverletzung mit der Folge einer Teillähmung des Beines im Zusammenhang mit dem operativen Wechsel einer Hüftgelenksprothese ist die Information „sehr selten" (weniger als 0,1 Promille) nicht korrekt, wenn die Wahrscheinlichkeit bei etwa 0,8 Promille liegt (OLG Nürnberg, Az. 5 U 2283/13 vom 30. April 2015).

59 **(1)** **(a)** Die ***Verordnung von Medikamenten*** zielt auf einen medizinischen ***Eingriff*** ab (Prof. G. Schlund in JR 2006, 69), der in der wirkstofflichen Beeinflussung von Zellen/Teilen des Organismus besteht: der ***Arzt*** ist daher (insbesondere, wenn schwerwiegende Nebenwirkungen möglich sind) verpflichtet, den Patienten (***neben*** dem entsprechenden Warnhinweis in der Gebrauchsinformation der Packungsbeilage [*§ 11 AMG*]) in einem ***Aufklärungsgespräch*** über die mit der Einnahme des Medikamentes einhergehenden spezifischen (im Realisierungsfalle die Lebensführung besonders belastenden) ***Risiken*** zu unterrichten (BGHZ 162, 320, 324 [Hirninfarkt infolge der Wechselwirkungen zwischen dem verordneten Kontrazeptivum und dem durch Rauchen dem Körper zugeführten Nikotin]; Bergmann/Wever, S. 119 f [im Bereich der medikamentösen Therapie hat der Arzt über die arzneitypischen Gesundheitsrisiken sowie über mögliche Nebenund Wechselwirkungen des verordneten Medikamentes aufzuklären]). **(b)** Beim ***Ersteinsatz*** eines in seiner Behandlungswirksamkeit ***noch unerprobten Medikamentes*** muss der Patient aufgrund einer vollständigen ***Risiko-Aufklärung*** darüber entscheiden können, ob er in die Erprobung überhaupt einwilligen oder wegen möglicher Nebenwirkungen darauf verzichten will (BGH, Az. VI ZR 108/06 vom 17. April 2007 [LS]). **(2)** **(a)** In der ***Arzneimitteltherapie*** ist zwischen der Haftungsverantwortlichkeit des pharmazeutischen Unternehmers zum Schutze des Verbrauchers (*§ 84 AMG*) einerseits und der obligatorischen Behandlungssorgfalt des verordnenden Arztes gegenüber dem Patienten (*§ 276 BGB*) andererseits zu unterscheiden: letztere beinhaltet die ***Aufklärung*** des Patienten hinsichtlich des Umganges mit dem Medikament, die umso intensiver ausfallen muss, je gefährlicher das Präparat potentiell sein kann (Brüggemeier, Haftungsrecht, 2006, S. 480). Der ***Inhalt*** des ***Beipackzettels*** zu möglichen Nebenwirkungen stellt eine ***Mindestinformation*** dar, die der ein ***aggressiv*** wirkendes Arzneimittel verschreibende Arzt dem Patienten weitervermitteln muss (OLG Oldenburg VersR 1986, 69, 70 [zu einem Fall der tuberkulostatischen Therapie mittels Mehrfachmedikation]; Laufs, Rn. 165); ***„aggressiv"*** wird eine Therapie genannt, die erhebliche unerwünschte Nebenwirkungen um der angestrebten günstigen Hauptwirkung willen in Kauf nimmt (DocCheck Flexikon, Therapie [2017]). **(b)** Die ***Rote-Hand-Briefe*** (*§ 11a Abs. 2 AMG, § 11 BPI-Kodex*) stellen Infor-

mationsschreiben der pharmazeutischen Unternehmer für die heilberuflichen Fachkreise dar: ihr Gegenstand ist der neueste wissenchaftliche Stand zur ***Sicherheit eines Medikamentes*** – ihr Inhalt kann deswegen unter dem Aspekt des Erfordernisses einer Behandlung jeweils nach dem aktuellen ***Fachstandard*** rechtlich von Bedeutung sein (Frank/Schmid, S. 187). **(c)** Die Verschreibung von (zu therapeutischen Zwecken zugelassenen) ***BtM***, ihre Verabreichung oder Überlassung zum Verbrauch durch den Patienten sind (materiell) in *§ 13 BtMG* geregelt: medizinfachlich ***begründet*** (und damit rechtlich zulässig) ist eine Behandlung mit BtM immer nur als ***ultima ratio*** (Körner/Patzak, § 13 Rn. 16 ff, 20 ff) – Kriterien sind allerdings nicht unbedingt die Regeln der Schulmedizin, so dass bei einem stoffabhängigen Patienten im Einzelfall auch eine sozialmedizinische Indikation ausreichend sein kann (BGH, Az. 3 StR 8/91 vom 17. Mai 1991). **(3)** Auch die Inkorporierung eines ***Impfstoffes*** (zwecks aktiver Immunisierung gegen Infektionskrankheiten) bedeutet einen ***Eingriff*** in die körperliche Unversehrtheit, der zu seiner Rechtfertigung der ***aufgeklärten*** Zustimmung des Patienten bedarf (LdA/Kamps, Kza 4715 Rn. 20): erforderlich ist die (mündliche) Aufklärung über die mit der Vakzination spezifisch verbundenen und iF ihrer Verwirklichung die Lebensführung besonders belastenden Risiken, und zwar auch dann, wenn die Impfung öffentlich empfohlen ist (BGH NJW 2000, 1784, 1785); daneben ist der Impfling über die zu verhindernde Erkrankung, das Verhalten nach der Impfung, den Beginn sowie die Dauer des Impfschutzes und über die Notwendigkeit und die Termine von Folge-/Auffrischimpfungen zu informieren (STIKO in Epid. Bull. Nr. 34/2018, S. 352; rki.de/FAQ/Impfen/RechtlFragen mit Stand 19. September 2017).

60 **(1)** Sofern der natürliche Entbindungsvorgang einer ***vaginalen Geburt*** nicht mit besonderen Gefahren verbunden ist, bedarf es ***keiner speziellen*** Risikoaufklärung und Einwilligung der Mutter (OLG Naumburg, Az. 1 U 77/13 vom 19. Juni 2014 [LS]: der geburtsleitende Arzt muss sich aber dann der ***aufgeklärten Einwilligung*** der Mutter in die durchgeführte ***Art der Entbindung*** versichern, wenn ***verschiedene*** medizinisch verantwortbare Entbindungsmethoden ***alternativ*** in Betracht stehen (BGH, Az. VI ZR 125/13 vom 28. Oktober 2014). **(2)** **(a)** Der ***ZA*** ist verpflichtet, den Patienten über medizinisch gleichermaßen ***indizierte Alternativen*** innerhalb eines ***prothetischen Versorgungskonzeptes*** aufzuklären – auch wenn einzelne dieser Alternativen zu einer höheren Kostenbeteiligung des Patienten führen würden (OLG Koblenz, Az. 5 U 180/06 vom 20. Juli 2006 [LS]). **(3)** Rechtfertigt die gesundheitliche Verfassung des Coxarthrose-Patienten sowohl eine Arthroskopie als auch die prothetische Versorgung der Hüfte, so hat diese (zwischen Indikation und Kontraindikation platzierte) ***Grenzindikation*** auch Einfluss auf den Umfang der ärztlichen Aufklärung: in einem solchen Falle bestehen nämlich ***zwei*** echte ***Behandlungsalternativen*** (OLG Naumburg, Az. 1 U 73/14 vom 03. August 2015 [LS]).

61 *Z.B.* werden ***Allgemein-Krankenhäuser*** je nach ihrer Aufgabenstellung unterschiedlichen ***Versorgungsstufen*** zugeordnet (Grundversorgung, Erfüllung überörtlicher Schwerpunktaufgaben oder Maximalversorgung mit umfassendem und differenziertem Leistungsangebot sowie entsprechenden medizinisch-technischen Einrichtungen [vgl. etwa *Art. 4 Abs. 2 BayKrK*]) – und je nach der Zugehörigkeit zu einer Versorgungsstufe gibt es Vorgaben für die Vorhaltung bestimmter Fachabteilungen (Münzel/Zeiler, S. 20).

62 In (relativ) ***einfach*** gelagerten Fällen kann mit dem ***Einverständnis*** des Patienten/des Aufklärungsadressaten das ***Aufklärungsgespräch telefonisch*** geführt werden (so BGH, Az. VI ZR 204/09 vom 15. Juni 2010 [zu einem Fall der Aufklärung über typische Risiken der Anästhesie im Zusammenhang mit einer Leistenhernien-OP bei einem Kleinkind]; Jauernig/Mansel, § 630e Rn. 3; RAin M. Winkhart-Martis in www. rpmed.de/newsletter vom 29. Juni 2012 [unter II. 3.]; Rehborn GesR 2013, 257, 264).

63 (**1**) Die ärztliche Aufgabe der ***Selbstbestimmungsaufklärung*** konnte ***vor*** Inkrafttreten des *PatRG* einem ***Studenten im PJ*** übertragen werden (arg. *§ 3 Abs. 4 ÄAppO*), wenn sie seinem Ausbildungsstand entsprach und unter Anleitung, Aufsicht und Verantwortung des ausbildenden Arztes stattfand – das setzte nicht unbedingt voraus, dass der Arzt bei jedem Aufklärungsgespräch auch persönlich mitanwesend war (vgl. OLG Karlsruhe, Az. 7 U 163/12 vom 29. Januar 2014 [zu einem Fall der Aufklärung vor einer Herzkatheteruntersuchung im September 2008]). (**2**) Nach ***jetziger*** Rechtslage kommt eine Aufklärung durch Auszubildende ***nicht*** mehr in Betracht (Rehborn GesR 2013, 257, 264).

64 Eine ***Ausnahme*** gilt für den ***Gebärdendolmetscher***: dessen Honorar trägt der zuständige Sozialleistungsträger (Rehborn GesR 2013, S. 265 Fn. 128).

65 ***Befund- und Diagnoseeröffnung*** stehen allgemein unter dem ***Gebot*** der möglichsten ***Schonung*** des Patienten bei auskunftsbedingt drohender ernster Gesundheitsgefahr – vor allem in den Fällen einer schweren Erkrankung und einer infausten Prognose (Laufs, Rn. 203, 250): eine Eröffnung ist ***sorgfaltspflichtwidrig*** erfolgt, ***wenn*** für den mitgeteilten (am Ende sich als falsch herausstellenden) Befund keine hinreichende tatsächliche Grundlage besteht, der Befund den Laien auf eine schwere Erkrankung schließen lassen muss und der betroffene Patient in psychischer Hinsicht zu Überreaktionen neigt (OLG Köln NJW 1987, 2936 [Mitteilg. einer nicht verifizierten intrakraniellen Raumforderung]).

66 Bei der ***elektronischen Patientenakte*** ist besonders darauf zu achten, dass nicht durch Überfrachtungen am Ende ein „chaotisches Antidokument" entsteht: die Akte sollte übersichtlich – chronologisch und logisch – aufgebaut sein und zu der medizinischen Geschichte des Patienten (Befunde, Diagnostik, Diagnose, Behandlung und Betreuung) jederzeit die relevanten Auskünfte liefern (Prof. S.-D. Costa in DÄBl. 2017, B-192).

67 **(1)** **(a)** Wer es vertraglich übernimmt, ***fremde Interessen*** wahrzunehmen, ist konsequenterweise ***rechenschaftspflichtig***: in dem vorliegenden Kontext bezieht sich die Rechenschaft auf die medizinischen Leistungen, die von dem Arzt dem Patienten gegenüber erbracht worden sind (vgl. Laufs/Uhlenbruck/Uhlenbruck, § 59 Rn. 6 [m. Fn 15]). **(b)** Die ***Dokumentationspflicht*** ist Ausfluss der ärztlichen ***Rechenschaftspflicht*** gegenüber dem Patienten (Ratzel/Lippert, § 10 Rn. 1). **(2)** ***Rechenschaft*** ist eine besonders intensive Art der ***Auskunftserteilung*** (Larenz, SchR I, § 13 III. a; Lüke JuS 1986, 1, 3), über deren Inhalte die *§§ 259 ff BGB* für verschiedene Fallkonstellationen besondere Regelungen treffen und über deren Umfang ihr jeweiliger Zweck bestimmt (statt anderer StudK-BGB/Lüderitz, §§ 259-261 Anm. II.).

68 **(1)** Das seit 1954 (BGHZ 13, 334, 338) als „sonstiges Recht" iSd *§ 823 Abs. 1 BGB* anerkannte ***Allgemeine Persönlichkeitsrecht*** umfasst einen sehr weiten Schutzbereich, der durch die Herausbildung von verschiedenen ***Fallgruppen*** konturiert und so für die Rechtsanwendung handhabbar gemacht worden ist (Schapp/Schur, Rn. 216 ff; Brox/Walker, § 45 Rn. 21): **(a)** ***geschützt*** sind ***u.a.*** das Ansehen und die Ehre (BGHZ 39, 124 ff; BGH NJW 1978, 2151, 2152), (thematisch wie räumlich) die Intim- und die Privatsphäre (BGH NJW 1988, 1984, 1985; BGH NJW 2011, 745, 747 – Krankenblatt und Patientenakte zählen zur ***Privatsphäre*** [Brox/Walker, § 45 Rn. 22]), die Selbstbestimmung über das eigene Bild/das gesprochene eigene Wort (BVerfGE 54, 208, 217, 221) und die sog. ***informationelle Selbstbestimmung*** (BVerfGE 65, 1, 43; BAG MDR 1990, 952, 953); die ***Beeinträchtigung*** des Allgemeinen Persönlichkeitsrechts ist (immer, aber auch nur) dann ***rechtswidrig***, wenn nach umfassender ***Abwägung*** der widerstreitenden geschützten Positionen das ***Schutzinteresse*** des ***Betroffenen*** die schutzwürdigen Belange der anderen Seite ***überwiegt*** (BGH, Az. VI ZR 291/10 vom 18. September 2012 [Tz. 14]; Palandt/Sprau, § 823 Rn. 95); **(b)** die ***Rechtsfolge*** der ***Verletzung*** des Allgemeinen Persönlichkeitsrechtes (vgl. Jauernig/Teichmann, § 823 Rn. 81 ff; StudK-BGB/Jacoby/v. Hinden, § 823 Rn. 16) ist der ***Anspruch*** auf Beseitigung/Widerruf bzw. auf Unterlassung der rechtswidrigen Beeinträchtigung (*§ 1004 Abs. 1 BGB anal.*) und (bei Verschulden [*§ 276 BGB*]) gegebenenfalls ein ***Anspruch*** auf Schadensersatz (*§ 823 Abs. 1 BGB*): eine ***Entschädigung in Geld*** für die Verletzung immaterieller Güter steht dem Verletzten dann zu, ***wenn*** sein Persönlichkeitsrecht (bei Betrachtung der Gesamtumstände des Falles [Anlass, Bedeutung und Tragweite des Eingriffes, Beweggrund des Verletzers, Grad des Verschuldens]) in schwerwiegender Weise beeinträchtigt worden ist – und zum Ausgleich der erlittenen Nachteile eine Kompensationszahlung geboten erscheint, weil die Beeinträchtigung nicht in anderer Weise befriedigend aufgefangen werden kann (BVerfG, Az. 1 BvR 2194/15 vom 02. April 2017; BGH NJW 2014, 2029, 2033); der Entschädigungsanspruch hat eine Genugtuungsfunktion – er ist höchstpersönlicher Natur und kann deshalb nicht abgetreten und nicht vererbt werden kann (BGHZ, 201, 45 [LS]; BGH, Az. VI ZR 261/16 vom 23. Mai 2017; OLG Köln,

Az. 15 U 64/17 vom 29. Mai 2018 [selbst wenn der Geschädigte erst im Verlaufe eines diesbezüglichen Rechtsstreites verstirbt). **(2)** Das ***Allgemeine Persönlichkeitsrecht*** umfasst auch das ***Recht*** eines (zur freien Willensbildung sowie zu entsprechender Handlungsweise fähigen) schwer und unheilbar Kranken zu entscheiden, wie und zu welchem Zeitpunkt sein ***Leben enden*** solle (BVerwG, Az. 3 C 19.15 vom 02. März 2017 [LS]).

69 ***Nicht separat dokumentationspflichtig*** ist *bspw.* der ***Probezug***, der als unselbstständiger diagnostischer Zwischenschritt einer Wirbelsäulen-Impulsbehandlung vorgeschaltet ist (LG Baden-Baden VersR 2014, 1506, 1507).

70 *Z.B.* ist bei dem stationär aufgenommenen Patienten mit einer ambulant erworbenen ***Pneumonie*** wegen deren prognostischer Bedeutung die ***Atemfrequenz*** zu ***dokumentieren*** (Strauß et al. in DÄBl. vom 21. Juli 2014, Medizin S. 503, 505); zwingend muss ***dokumentiert*** werden, wenn der Patient einen ihm im Rahmen der Sicherheitsaufklärung erteilten ***ärztlichen Rat ablehnt*** (Martis/Winkhart-Martis MDR 2015, 746, 752); strenge Anforderungen gelten für die ***Dokumentation des Geburtsverlaufes***, insbesondere beim Auftreten einer Schulterdystokie (Martis/Winkhart-Martis aaO); bei einer Kinderwunschbehandlung unter Verwendung von heterologem Samen begründet die *RL zur assistierten Reproduktion* (DÄBl. 2006, A-1392 ff) in Ziff. 5.3.3.2 spezielle ***Dokumentationspflichten*** des behandelnden Arztes (LG Hamburg, Az. 316 O 318/15 vom 04. August 2016).

71 Der ***OP-Bericht*** muss eine stichwortartige Beschreibung des betreffenden Eingriffes sowie Angaben über die dabei angewandte Technik enthalten: ***nicht*** erforderlich ist die Angabe von medizinischen Selbstverständlichkeiten – *bspw.* brauchen allgemeingültige operative ***Standards*** keine Erwähnung zu finden (OLG Oldenburg, Az. 5 U 92/06 vom 30. Januar 2008; OLG Naumburg GesR 2012, 310 [LS]).

72 **(1)** ***Fristbeginn*** ist der ***Behandlungsabschluss***: abgeschlossen idS ist die Behandlung eines bestimmten Krankheitsvorganges (Rehborn GesR 2013, 257, 267) dann, wenn der letzte behandlungsbezogene Arzt-Patienten-Kontakt stattgefunden hat (vgl. Rieger, Rn. 1080, 1081) – etwa nachdem das Behandlungsziel erreicht oder weil der Behandlungsvertrag gekündigt worden ist (dazu **oben** Vorbem. Abschn. ***J.***). **(2)** Die ***Aufbewahrungsfrist*** ist ***keine*** Frist iSd *§§ 199 ff BGB*: abzustellen ist deshalb nicht auf das Ende des betreffenden Kalenderjahres, sondern auf das jeweilige tatsächliche Ende der Behandlung – auch innerhalb eines Kalenderjahres (Rehborn GesR 2013, 257, 267). **(3)** Die Pflicht zur Aufbewahrung impliziert die Verpflichtung des Behandlers, die *z.B.* an einen Nachbehandler herausgegebenen Patientenunterlagen zu gegebener Zeit ***zurückzufordern*** (Rehborn GesR 2013, 257, 267). **(4)** Im Zusammenhang mit den ***Aufbewahrungsfristen*** sind die datenschutzrechtlichen Bestimmungen zum Recht auf ***Löschung*** (*Art. 17 DSGVO/§ 35 BDSG* [*neu*]) zu beachten (BÄK-Bek. in DÄBl. 2018, A-454).

73 Besteht/bestand das Behandlungsverhältnis mit einem ***minderjährigen*** Patienten, so haben die ***sorgeberechtigten*** Elternteile (neben dem minderjährigen Patienten) ein ***eigenes*** Einsichtsrecht (Prof. B. Halbe in DÄBl. 2017, A-178).

74 Dem Arzt muss ausreichend ***Zeit*** zur Prüfung des Einsichtsverlangens und zur Zusammenstellung der kompletten Unterlagen gegeben werden: regelmäßig dürfte eine Bearbeitungszeit von ***maximal zwei Wochen*** ausreichend sein (Prof. B. Halbe in DÄBl. 2017, A-178).

75 **(1)** Es geht hierbei um bestimmte ***Konstellationen***, bei denen die ***Gefahr*** besteht, dass der (instabil erscheinende) Patient durch die Einsicht in die Dokumentation eine erhebliche ***gesundheitliche Selbstschädigung*** erleide (BT-Drucks. 17/10488, S. 26). **(2)** Einschränkungen können etwa bei ***psychiatrischen Patienten*** zulässig sein, soweit persönlichkeitsbedingte Wertungen des Arztes (oder solche dritter Personen) in den Behandlungsunterlagen aufscheinen und aus einer Rekonstruktion bereits verarbeiteter Problemfälle nunmehr ***spezifische Risiken*** für den Patienten entstehen können – was der Arzt im Einzelfalle indessen näher darzulegen hat (Deutsch/Spickhoff, Rn. 1190; Katzenmeier in Laufs/Katzenmeier/Lipp, IX. Rn. 61).

76 Dem Patienten sind zwar grundsätzlich auch die persönlichen Eindrücke/Wahrnehmungen des Behandelnden ***offen*** zu legen (BT-Drucks. 17/10488, S. 27): abhängig von dem jeweiligen Einzelfall können sich in Abwägung des ***Allgemeinen Persönlichkeitsrechts des Verfassers*** der Aufzeichnungen (in der Ausprägung des Rechtes auf informationelle Selbstbestimmung [BVerfGE 65, 1, 42 f]) gegenüber den Rechten des Patienten aber ***Ausnahmen*** von diesem Grundsatz ergeben (Rehborn MDR 2013, 565, 566 f; Bericht über den 118. DÄT 2015 b. H. Krüger-Brand in DÄBl. 2015, A-980, 981 [Schwärzung bestimmter Passagen der Dokumentation, welche die ***ärztliche Privatsphäre*** betreffen]).

77 Die ***Behandlerhaftung*** auf ***deliktsrechtlicher*** Grundlage (*§§ 823 ff BGB*) bleibt von den die vertraglichen Behandlungsverhältnisse regelnden ***§§ 630a ff BGB*** grundsätzlich ***unberührt*** (BT-Drucks. 17/10488, S. 27; Jauernig/Mansel, § 630h Rn. 5; Müller/Wedlich in DÄBl. 2013, A-2074, 2076): **(1)** bei der auf ***Delikt*** gestützten ***Behandlungsfehlerklage*** muss der ***Patient*** das Vorliegen des Behandlungsfehlers, dessen Ursächlichkeit für den geltend gemachten Körper-/Gesundheitsschaden ***und*** das Verschulden des Schädigers ***beweisen*** (Palandt/Sprau, § 823 Rn. 164, 167; Hk-BGB/Staudinger, § 823 Rn. 88 [u.U. greift in einem Einzelfall hinsichtlich des Verschuldens der auf der Anwendung von Sätzen der Erfahrung für typische Geschehensabläufe beruhende Primafacie-Beweis – wie etwa in dem Fall BGHZ 8, 138, in welchem das fahrlässige Vorgehen des Dentisten anscheinsbewiesen war, weil dieser den Patienten mit einer ungesicherten Nervnadel wurzelbehandelt und der Patient die Nadel während der Behandlung verschluckt hatte – oder in der Sache OLG Zweibrücken MedR 1983, 68, in welcher die eingetretene Nervschädigung aufgrund typischer Medizinerfahrung auf eine fehlerhafte Anlegung des Gipsverbandes zu-

rückgeführt worden ist]); hinsichtlich des ***Verschuldens*** ist allerdings die Regel des *§ 280 Abs. 1 S. 2 BGB entsprechend* anwendbar (Kläger hat die Rechtsverletzung zu behaupten/zu beweisen – Beklagter das fehlende Verschulden), ***soweit*** es um ***Risiken*** geht, die von der Behandlungsseite ***voll beherrschbar*** sind (BGH, Az. VI ZR 174/06 vom 13. Februar 2007 [Zusammenhang zwischen Hautverbrennungen und überhöhter Strahlendosis]; Jauernig/Teichmann, § 823 Rn. 120). **(2)** Behauptet der Kläger eine ***Verletzung der Pflicht zur Selbstbestimmungsaufklärung***, so trägt der ***Arzt*** die ***Beweislast*** dafür, dass er seiner Pflicht zur fallbezogen ausreichenden Aufklärung des Patienten nachgekommen sei (Jauernig/Teichmann, § 823 Rn. 123; Zöller/Greger, Vor § 284 Rn. 20a [Beweis der tatsächlichen Voraussetzungen für die Rechtfertigung des ärztlichen Eingriffes]).

78 Das auf Prof. Heinrich Stoll (Die Lehre von den Leistungsstörungen, 1936) zurückgehende Fachwort ***"Leistungsstörung"*** ist ein juristischer ***Sammelbegriff***: mit ihm werden Hindernisse/Störungen bei der Abwicklung eines Schuldverhältnisses bezeichnet, die dazu führen, dass eine Leistung (*§ 241 Abs. 1 BGB*) nicht oder nicht wie geschuldet erbracht wird (Palandt/Grüneberg, Vorb v § 275 Rn. 1; Dauner-Lieb in Dauner-Lieb/Heidel /Lepa/Ring, § 2 Rn. 3). Die ***Rechtsfolgen*** von Leistungsstörungen sind ***Inhaltsänderungen*** des Schuldverhaltnisses (Wegfall, Ergänzung oder Umwandlung der primären Leistungspflicht [*§§ 275 ff BGB*]), die zur Entstehung von Schadensersatzpflichten oder zur Begründung eines Rückgewährsschuldverhältnisses führen können (Hk-BGB/Schulze, Vor §§ 275-282 Rn. 1; Jauernig/Stadler, Vor §§ 275-292 Rn. 8 ff).

79 Bei der Prüfung des Kausalzusammenhanges ist zwischen der ***haftungsbegründenden*** und der ***haftungsausfüllenden Kausalität*** zu ***unterscheiden***: ***erstere*** betrifft den Zusammenhang zwischen dem Behandlungsfehler und der Rechtsgutverletzung – dem ersten Verletzungserfolg als ***Primärschaden*** iSd gesundheitlichen Befindlichkeitsbelastung/körperlichen Beeinträchtigung des Patienten; ***letztere*** bezieht sich auf den ursächlichen Zusammenhang zwischen diesem ersten Schadensbild und evtl. weiteren Gesundheitsschäden als ***Sekundärschaden*** (BGH, Az. VI ZR 157/11 vom 22. Mai 2012; Gehrlein, Grundwissen, Abschn. B. Rn. 10; Glanzmann/Schiltenwolf in DÄBl. 2017, A-21, 22).

80 **(1)** **(a)** Von Gesetzes wegen ***vermutete Tatsachen*** bedürfen keines Beweises – indessen ist der ***Beweis*** ihres ***Gegenteiles*** möglich (*§ 292 ZPO*): erforderlich ist der ***Vollbeweis*** des ***Gegenteils*** der gesetzlichen Vermutung (Zöller/Greger, § 292 Rn. 2) – also der Nachweis, dass die betreffende Tatsache real nicht vorliege; gelingt der Beweis des Gegenteiles nicht, so wird das Feststehen der vermuteten Tatsache (zum Zwecke der richterlichen Rechtsanwendung) ***fingiert*** (Musielak/Stadler, Rn. 247). **(b)** Gegenstand einer gesetzlichen ***Rechtsvermutung*** ist nicht eine Tatsache, sondern unmittelbar das Bestehen eines ***Rechtes/Rechtsverhältnisses*** (vgl. Musielak/Huber, § 292 Rn. 3): vermutet wird damit eine konkrete ***Rechtsfolge***, die ihrerseits keines Beweises bedarf (als *Bsp.* sei auf die Vorschrift des *§ 1006 Abs. 1 S. 1 BGB* verwiesen [Eigentumsvermutung zu-

gunsten des Eigenbesitzers einer Mobilie]); ausreichend ist der Beweis der Vermutungsbasis (Blomeyer, § 67. II. 2. b). **(2)** Von dem Beweis des Gegenteils ist der ***Gegenbeweis*** zu unterscheiden: er ist geglückt, wenn die Überzeugung des Gerichtes von der zu beweisenden Tatsache erschüttert und der (von der beweisbelasteten Partei zu erbringende) ***Hauptbeweis*** dadurch vereitelt wird (BGH NJW 1983, 1740 [LS]; Musielak/Foerste, § 284 Rn. 6).

81 **(1)** In den ***voll beherrschbaren Bereich*** einer ***radiologischen Praxis*** fällt bei der Durchführung einer aktuellen Röntgenuntersuchung des Patienten auch die unterlassene Berücksichtigung der ***Untersuchungs-Vorbefunde*** aus den Vorjahren (Norddeutsche Schlichtungsstelle/Hannover in WamS-Beilage „Gesund" vom 20. September 2015, S. 6 [unter Außerachtlassung der Diagnostizierung gutartiger Leberveränderungen bei den früheren Untersuchungen des Darmkrebspatienten wurden aktuell fälschlich auch Lebermetastasen festgestellt – die nach der fehlerbedingt durchgeführten Leberresektion vorgenommene Gewebeuntersuchung ergab indes keine Metastasen]). **(2)** **(a)** ***Wundinfektionen*** nach OP fallen ***nicht*** in den voll beherrschbaren Bereich, ***sofern nicht*** ein konkreter Hygienemangel nachgewiesen ist (OLG Schleswig, Az. 4 U 103/10 vom 25. Januar 2012). **(b)** Ein ***voll beherrschbares Risiko*** liegt (mit der Folge des Wegfalles der Beweiserleichterung für den Patienten) ***nicht*** (mehr) vor, wenn bei der Gefahren-Verwirklichung zugleich eine (unbekannte oder nicht zu erwartende) ***Disposition*** des Patienten in der Weise durchschlägt, dass dadurch dem Behandelnden die sichere Beherrschbarkeit des Risikobereiches entzogen wird (vgl. BGH VersR 1995, 539). **(c)** **(aa)** Eine ***Ausnahme*** gilt ferner für lagerungsbedingte Drucknekrosen, die sehr häufig auch durch die Anwendung größtmöglicher Sorgfalt nicht zu vermeiden sind (OLG Köln, Az. 5 U 152/12 vom 25. Februar 2013). **(bb)** Der ***Nachweis*** einer korrekten Lagerung kann auch dadurch erbracht werden, dass die routinemäßige Einhaltung der gebotenen ***Standardsorgfalt*** vorgetragen und zugleich glaubhaft angegeben wird, dass im konkreten Fall nichts anderes gelten könne (OLG Köln wie **vorstehend (aa)**).

82 Gemäß *§ 31 S. 1 IfSG* kann die zuständige Gesundheitsbehörde nach pflichtgemäßem Ermessen sog. ***Carriern*** (in *§ 31 S. 2 IfSG* legaldefiniert als Personen, die ***Krankheitserreger*** so in oder an sich tragen, dass im Einzelfall die Gefahr einer Weiterverbreitung besteht) die Ausübung bestimmter beruflicher Tätigkeiten ganz oder teilweise untersagen (vgl. hierzu A. Nassauer/RKI in Bundesgesundheitsblatt 2001, S. 1011).

83 **(1)** Die ***Behandlungsseite*** trägt die Beweislast auch dafür, dass der Patient gegebenenfalls bereits über das ***erforderliche positive Wissen*** verfügte, so dass es einer Aufklärung nicht mehr bedurft hat (Kern MedR 1986, 176, 178). **(2)** **(a)** Die Rechtswirksamkeit der ***Einwilligung*** setzt voraus, dass der Patient rechtlich zur Einwilligung ***fähig*** ist, d.h. die erforderliche Einsichtsfähigkeit in Bedeutung und Tragweite seiner Entscheidung besitzt (Giesen, Rn. 250; Großkopf/Klein, S. 65). **(b)** Die ***Einwilligungsfähigkeit*** ist immer auf die konkrete

Situation bezogen festzustellen (Deutsch/Spickhoff, Rn. 993). (**3**) (**a**) Für die Verteilung der ***Beweislast*** ist ein bestehendes ***Regel-Ausnahme-Verhältnis*** maßgeblich (vgl. Deutsch/Spickhoff, Rn. 803). (**aa**) Die ***Einwilligungsunfähigkeit*** begründet gegebenenfalls eine rechtshindernde ***Einwendung*** (BT-Drucks. 17/10488 vom 15. August 2012, S. 23): da bei dem erwachsenen Menschen die ***Einwilligungsfähigkeit*** die ***Regel*** darstellt, ist der ***Patient*** als Kläger für die Richtigkeit seiner ***Einwendungs-Behauptung beweispflichtig***, er sei bei der Erteilung seiner Zustimmung zu dem ärztlichen Eingriff (*bspw.* infolge starker Schmerzempfindungen oder wegen erheblicher Alkoholeinwirkung) ***nicht einwilligungsfähig*** gewesen – es sei denn, die Gesamtschau der unstreitigen medizinischen Fakten belegt in eindeutiger Weise das Fehlen der erforderlichen Einwilligungsfähigkeit in dem maßgeblichen Zeitpunkt (OLG Koblenz NJW 2015, 79, 80 f [kein Erfahrungssatz des Inhaltes, dass kolikartige Schmerzen vor einer Gallen-OP die Einwilligungsfähigkeit einschränken/aufheben]; LG Passau, Az. 4 O 18/13 vom 23. August 2013 [im Entscheidungsfalle ist dem Kläger angesichts seiner – in dem ausgemessenen BAG [[2,17 Promille]] zum Ausdruck kommenden – Alkoholgewöhnung sowie mit Blick auf die übrigen erklärungsbezogen-relevanten Umstände [[keine Ausfallserscheinungen, orientiert-sinnvolles Verhalten, aktive Gesprächsbeteiligung]] dieser Beweis nicht gelungen]; OLG München, Az. 1 U 3844/13 vom 17. April 2014 [der Patient kann trotz erheblicher BAK, verabreichter Schmerzmittel und einer Beeinträchtigung durch bestehende Schmerzen fähig und in der Lage sein, dem ärztlichen Aufklärungsgespräch inhaltlich zu folgen und selbstbestimmt eigenständig darüber zu befinden, ob er dem fraglichen Eingriff zustimme oder nicht]). (**bb**) Desgleichen hat der ***Patient*** substantiiert darzutun, dass er bei der Erteilung der Einwilligung wegen herrschender ***Zeitnot*** in seiner Entscheidungsfreiheit ***beeinträchtigt*** gewesen sei – für die ***Widerlegung*** dieses Vorbringens trägt hingegen der ***Arzt*** die Beweislast (vgl. LdA Laufs, Kza 1040 Rn. 37; Palandt/Sprau [70. Aufl. 2011], § 823 Rn. 163). (**cc**) Den rechtzeitigen ***Widerruf*** seiner einmal erteilten Einwilligung wiederum hat der ***Patient*** zu beweisen (s. dazu RA Th. Heinz in HessÄBl. 2012, S. 688, 692). (**b**) Nur iF der korrekten ***Aufklärung*** und der daraufhin wirksam erklärten ***Einwilligung*** des Patienten ist der ärztliche Eingriff ***rechtens***: für das Vorliegen dieser ihm rechtlich günstigen Umstände trägt daher der ***Arzt*** die ***Beweislast*** (LdA/Laufs, Kza 1040 Rn. 3; Adam VersR 2010, 44, 45). (**4**) (**a**) ***Allgemein*** gilt: wer sich auf Geschäftsunfähigkeit wegen vorliegender krankhafter Störung als Dauerzustand (*§ 104 Nr. 2 BGB*) beruft oder wer die Nichtigkeit seiner Willenserklärung wegen hochgradiger Bewusstseinstrübung im Zeitpunkte ihrer Abgabe (*§ 105 Abs. 2 BGB*) geltend macht, der hat die Voraussetzungen einer derartigen ***Ausnahmesituation*** darzutun und zu beweisen (OLG München, A. 33 Wx 278/08 vom 05. Juni 2009 [bei einem Volljährigen ist fehlende Geschäftsfähigkeit die Ausnahme]; Schapp/Schur, Rn. 417 [nach der Regelungstechnik des Gesetzes muss derjenige, der aus der Geschäftsunfähigkeit günstige Rechtsfolgen ableitet, das Vorliegen der Geschäftsunfähigkeit darlegen und im Bestreitensfalle beweisen]; Palandt/Ellenberger, § 104 Rn. 8, § 105 Rn. 4 [Geschäftsfähigkeit ist die Regel, ihr Fehlen die Ausnahme]). **(b)** Ausgehend von dem ***Grundsatz***, dass jede erwachsene Person einwilligungsfähig sei (Rüthers/Stadler, § 23 Rn. 2 [für die Geschäftsfähigkeit]), kommt es bei der ***ärztlichen Behandlung*** darauf an, im streitigen Einzelfall eine evtl. ***fehlende*** Autonomiekompetenz des Patienten festzustellen (Expertenteam Bodendieck et al. in DÄBl. 2015, A-274).

84 **(1)** Die im Zivilrechtsstreit ***beklagte Partei*** kann sich gegen den erhobenen Klageanspruch auf verschiedene Weise ***verteidigen***: sie kann die tatsächlichen Behauptungen der Klagepartei ***bestreiten***; sie kann aber auch ***Einreden/Einwendungen*** erheben, indem sie sich darauf beruft, aus einem bestimmten Grunde heraus nicht leistungspflichtig zu sein bzw. indem sie Tatsachen vorbringt, die ein Gegenrecht begründen (dazu etwa Bergerfurth, Rn. 164, 167, 174; Schumacher/Mattonet, S. 24 ff). **(2) (a)** Die ***Einrede*** ist ein (dauerndes oder ein vorübergehendes) ***Leistungsverweigerungsrecht*** (*bspw.* die Verjährung des Anspruches oder die Stundung als Hinausschiebung der Fälligkeit einer Forderung), das nicht von Amts wegen Beachtung findet, sondern im Verfahren geltend gemacht werden muss (statt anderer Schapp/Schur, Rn. 63); **(b)** die ***Einwendung*** ist ein von Amts wegen zu beachtender ***Tatbestand***, der es entweder (wie *z.B.* die Geschäftsunfähigkeit des rechtsgeschäftlich Handelnden) verhindert, dass ein Anspruch/eine Rechtsposition überhaupt entsteht/entstehen kann oder der es (wie etwa die Herbeiführung des geschuldeten Leistungserfolges) bewirkt, dass ein entstandener Anspruch/ein entstandenes Recht erlischt/untergeht (vgl. wiederum Schapp/Schur aaO **vorstehend** (a)).

85 **(1)** Das von der ***Rspr.*** (seit BGHZ 90, 103, 111 ff vom 07. Februar 1984) praktizierte Kriterium des ***„ernsthaften Entscheidungskonfliktes"*** ist zwar nicht in Gesetzesfassung gegossen worden: das bedeutet jedoch nicht, dass die Judikatur gehalten wäre, ihre Linie künftig zu ändern (Deutsch/Spickhoff, Rn. 805; Rehborn GesR 2013, 257, 270). **(2) (a)** Bei der ***Plausibilitäts-Beurteilung*** können folgende ***Umstände*** von Bedeutung sein: die Dringlichkeit des Eingriffes, das konkrete Risikospektrum der Behandlung, eine bestehende Erfolgsprognose, der Leidensdruck und damit eine starke Behandlungsmotivation sowie schließlich die Risikobereitschaft des Patienten (OLG Hamm, Az. 3 U 54/12 vom 02. September 2013 [Tz. 68]); ist der Patient ***verspätet*** aufgeklärt worden, so ist es erfahrungsgemäß als plausibel anzunehmen, dass er hierdurch in eine Drucksituation und damit in einen Entscheidungskonflikt geraten sei (Jauernig/Hess, § 50 Rn. 39). **(b)** Kann der Patient (*z.B.* wegen schwerer Hirnschäden) ***nicht persönlich*** angehört werden, so hat das Tatgericht aufgrund einer umfassenden Würdigung der Einzelfallumstände ***festzustellen***, ***ob*** der Patient nachvollziehbar in einen ernsthaften Entscheidungskonflikt geraten sein könnte (BGH, Az. VI ZR 108/06 vom 17. April 2007 [LS]).

86 **(1) (a)** Es handelt sich um eine die ***Beweislast*** verteilende gesetzliche ***Tatsachenvermutung***: Gegenstand der Vermutung ist ein tatsächlicher Nicht-Vor-

gang, der zum Zwecke der Rechtsanwendung fingiert wird, sofern nicht sein Gegenteil (nämlich sein tatsächliches Vorliegen) bewiesen ist (zur prozessualen Vermutungslehre vgl. etwa Musielak/Stadler, Rn. 244 ff). **(b)** Aus der Regelung des Gesetzes kann man daher auch ableiten: nur was ***korrekt dokumentiert*** worden ist, kann in einem evtl. späteren Behandlungsfehler-Rechtsstreit ***positiv nachvollzogen*** werden (Prof. R. Riedel in DÄBl. 2013, A-14). **(c)** Die gesetzliche ***Vermutung entfällt nicht*** etwa deshalb, weil in der Praxis eine Dokumentationspflicht mitunter vernachlässigt wird oder weil eine Dokumentation in einem konkreten Einzelfalle ohnehin insgesamt lückenhaft ausgefallen ist (BGH, Az. VI ZR 76/13 vom 11. November 2014 [LS]; M. Wortmann in aerztezeitung.de/ vom 22. Dezember 2014). **(2)** Die ***Vermutung*** erstreckt sich ***nicht nur*** auf die Nichtvornahme der (pflichtwidrig) nicht dokumentierten Maßnahme, ***sondern*** (im Wege ergänzend-logischer Auslegung) ***auch*** darauf, dass der Sachverhalt sich so ereignet habe, wie ihn der Patient vorträgt (Rehborn GesR 2013, 257, 270 [m. Bezug auf BGH, Az. VI ZR 341/94 vom 21. November 1995 [[Abschn. II. 2.a]], wonach der klagende Patient des Beweises für seine Behauptung enthoben ist, dass auf einer während der OP gefertigten, inzwischen jedoch verschwundenen Röntgenaufnahme ein Gallenstein im Gallenweg erkennbar gewesen sei]).

87 **(1)** Die (von der berufs- und vertragsarztrechtlichen Fortbildung zu unterscheidende) zumeist mehrjährige ***Weiterbildung*** des approbierten Arztes dient der Erlangung bestimmter Kompetenzen (*§§ 1 ff MWBO*): FA (statusbildend für ein bestimmtes Fachgebiet), Schwerpunkt (Spezialisierung innerhalb des Fachgebietes) und Zusatzbezeichnung (*WBO/Abschn.-C*-definierte spezielle Qualifikation); nach Erwerb und Anerkennung durch die LÄK darf der Arzt die betreffenden Bezeichnungen führen (Quaas/Zuck, § 12, Rn. 30 ff; Heberer, S. 33 ff) – die Zusatzbezeichnung „Homöopathie“ soll nach einer angestrebten Änderung der *WBO* künftig nicht mehr vergeben werden (DAZ.online vom 09. März 2018 m. Bezug auf das „Münsteraner Memorandum Homöopathie“). **(2)** **(a)** **(aa)** Die ***Durchführung*** einer OP oder Narkose durch einen ***Berufsanfänger*** stellt zwar ***nicht*** schon per se einen ***Behandlungsfehler*** dar: bei einer solchen Konstellation gelten jedoch nicht etwa (zu Lasten des Patienten) geringere ***Sorgfaltsanforderungen*** als sonst – vielmehr muss für den Patienten auch hier (u.U. durch Überwachung und Kontrolle des Vorganges) der ***Standard*** eines erfahrenen FA gewährleistet sein (vgl. Gounalakis NJW 1991, 2945, 2946); **(bb)** die zureichende ***fachärztliche Präsenzaufsicht*** gewährleistet den ***FA-Standard***, wenn der in der ***FA-Ausbildung*** befindliche Arzt den Eingriff durchführt (OLG München, Az. 1 U 3145/01 vom 31. Januar 2002). **(b)** Die ***Übertragung*** eines Eingriffes auf einen dazu (mangels Kenntnis- und Erfahrungsstandes) ***nicht befähigten*** Behandler stellt einen ***Behandlungsfehler*** der ärztlichen Leitung iSe ***Organisationsfehlers*** dar (BGH, Az. VI ZR 175/92 vom 15. Juni 1993 [zu einem in der Weiterbildung zum Anästhesisten befindlichen Assistenzarzt, dem eine ausreichende Erfahrung hinsichtlich der Risiken für

die Intubationsnarkose während der intraoperativ notwendigen Umlagerung des Patienten fehlt]; KG, Az. 20 U 183/06 vom 14. April 2008 [zu einem Praxisinhaber, der die Behandlung auf einen Krankengymnasten überträgt, dem es an der insoweit erforderlichen Zusatzausbildung mangelt]; Walter GesR 2013, 129, 134; Jauernig/Mansel, § 630h Rn. 19). **(c)** **(aa)** Wenn er seinem Einsatz nicht widerspricht, kann der ärztliche ***Anfänger*** im Schadensfalle aus ***Übernahmeverschulden/einleitendem Verschulden*** haften (BGH, Az. VI ZR 230/81 vom 27. September 1983 [Entscheidungsgründe Abschn. III. 1.b]; Deutsch/Spickhoff, Rn. 355): ***jeder*** Arzt hat nämlich bei der ***Übernahme*** einer ***Behandlung*** zu ***prüfen***, ob er die notwendigen theoretischen Kenntnisse und praktischen Fähigkeiten/Fertigkeiten besitze, die betreffenden Maßnahmen entsprechend dem jeweils geforderten ***Standard*** durchzuführen (Giesen, Rn. 85; Weirich, S. 118); eine ***inkompetente Übernahme*** muss sich der Behandler als haftungsbegründenden ***Arztfehler*** anrechnen lassen (Laufs, Rn. 483). **(bb)** Der maßgebliche ***Sorgfaltsmaßstab*** (*§ 276 Abs. 2 BGB*) muss stets ***verkehrskreisbezogen*** bestimmt werden: ein Akteur darf in einem bestimmten Verkehrskreis nur dann tätig werden, wenn er die dort gültigen ***Standards*** zu erfüllen vermag (MünchKommBGB/Grundmann, § 276 Rn. 57, 58).

88 (1) Für einen ***„Grob"-Fehler*** ist auf die ***medizinische Fehlerqualität*** abzustellen: ein „grober" Aufklärungsfehler führt daher ***nicht*** zur Umkehr der Beweislast (Quaas/Zuck, § 13 Rn. 113). **(2)** Einige ***Rspr.-Bspe.*** zum ***„Grob"***-Fehler: **(a)** Nach der Mittlg. b. Fenger/Holznagel/Neuroth/Gesenhues, S. 49 (m. jeweiliger Quellenangabe) sind ***Behandlungsfehler*** von den Gerichten in folgenden Fällen als ***„grob"*** angesehen worden: **(aa)** bei einem Arterienverschluss wird kein Gefäßspezialist hinzugezogen; **(bb)** eine dislozierte mediale Schenkelhalsfraktur wird erst nach zwölf Stunden operiert; **(cc)** es wird unterlassen, einen wachsenden Tumor histologisch abklären zu lassen; **(dd)** trotz entsprechend hauptsymptomatischer Starkschmerz-Bekundung des Patienten erkennt der Behandler eine vorhandene Beckenringfraktur nicht; **(ee)** bei der intraartikulären Injektion wird ein Hygienefehler begangen; **(ff)** bei Verdacht auf eine Gelenksinfektion unterbleiben die sofortige Punktion und die mikrobiologische/histologische Untersuchung des Punktates. **(b)** **(aa)** OLG Hamm, Az. 3 U 57/13 vom 12. August 2013 [LS]: der behandelnde Gynäkologe begeht einen Fehler mit ***„Grob"***-Qualität, wenn er der ersichtlich auf eine Minimierung jedweden Brustkrebsrisikos bedachten Patientin (bei der im Entscheidungsfall zwei Jahre später ein Mamma-Ca diagnostiziert worden ist) im Rahmen der Brustkrebsvorsorge nicht aktiv zur Teilnahme am Mammographiescreening rät. **(bb)** OLG Hamm, Az. 3 U 54/12 vom 02. September 2013 [Tz. 69]: Bei der Durchführung einer Cortisontherapie (im Entscheidungsfall zur Behandlung einer Plexusneuritis) ist eine Heparinisierung absolut indiziert – deren Unterlassung würde daher einen ***„groben"*** Behandlungsfehler darstellen. **(cc)** OLG Hamm, Az. 26 U 28/13 vom 21. Februar 2014 [LS]: Vor einer (anstelle einer

OP vorgenommenen) Laserbehandlung an der Netzhaut muss der Augenarzt die Indikationsvoraussetzungen sicher abklären; unterlässt er die gebotene Abklärung, so kann das als ***„grober"*** Behandlungsfehler zu werten sein (zu einem Fall der nicht indizierten Laserkoagulation) – s. auch Fn. 89 (1) (b). **(dd)** OLG Hamm, Az. 26 U 115/11 vom 21. März 2014 [LS]: Wird vor einer OP trotz Vorliegens entsprechender Hinweise eine Blutgerinnungsstörung nicht abgeklärt und diese Störung daher präoperativ nicht behandelt, so ist das ein ***„grober"*** Behandlungsfehler; die Behandlungsseite trägt die Beweislast dafür, dass der Schaden (schwere postoperative Nachblutungen mit den entsprechenden Folgebehandlungen) auch bei präoperativer Befunderhebung und Gerinnungstherapie eingetreten wäre. **(ee)** OLG Hamm, Az. 26 U 33/14 vom 04. Dezember 2015 [LS]: Für den FA drängt sich bei einem Sturzereignis die röntgenologische Befundung als absoluter ***Standard*** geradezu auf – eine Injektionsbehandlung kann daher ***„grob"*** fehlerhaft sein, wenn bei persisitierenden Beschwerden keine bildgebende Diagnostik erfolgt (zu einem Fall der Injektionsbehandlung bei Steißbeinfraktur). **(ff)** OLG Hamm, Az. 26 U 59/16 vom 13. Juni 2017 [LS]: Nach einer Gipsschienenbehandlung muss der Hausarzt (gemäß dem hausärztlichen ***Standard***) bei der Nachsorge angesichts hierfür typischer Beschwerden des Patienten (Hämatom und Starkschmerzen) die Möglichkeit eines Kompartmentsyndroms in Betracht ziehen – werden die zielführenden Symptome nicht (gegebenenfalls durch die Überweisung in eine chirurgische Behandlung) abgeklärt, so kann dies als ***„grober"*** Behandlungsfehler gewertet werden. **(gg)** LG Hagen, Az. 6 O 368/02 vom 26. Januar 2006: es stellt ein ***„grob"*** fehlerhaftes ärztliches Vorgehen dar, wenn einer sich aufdrängenden Verdachtsdiagnose („akute Endokarditis") nicht mit den etablierten Befunderhebungen nachgegangen und stattdessen mit einer ungezielten Medikamentengabe (auf Basis der falschen Diagnose „akute Bronchitis") therapiert wird. **(hh)** OLG Koblenz b. Berner DÄBl. 2018, A-307: der eine Laboruntersuchung veranlassende behandelnde Arzt muss zur Vermeidung eines ***"grob"*** fehlerhaften Vorgehens das Untersuchungsergebnis medizinisch auswerten – zu diesem Behufe muss er seine Praxis daher auf eine Weise organisieren, dass er von dem betr. Ergebnis auch ohne einen erneuten Patientenkontakt Kenntnis erlange (zu einem Fall, in dem das pflichtwidrig nicht ausgewertete Ergebnis der Blutuntersuchung auf Leukämie hingedeutet hatte). **(ii)** **(aaa)** OLG Köln NJW-RR 1991, 800, 802: eine ***Reihe*** von einzelnen Behandlungsfehlern (die den Ärzten bei der Befassung mit einem Fall der Herpes-Enzephalitis sowohl im diagnostischen als auch im therapeutischen Bereich unterlaufen sind) kann ***zusammengenommen*** als ***„grob"*** fehlerhaftes Behandlungsverhalten zu werten sein. **(bbb)** PM des OLG Hamm vom 02. Februar 2017 zu Az. 26 U 111/15: ohne gesicherte Diagnose kann die Vornahme einer schwerwiegenden OP (im Entscheidungsfall eine HWS-OP ohne die differentialdiagnostisch gebotenen neurologischen Abklärungsuntersuchungen) als eine ***insgesamt „grob"*** fehlerhafte Behandlung zu werten sein (bei zudem kontraindizierter Implantation einer Bandscheibenprothese im Segment C3/4 mit Versteifung der Wirbel C4 bis C7). **(ccc)** LG Bremen, Az. 3 O 766/08 vom 31. März 2017 (gemäß Pressemeldungen beck-aktuell/Nachrichten und FAZ.Net vom gleichen Tage): eine ganze ***Kette*** von daher ***insgesamt*** als ***„grob"*** einzustufenden Fehlern (Nichterkennen/-beachten sowie Nichtbehandlung der auffälligen Nierenwerte des Spielers) der von seinem Verein beauftragten Ärzte hat dazu geführt, dass der klagende Fußballprofi nach zwei Nierentransplantationen nunmehr dialysepflichtig geworden ist. **(c)** **(aa)** Nach BGH MDR 2017, 817 greift eine Beweislastumkehr in der Frage des Ursachenzusammenhanges zwischen der Pflichtverletzung und dem eingetretenen Gesundheitsschaden auch iFe ***„groben"*** Vernachlässigung besonderer ***Berufs-/Organisationspflichten***, wenn diese im Hinblick auf den Schutz von Leben und Gesundheit anderer Menschen existieren (zu einem Fall der Verletzung eines Hausnotrufvertrages durch die Notrufzentrale). **(bb)** Der Hausnotrufvertrag ist ein Dienstvertrag iSd *§ 611 BGB*: der Träger der Notrufzentrale (an die der Systemnutzer mit seinem Hausnotrufgerät angeschlossen ist) verletzt seine dienstvertragliche Leistungspflicht, wenn er auf einen Notruf hin entweder überhaupt nicht reagiert oder aber zu spät den Arzt verständigt (M. Schmidt in JE vom 12. Mai 2017).

89 (1) ***Rspr.-Bspe.***: **(a)** OLG Hamm, Az. 3 U 122/12 vom 12. August 2013 [LS]: Das behandlungsfehlerhafte ***Versäumnis***, einen Neurologen zur Beurteilung der Bildgebung einer (cranialen nativen) Computertomographie hinzuzuziehen, begründet einen (fiktiven) ***„groben"*** Behandlungsfehler, wenn ein massiver Hirnstamminfarkt unentdeckt bleibt, den ein hinzugezogener Neurologe erkennen musste, so dass ein Veräumnis seinerseits als ***„Grob"***-Fehler zu beurteilen wäre. **(b)** OLG Hamm, Az. 26 U 28/13 vom 21. Februar 2014 [LS]: unterlässt es der Augenarzt, vor einer Laserbehandlung der Netzhaut (insbesondere durch eine US-Untersuchung) die Indikationsvoraussetzungen abzuklären, so kann das als ***„grober"*** Behandlungsfehler zu werden sein. **(c)** OLG Koblenz, Az. 5 U 66/15 vom 18. Juni 2015 [LS]: stellt der Hausarzt einen die fachurologische Abklärung erforderlich machenden, kontinuierlich weiter ansteigenden erhöhten PSA-Wert fest, so ist die versäumte Überweisung des Patienten dorthin (nicht ein therapeuthischer Beratungsfehler, sondern) ein ***Befunderhebungsmangel*** (obgleich der Hausarzt die notwendige Untersuchung selber gar nicht hätte durchführen können [arzthaftung-rechtsanwalt-peters.de/beweislastumkehr vom 13. Februar 2016]). **(d)** **(aa)** OLG Hamm, Az. 26 U 112/14 vom 07. Juli 2015 [LS]: es widerspricht dem chirurgischen ***Standard***, bei einer perforierten Appendizitis mit begleitender Peritonitis (trotz der intra-/postoperativen Gabe eines Breitbandantibiotikums) keine Abstrichentnahme zur mikrobiologischen Untersuchung durchzuführen: dieser ***Befunderhebungsfehler*** nimmt dem Patienten die Chance, den krankheitsursächlichen Keim gezielt mit einem speziellen Antibiotikum zu bekämpfen; haftungsbegründend ist der Fehler aber nur dann, wenn der zu bestimmende Einzelkeim

eine Änderung des Antibiotikums erforderlich gemacht hätte. **(bb)** ***Im Übrigen***: Nach einer Studie zweier BKK-Landesverbände verordnen Mediziner in 95 Prozent aller Fälle Antibiotika auf Verdacht, also ohne dass vorher ein Antibiogramm erstellt worden wäre (aerzteblatt.de/ vom 05. August 2016): diese Über- und Fehlversorgung bedingt die Gefahr einer Resistenzbildung in der Bevölkerung derart, dass in einigen Jahren auch die sog. Reserveantibiotika nicht mehr wirksam sein könnten (Prof. K. Lauterbach in PNP-Interview vom 08. August 2016, S. 2; vgl. bereits den Antibiotika-Report 2014 der DAK-Forschung/Kap.3). **(e)** OLG Karlsruhe, Az. 7 U 32/17 vom 17. Mai 2018 [Tz. 11]: unterlässt der behandelnde Kinderarzt die medizinisch noch für den gleichen Tag gebotene Wiedereinbestellung des Patienten (sechsjähriges, fieberndes und unter Hüftschmerzen leidendes Mädchen mit nicht hinreichend klarem Krankheitsbild bei vorläufiger Diagnose „Hüftschnupfen") zwecks weiterer differentialdiagnostischer Abklärung (einer „septischen Arthritis des Hüftgelenks"), so liegt darin gemäß dem Schwerpunkt der Vorwerfbarkeit (nicht ein Verstoß gegen die Pflicht zur therapeuthischen Aufklärung, sondern) ein sogar als ***„grober"*** Behandlungsfehler einzustufender ***Befunderhebungsfehler*** in Form der nicht rechtzeitigen Befundung (das Kind hat letztlich einen Dauerschaden in Gestalt einer entzündungsbedingten Hüftnekrose davongetragen). **(f)** *Fall-Bsp.* aus der Praxis der Gutachterstelle der BLÄK (b. Rothenberger/ Schlesiger in BÄBl. 2017, S. 495): bei Schmerzen in der Kniekehle ist mittels der ***Kompressions-Sonografie*** eine TVT auszuschließen oder nachzuweisen – in dem antragsgegenständlichen Fall war es sehr wahrscheinlich, dass bei Durchführung der (tatsächlich aber ***unterlassenen***) Sonografie die tiefe Beinvenenthrombose erkannt (und daraufhin die notwendige Behandlung vorgenommen) worden wäre. **(g)** BGH, Az. VI ZR 576/15 vom 11. April 2017 [Tz. 15]): es handelt sich ***nicht*** um einen ***Befunderhebungsfehler***, wenn der Arzt seinen Patienten zutreffend über das Vorliegen eines kontrollbedürftigen Befundes sowie über die medizinisch gebotene Maßnahme einer weiteren Kontrolle informiert, der Patient der Aufforderung zur Wiedervorstellung aber nicht nachkommt: grundsätzlich kann hier allein das Vorliegen eines Verstoßes gegen die Pflicht zur ***therapeutischen Beratung*** in Betracht kommen – etwa wegen des unterlassenen Hinweises auf die Dringlichkeit der gebotenen Maßnahme.

Abkürzungen

A

aaO	am (zuletzt) angegebenen Ort
Abs.	Absatz
Abschn.	Abschnitt
Abse/n.	Absätze/n
abw.	abweichend
ÄBl.	Ärzteblatt
ÄAppO	Approbationsordnung für Ärzte
Ärzte-ZV	Zulassungsordnung für Vertragsärzte
AEUV	Vertrag über die Arbeitsweise der EU
AG	Aktiengesellschaft
AG	Amtsgericht
AG	Arbeitgeber
AGB	Allgemeine Geschäftsbedingungen
AHRS	Arzthaftpflicht-Rechtsprechung
Alt.	Alternative
AM	Akademische Monatsblätter
AMG	Arzneimittelgesetz
AN	Arbeitnehmer
anal.	analog/e/er
Anm.	Anmerkung
AO	Abgabenordnung
AOK/aok	Allgemeine Ortskrankenkasse
AOP	Ambulantes Operieren im Krankenhaus
Appr.	Approbation
ArbZG	Arbeitszeitgesetz
arg.	argumentum
Art.	Artikel
Artt.	Artikel (Plural)
ASiG	Arbeitssicherheitsgesetz
ASV	Ambulante Spezialärztliche Versorgung
AU	Arbeitsunfähigkeit

Aufl.	Auflage
AVB	Allgemeine Vertragsbedingungen
AV-Block	Störung der Erregungsleitung zwischen Vorhof und Herzkammer
AWMF	Arbeitsgemeinschaft der Wissenschaftlichen Medizinischen Fachgesellschaften
Az.	Aktenzeichen

B

b.	bei
BÄBl.	Bayerisches Ärzteblatt
BÄK	Bundesärztekammer
BÄO	Bundesärzteordnung
BAG	Bundesarbeitsgericht
BAG	Blutalkoholgehalt
BAK	Blutalkoholkonzentration
BAnz	Bundesanzeiger
BayAGTPG	Bayerisches Gesetz zur Ausführung des TPG
BayKrG	Bayerisches Krankenhausgesetz
BayLT	Bayerischer Landtag
BayObLG	Bayerisches Oberstes Landesgericht
BayStMI	Bayerisches Staatsministerium des Innern
BayVGH	Bayerischer Verwaltungsgerichtshof
BDC	Bundesverband Deutscher Chirurgen
BDO	Bereitschaftsdienstordnung
BDSG	Bundesdatenschutzgesetz
Bek.	Bekanntmachung
BEMA	Einheitlicher Bewertungsmaßstab für zahnärztliche Leistungen
Berl	Berlin
betr.	betreffend/en/betreffs/betrifft
bezgl.	bezüglich
bfarm	Bundesinstitut für Arzneimittel und Medizinprodukte
BG	Berufsgenossenschaft
BGB	Bürgerliches Gesetzbuch
BGBl.	Bundesgesetzblatt
BGH	Bundesgerichtshof

BGHSt	Entscheidungen des BGH in Strafsachen (Band, Seite)
BGHZ	Entscheidungen des BGH in Zivilsachen (Band, Seite)
BKK	Betriebskrankenkasse/n
BLÄK	Bayerische Landesärztekammer
bld	Bach-Langheid-Dallmayr, Rechtsanwälte Partnerschaftsgesellschaft mbB
BMELV	Bundesministerium für Ernährung, Landwirtschaft und Verbraucherschutz (2013)
BMG	Bundesmeldegesetz
BMG	Bundesministerium für Gesundheit
BMI	Bundesministerium des Innern
BMJ	Bundesministerium der Justiz
BMV-Ä	Bundesmantelvertrag-Ärzte
BMV-EKV	Bundesmantelvertrag-Ersatzkassen
BMV-Z	Bundesmantelvertrag-Zahnärzte
BO	Berufsordnung
BPI	Bundesverband der Pharmazeutischen Industrie
BR	Bundesrat
BReg	Bundesregierung
BRV	Bayerischer Richterverein
BSG	Bundessozialgericht
BSGE	Entscheidungen des BSG (Band, Seite)
bspw.	beispielsweise
BT	Bundestag
BtM	Betäubungsmittel
BtMG	Betäubungsmittelgesetz
BtPrax	Betreuungsrechtliche Praxis (Fachzeitschrift)
BVerfG	Bundesverfassungsgericht
BVerwG	Bundesverwaltungsgericht
BW	Baden-Württemberg
BZ	Berliner Zeitung

C

C	Halswirbelkörper (Cervicales C1 bis C7)
Ca	Carcinoma
CDI	Clostridium Difficile Infection

CHA	Chefarzt
CRP	C–reaktives Protein (Entzündungsparameter)

D

DÄBl.	Deutsches Ärzteblatt
DAK	Deutsche Angestellten-Krankenkasse
D-Arzt	Durchgangsarzt
DAS/das	Deutscher Automobil Schutz Allgemeine Rechtsschutz-Versicherungs-AG
DAZ	Deutsche ApothekerZeitung
DD	Doppeldiagnose (Suchterkrankung + Psychische Störung)
Def.	Definition
d.h.	das heißt
DirAG	Direktor des Amtsgerichts
DJT	Deutscher Juristentag
DKG	Deutsche Krankenhausgesellschaft
DocCheck	Medizinisches Fachportal (com)
DRB	Deutscher Richterbund
DRiZ	Deutsche Richterzeitung
Drucks.	Drucksache
DSGVO	Datenschutzgrundverordnung ([EU] 2016/679)
dtv	Deutscher Taschenbuchverlag

E

E	Entwurf
EBM	Einheitlicher Bewertungsmaßstab
EDV	Elektronische Datenverarbeitung
EEG	Elektroenzephalogramm
EG	Europäische Gemeinschaft
EGBGB	Einführungsgesetz zum BGB
EGMR	Europäischer Gerichtshof für Menschenrechte
EGMRK	Europäische Menschenrechtskonvention
EGZPO	Einführungsgesetz zur ZPO
E-Health-Gesetz	Gesetz für sichere digitale Kommunikation und Anwendungen im Gesundheitswesen
Einf	Einführung

EKG	Elektrokardiogramm
Epid. Bull.	Epidemiologisches Bulletin
Erl.	Erläuterung/-en
et al.	und andere
etc.	et cetera
EU	Europäische Union
EUGVVO	Verordnung des Rates über die gerichtliche Zuständigkeit und Anerkennung und Vollstreckung von Entscheidungen in Zivil- und Handelssachen
evtl.	eventuell/-e/-er
EWR	Europäischer Wirtschaftsraum
ex ante	von vorher (von vor dem Ereignis aus betrachtet)
ex nunc	von jetzt an
ex tunc	rückwirkend

F

f	folgend
FA	Facharzt
FamG	Familiengericht
FAQ	Frequently Asked Questions
FAZ	Frankfurter Allgemeine Zeitung
ff	fortfolgende
Fn.	Fußnote
FS	Festschrift

G

G-BA	Gemeinsamer Bundesausschuss
GbR	Gesellschaft des bürgerlichen Rechts
GenDG	Gendiagnostikgesetz
GER	Gemeinsamer Europäischer Referenzrahmen für Sprachen
GeschlKG	Geschlechtskrankheitengesetz
GesR	Gesundheitsrecht (Zeitschrift)
GewO	Gewerbeordnung
GG	Grundgesetz
GKV	Gesetzliche Krankenversicherung

GmbH	Gesellschaft mit beschränkter Haftung
GMK	Gesundheitsministerkonferenz
GoA	Geschäftsführung ohne Auftrag
GOÄ	Gebührenordnung für Ärzte
GOZ	Gebührenordnung für Zahnärzte
GS	Großer Senat
GSZ	Großer Senat für Zivilsachen
GVG	Gerichtsverfassungsgesetz

H

HebG	Hebammengesetz
Hess	Hessen
HessÄBl.	Hessisches Ärzteblatt
HGB	Handelsgesetzbuch
HIT	Heparininduzierte Thrombopenie
HIV	Human-Immunodeficiency-Virus
HKP	Heil- und Kostenplan
HNO	Hals-Nase-Ohren
HPG	Heilpraktikergesetz
HPGDV	Erste Durchführungsverordnung zum HPG
Hs.	Halbsatz
HWG	Heilmittelwerbegesetz
HWS	Halswirbelsäule

I

IA	Interaktionen
idR	in der Regel
idS	in diesem Sinne
iF/IF	im Falle
iFd	im Falle der/des
iFe	im Falle eines
IfSG	Infektionsschutzgesetz
IGeL	Individuelle Gesundheitsleistung/-en
i.m.	intramuskulär
incl.	inclusive
Info	Information
InSo	Insolvenzordnung
IPR	Internationales Privatrecht

iSd	im Sinne der/des
iSe	im Sinne einer/-es
i.v.	intravenös
iVm	in Verbindung mit

J

JA	Juristische Arbeitsblätter (Zeitschrift)
JE	Juraexamen.info (Online-Zeitschrift)
JP	Juristische Person
IPR	Internationales Privatrecht
JR	Juristische Rundschau (Zeitschrift)
JURA	Juristische Ausbildung (Zeitschrift)
jurion	Juristische Online-Bibliothek
JuS	Juristische Schulung (Zeitschrift)
JuSchG	Jugendschutzgesetz
JW	Juristische Wochenschrift (Zeitschrift bis 1939)
JZ	Juristenzeitung

K

Kap.	Kapitel
KG	Kammergericht (Berlin)
KHE	Koronare Herzerkrankung
KHEntgG	Krankenhausentgeltgesetz
KHG	Krankenhausgesetz
KHK	Koronare Herzkrankheit
KJP	Kinder- und Jugendpsychiatrie
krit.	kritisch
KrV	Kranken- und Pflegeversicherung/Rechtspraxis (Fachzeitschrift)
KV	Kassenärztliche Vereinigung
KVB	Kassenärztliche Vereinigung Bayerns
kvhb	Kassenärztliche Vereinigung Bremen
Kza	Kennzahl
KZV	Kassenzahnärztliche Vereinigung

L

LÄK	Landesärztekammer
LAG	Landesarbeitsgericht
Lasik	Laser-in-situ-Keratomileusis (Laser-Hornhautchirurgie zur Korrektur von Fehlsichtigkeiten)
LdA	Lexikon des Arztrechts
Lege artis	Magazin für die ärztliche Weiterbildung (bis Ende 2016)
LG/en	Landgericht/en
LGPräs.	Landgerichtspräsident
lit.	litera/littera (Buchstabe)
LKG	Landeskrankenhausgesetz
LKHG	Landeskrankenhausgesetz
LL	Leitlinie/-n
LogopG	Logopädengesetz
LS	Leitsatz
LSG	Landessozialgericht
lt.	laut
LWS	Lendenwirbelsäule

M

m.	mit
MB	Marburger Bund
MB/KK	Musterbedingungen/Krankheitskostenversicherung
mbB	mit beschränkter Berufshaftung
MBO-Ä	Musterberufsordnung Ärzte
MBZ	Mitteilungsblatt Berliner Zahnärzte
MDK	Medizinischer Dienst der Krankenkasse
MDR	Monatsschrift für Deutsches Recht
MDS	Medizinischer Dienst des Spitzenverbandes Bund der Krankenkassen
MedR	Medizinrecht (Fachzeitschrift)
medstra	Zeitschrift für Medizinstrafrecht
MFA	Medizinische Fachangestellte
Mittlg.	Mitteilung
MPBetreibV	Medizinproduktebetreiberverordnung

MPG	Medizinproduktegesetz
MPhG	Masseur- und Physiotherapeutengesetz
MR	Magnetic Resonance
MRT	Magnetresonanztomographie/-gramm
MVZ	Medizinisches Versorgungszentrum
MWBO	Muster-Weiterbildungsordnung
Mydr.	Mydriasis

N

NJ	Neue Justiz (Zeitschrift)
NJW	Neue Juristische Wochenschrift
NJW-RR	NJW-Rechtsprechungsreport
NotSanG	Notfallsanitätergesetz
Nr.	Nummer
Nrn.	Nummern

O

OA	Oberarm
OÄin	Oberärztin
OGH	Der Oberste Gerichtshof (der Republik Österreich)
OLG/en	Oberlandesgericht/en
OP	Operation/en
OWi	Ordnungswidrigkeit

P

PA	Physician Assistant (Gesundheitsfachberuf)
PartG	Partnerschaftsgesellschaft
PartGG	Partnerschaftsgesellschaftsgesetz
PartGmbB	Partnerschaftsgesellschaft mit beschränkter Berufshaftung
PatRG	PatRGPatientenrechtegesetz
PD	Privatdozent
PDF	Portable Document Format (Dateiformat)
PEF	Partizipative Entscheidungsfindung
PEG	Perkutane Endoskopische Gastrostomie

PJ	Praktisches Jahr
PKV	Private Krankenversicherung
PM	Pressemitteilung
Präs.	Präsident
Prof.	Professor
PSA	Prostata-spezifisches Antigen
PsychThG	Psychotherapeutengesetz
publiz.	publiz.publiziert
PZ	Pharmazeutische Zeitung

Qu

QM	Qualitätsmanagement

R

RA	Rechtsanwalt
RAin	Rechtsanwältin
RDG	Rettungsdienstgesetz
RDG	Rechtsdepesche für das Gesundheitswesen
RDB-BW	Rettungsdienstgesetz Baden-Württemberg
RG	Reichsgericht
RGSt	Entscheidungen des RG in Strafsachen (Band, Seite)
RGZ	Entscheidungen des RG in Zivilsachen (Band, Seite)
RhÄBl.	Rheinisches Ärzteblatt
RiLG	Richter am Landgericht
RKI/rki	Robert-Koch-Institut
RL	Richtlinie
Rn.	Randnote
R&P	Recht und Psychiatrie (Fachzeitschrift)
Rom I-VO	Verordnung (EG) Nr. 593/2008 über das auf vertragliche Schuldverhältnisse anzuwendende Recht
RöV	Röntgenverordnung
rpmed	Rataiczak & Partner Rechtsanwälte Medizinrecht
rscw	RSCW Rechtsanwaltspartnerschaft mbB
Rspr.	Rechtsprechung

RÜ	Rechtsprechungsübersicht (Fachzeitschrift)

S

s.	siehe
S.	Satz/Seite/-en
SaRegG	Samenspenderregistergesetz
scil.	scilicet (ergänze)
Schattenblick	Elektronische Zeitschrift
S3-LL	LL der höchsten methodischen Qualitätsstufe
SGB	Sozialgesetzbuch
SMG	Schuldrechtsmodernisierungsgesetz (in Kraft getreten am 01. Januar 2002)
sog.	sogenannte/-n
stdg.	ständige (Rspr.)
StGB	Strafgesetzbuch
STIKO	Ständige Impfkommission
StrlSchV	Strahlenschutzverordnung
Stv	Stellvertreter
sub	unter

T

TEP	Totalendoprothese
TFG	Transfusionsgesetz
TPG	Transplantationsgesetz
TVT	Tiefe Venenthrombose
Tz.	Textziffer

U

u.a.	und andere/unter anderem/-n
UAW	Unerwünschte Arzneimittelwirkungen
US	Ultraschall
u.U.	unter Umständen
UWG	Gesetz gegen den unlauteren Wettbewerb

V

v	vor/vom
VA	Verwaltungsakt
v.a.	vor allem
VersR	Versicherungsrecht (Zeitschrift)
VG	Verwaltungsgericht
VGH	Verwaltungsgerichtshof
vgl.	vergleiche
via	auf dem Wege (über)
Vorb	Vorbemerkung/-en
Vorbem.	Vorbemerkungen
VorsR	Vorsitzender Richter
vs.	versus
VuR	Verbraucher und Recht (Zeitschift)
VVG	Versicherungsvertragsgesetz
VwGO	Verwaltungsgerichtsordnung
VwVfG	Verwaltungsverfahrensgesetz
vzbv	Verbraucherzentrale Bundesverband

W

WamS	Welt am Sonntag (Wochenzeitung)
WBO	Weiterbildungsordnung (Satzung der LÄK)
wg.	wegen

Z

ZA/es	Zahnarzt/es
z.B.	zum Beispiel
ZEKO	Zentrale Ethikkommission
ZHG	Zahnheilkundegesetz
Ziff.	Ziffer/-n
zit.	zitiert
Zit.	Zitat
ZJS	Zeitschrift für das Juristische Studium
ZPO	Zivilprozessordnung
ZRP	Zeitschrift für Rechtspolitik

Literatur

(weitere Quellen sind passim im Fließtext/Anmerkungs-/Fußnoten-block vollständig angegeben)

A

Arzt/Weber-Bearbeiter, Strafrecht – Besonderer Teil, 2. Aufl., 2009

B

Ballhausen, Das arztrechtliche System als Grenze der arbeitsteiligen Medizin, 2013
Baumgärtel/Bearbeiter, Handbuch der Beweislast im Privatrecht, Band 1, 1981
Beck'sches Richterhandbuch/Bearbeiter, 2. Aufl., 1999
Bergerfurth, Der Zivilprozeß, 6. Aufl., 1991
Bergmann/Wever, Die Arzthaftung, 4. Aufl., 2014
Berner, Einführung in das Vertragsarztrecht, 2014
Bley/Kreikebohm/Marschner, Sozialrecht, 9. Aufl., 2006
Blomeyer ,Zivilprozessrecht, 2. Aufl., 1985
Bockelmann, Strafrecht des Arztes, 1968
Böhm/Marburger/Spanl, Betreuungsrecht – Betreuungspraxis, Ausgabe 2018
Brox/Rüthers/Henssler, Arbeitsrecht, 17. Aufl., 2007
Brox/Walker, Besonderes Schuldrecht, 42. Aufl., 2018

D

Dauner-Lieb/Heidel/Repa/Ring, Das Neue Schuldrecht, 2002
Dettmeyer, Medizin & Recht, 2. Aufl., 2006
Deutsch, Haftungsrecht, Erster Band, Allgemeine Lehren, 1976
Deutsch/Spickhoff, Medizinrecht, 7. Aufl., 2014 (wenn nicht anders angegeben)

E

Ehlers, Medizin in den Händen von Heilpraktikern – „Nichtheilkundigen“, 1995
Emmerich, BGB – Schuldrecht Besonderer Teil, 14. Aufl., 2015

F

Fenger/Holznagel/Neuroth/Gesenhues, Schadensmanagement für Ärzte, 2. Aufl., 2013
Fischer, Strafgesetzbuch, 62. Aufl., 2015
Fock, Praxis-Lexikon Verbraucherrecht, 2002
Frahm/Nixdorf/Walter, Arzthaftungsrecht, 5. Aufl., 2013
Frank/Schmid, Recht für Ärzte von A–Z, 2015
Franzki, Der Arzthaftungsprozess, 1984
Franzki, Der Behandlungsvertrag, 2014
Funke, Patientenrechte, 1996

G

Gehrlein, Grundriss der Arzthaftpflicht, 2. Aufl., 2006
Gehrlein, Grundwissen Grundwissen Arzthaftungsrecht, 2. Aufl., 2015
Giese, Arzthaftungsrecht, 4. Aufl., 1995
Großkopf/Klein, Krankenpflege und Recht, 2000

H

Hay/Krätzschmer, Internationales Privat- und Zivilverfahrensrecht, 4. Aufl., 2010
Heberer, Arzt und Recht, 2013
Hexal-Taschenlexikon Medizin, 3. Aufl., 2004
Hk-BGB/Bearbeiter, Bürgerliches Gesetzbuch, Handkommentar, 8. Aufl., 2014

J

Jaeger, Patientenrechtegesetz, 2013
Jauernig/Bearbeiter, BGB, 15. Aufl., 2014
Jauernig/Hess, Zivilprozessrecht, 30. Aufl., 2011
Jörg, Das neue Kassenarztrecht, 1993

K

Kirsch/Trilsch, Die zivilrechtliche Haftung des Arztes, 1. Aufl., 2005

Knehe, Die Haftung der Hebamme, 2016

Körner/Patzak, Betäubungsmittelgesetz, 7. Aufl., 2012

Kötz/Wagner, Deliktsrecht, 10. Aufl., 2006

Kubella, Patientenrechtegesetz, 2011

Kutlu, AGB-Kontrolle bei stationärer Krankenhausaufnahme, 2006

L

Larenz,, SchR I Lehrbuch des Schuldrechts, Band I Allgemeiner Teil, 14. Aufl., 1987

Larenz, SchR II, Lehrbuch des Schuldrechts, Band II Besonderer Teil, Halbband 1, 13. Aufl., 1986

Laufs, Arztrecht, 5. Aufl., 1993

Laufs-FS, Humaniora: Medizin-Recht-Geschichte. Festschrift zum 70.Geburtstag von Adolf Laufs, 2006

Laufs/Katzenmeier/Lipp, Arztrecht, 7. Aufl., 2015

Laufs/Uhlenbruck/Bearbeiter, Handbuch des Arztrechts, 2. Aufl., 1999

LdA/Bearbeiter, Lexikon des Arztrechts, 2. Aufl., 2002

Lilie/Radke, Lexikon Medizin und Recht, 2005

Löwisch/Caspers/Klumpp, Arbeitsrecht, 9. Aufl., 2012

Lüke, Zivilprozessrecht, 10. Aufl., 2011

M

Medicus-FS, Festschrift für Dieter Medicus, 1990

Medicus/Lorenz I, Schuldrecht I – Allgemeiner Teil, 19. Aufl., 2010

Medicus/Lorenz I,Schuldrecht II – Besonderer Teil, 15. Aufl., 2010

Model/Creifelds, Staatsbürger-Taschenbuch, 34. Aufl., 2018

MünchKommBGB/Bearbeiter, Münchener Kommentar zum BGB, 5. Aufl., 2006 ff

Münzel/Zeiler, Krankenhausrecht und Krankenhausfinanzierung, 1. Aufl., 2010

Musielak/Bearbeiter, ZPO, 11. Aufl., 2014

Musielak/Hau, BGB Grundkurs BGB, 14. Aufl., 2015

Musielak/Stadler, Grundfragen des Beweisrechts, 1984

P

Palandt/Bearbeiter, BGB, 77. Aufl., 2018 (wenn nicht anders angegeben)
Pflege Heute/Bearbeiter, Lehrbuch und Atlas für Pflegeberufe, 2000
Pschyrembel, Klinisches Wörterbuch, 260. Aufl., 2004
PWW/Bearbeiter, Prütting/Wegen/Weinreich, BGB, 12. Aufl., 2017

Qu

Quaas/Zuck, Medizinrecht, 2. Aufl., 2008

R

Ratzel/Lippert, Kommentar zur MBO, 5. Aufl., 2010
Rehborn Arzt • Patient • Krankenhaus, 3. Aufl., 2000
Reimer, Die Forschungsverfügung, 2017
Reischl, Insolvenzrecht, 2008
RGRK-BGB/Bearbeiter, Reichsgerichtsrätekommentar zum BGB, 12. Aufl., 1974/1997
Rieger, Lexikon des Arztrechts, 1984
Ries et al., Arztrecht, 3. Aufl., 2012
Roche-Lexikon Medizin, 5. Aufl., 2003
Römer/Langheid, Versicherungsvertragsgesetz, 4. Aufl., 2014
Rompe/Erlenkämper, Begutachtung der Haltungs- und Bewegungsorgane, 4. Aufl. 2004
Roxin/Schünemann, Strafverfahrensrecht, 26. Aufl., 2009
Rüthers/Stadler, Allgemeiner Teil des BGB, 13. Aufl., 2013

S

Schapp/Schur, Einführung in das Bürgerliche Recht, 4. Aufl., 2007
Schaub/Koch, Arbeitsrecht von A–Z, 18. Aufl., 2008
Schmid, Die Passivlegitimation im Arzthaftpflichtprozess, 1988
Schroeder/Verrel, Strafprozessrecht, 5. Aufl., 2011
Schumacher/Mattonet, Technik der Rechtsfindung, 1982
Schwab, Familienrecht, 22. Aufl., 2014

SSW-StGB/Bearbeiter, Satzger/Schluckebier/Widmaier, StGB, 2. Aufl., 2014
StudK-BGB/Bearbeiter, Studienkommentar zum BGB, 2. Aufl., 1979
StudK-BGB/Jacoby/v. Hinden, Studienkommentar BGB, 15. Aufl., 2015

T

Thiemes Pflege, Lehrbuch für Pflegende in Ausbildung, 2009
Thomas/Putzo/Bearbeiter, ZPO, 31. Aufl., 2010
Thüß, Rechtsfragen Rechtsfragen des Critical Incident Reportings in der Medizin, 2012

U

Ulsenheimer, Arztstrafrecht in der Praxis, 4. Aufl., 2008

W

Walter, Freie Beweiswürdigung, 1979
Waltermann, Sozialrecht, 11. Aufl., 2014
Weimar, Arzt – Krankenhaus – Patient, 2. Aufl., 1976
Weirich, Arztrecht, 2. Aufl., 2013
Wessels/Beulke/Satzger, Strafrecht Allgemeiner Teil, 46. Aufl., 2016
Würzburger Notarhandbuch/Bearbeiter, 3. Aufl., 2012
Wussow/Bearbeiter, Unfallhaftpflichtrecht, 15. Aufl., 2002

Z

Zirngibl, Die Patientenverfügung, 2008
Zöller/Bearbeiter, ZPO, 30. Aufl., 2014

Sachregister

(Ausgewählte Begriffe/Bezeichnungen mit Seiten-Fundstellen)

P

Qu

R

S

Kolibri 360 GmbH
Ferdinand-Jühlke-Straße 7
99095 Erfurt, Deutschland
produktsicherheit@kolibri360.de